Wilfried Schabus

TIROL DO BRASIL

Das „Dorf Tirol" in Brasilien

mit Beiträgen von
Andreas Bramböck, Friedl und Maria Ludescher
sowie Bildern von
Georg Lembergh

Redaktion: Wolfgang Ingenhaeff

Alle Rechte vorbehalten
Copyright
© 2009 Berenkamp
Hall in Tirol–Wien
www.berenkamp-verlag.at
ISBN 978-3-85093-253-0

Gedruckt mit freundlicher Unterstützung von

    Land Südtirol
    Land Tirol (Kulturabteilung)
    Stadt Innsbruck (Kulturamt)
    Schützenkompanie Schlanders
    Allgemeiner Deutscher Kulturverband
    Hypobank Tirol AG
    Reisedienst Alpbachtal
    RLB Tirol AG
    Landwirtschaftsschule Weitau/St. Johann
    Verein „TIROL–BRASIL" mit seinen Mitgliedern und Freunden

Bildnachweis:

Die Bilder stellten, sofern nichts anderes angegeben ist, Wilfried Schabus, Josef Kroiss und Friedl Ludescher zur Verfügung.
Von Georg Lembergh stammen die Bilder der „Fotogalerie Georg Lemberg" von Seite 145 bis 160.

Bibliographische Information der Deutschen Bibliothek

Die Deutsche Bibliothek verzeichnet diese Publikation in
der Deutschen Nationalbibliographie; detaillierte bibliographische
Daten sind im Internet über http://dnb.ddb.de abrufbar

Inhaltsverzeichnis

7	**Luis Durnwalder**: Geleitwort	80	Die Colônia Tirol im Jahr 1992
9	**Alois Partl**: Geleitwort	86	Die Colônia Tirol im Jahr 2006
11	**Wilfried Schabus**: Vorbemerkungen	90	Die Colônia Tirol im Jahr 2008
		90	Ostern in der Colônia Tirol
13	**Maria Ludescher**	94	Erlebt Tirol eine neue wirtschaftliche Flaute?
	Es hat sich ergeben …	96	Camilo Thomas' späte Jahre
28	**Andreas Bramböck**	98	Olga Thomas
	Aus meinem Reisetagebuch	100	Die Kolonie der Tiroler heute
		100	Wichtige Daten
30	**Wilfried Schabus**	100	Tirol
	Die Auswanderung	102	California
30	Auswanderungsdruck und Einwanderungssog	103	Vom Leben in der alten Colônia Tirol
30	Die ökosozialen Verhältnisse	106	Aussteiger und Übersiedler in der Colônia Tirol
35	Einwanderungsland Brasilien		
36	Die Colônia Tirol	106	Adolf Braun
38	Der Vertrag	110	Hubert Thöny
41	Der Land-Anweisungs-Schein	115	Gesundheitswesen
42	Tiroler Bauern hüben und drüben	117	Fürsorge
42	Der Helmer-Hof in Tirol in Brasilien	118	Schule und Erwachsenenbildung
44	Der Franzmichl-Hof im Tiroler Pitztal	119	Deutschunterricht
		119	„Grupo Tirol"
49	Der Auswanderer Ignaz Helmer	121	Als Saisonniers in Österreich
51	Verwandte begegnen einander	123	Tirolisch-Brasilianische Zeitgeschichte
53	„Tirolisch" im Dorf Tirol		
56	Die Einwanderer	123	Geraldo Thomas
56	Einwanderer als Siedlungspioniere in Espírito Santo	125	Zu Gast in der Pousada
		126	Camilo Thomas
57	Zur Herkunft der Tiroler Einwanderer	129	Tarcizio Thomas, der Präsident
		130	Gerüchte und andere Meinungen
60	Handwerker		
60	Bauern	132	Der Pächter
62	Santa Leopoldina	134	Wirtschaftshilfe
62	Tropeiros	140	Landwirtschaft
63	Canoeiros	143	Der Bauer und seine Bank
65	Geschichte		
70	Der alte Saumweg	145	**Fotogalerie Georg Lembergh**
73	Große Namen in Santa Leopoldina		
73	Pedro II.	161	Ingwer
73	José Pereira da Graça Aranha	167	Feste
74	Johann Holzmeister	173	Landflucht und Zuzug
78	Tirol do Brasil – Tirol in Österreich	176	Handwerk und Gewerbe

180	Der Tischler	262	Das Leben der Pioniere
181	Die Reparaturwerkstatt „Oficina Stubai"	262	Die Tiroler im Jahr 1860
		263	Die Tiroler im Jahr 1863
183	Handwerkliche Karrieren	265	Die Nachbarn der Tiroler
183	Die Fruchtdestillerie von Gloria Nagel	267	Kolonieleitung und Bodengüte
184	Heilpraktiken	269	Gebete, Lieder, musische Tradition
184	Der Schlangendoktor		
186	Skorpione, Schlangen, „Deutsche Bienen"	269	Erzähltradition und Kunsthandwerk
191	Besprechen und Beten	269	Tradierte Lieder
191	Macumba	271	Gebet und Kirchenlied
192	Die Heilerin	272	Aus Jahres- und Lebensbrauchtum
195	Entwicklungshilfeprojekte		
196	Associação dos Agricultores de Tirol e Califórnia	272	Weihnachten
		273	Partnersuche und Verlobung
197	Südtiroler Projekte	273	Hochzeitsbrauchtum
198	„Hilfgemeinschaft für das Dorf Tirol"	275	Totenbrauchtum
		278	Wallfahrten und Prozessionen
199	Straßen für das Land		
203	Eine Krankenstation für die Gesundheit	279	Aus der Kirchengeschichte der Colônia Tirol
205	Milch für die Kinder	279	Die Kirche von Tirol
206	Fisch für Proteine	281	Die Anfänge der katholischen Pastoration
209	Biokaffee für den Export		
211	Trachtengewänder und Orden für Camilo Thomas	282	Tiroler Kapuziner in Espírito Santo
212	Schafe von Pater „Schwâng"	283	P. Hadrian Lantschner
213	Einzelpersonen für das Dorf Tirol	286	Die Anfänge der Steyler Mission in Espírito Santo
214	Projekte für die Katz'	290	Der Ausbau der Steyler-Provinz in Brasilien
216	Das Kreuz für den Gipfel		
217	Die „kleine ruhige Ecke"	291	Francisco Tollinger
220	Die Martinskapelle	292	Das Vermächtnis der Pioniere von Tirol
223	**Friedl Ludescher**		
	Der Verein „Tirol–Brasil"	295	**Maria Ludescher**
225	Bisher abgeschlossene Projekte		150 Jahre danach – das Fest zum Jubiläum der Auswanderung
235	Laufende Projekte		
239	Offene und künftige Projekte	305	**Friedl Ludescher**
			Nachwort des Herausgebers
259	**Wilfried Schabus**		
	Anhang	309	Literaturverzeichnis
259	Aus der Geschichte des brasilianischen Teilstaates Espírito Santo		

Luis Durnwalder
Geleitwort

Zwischen dem Land Südtirol und Colônia Tirol bestehen seit Jahren enge Verbindungen und eine tiefe Verbundenheit. Zahlreiche Bürger unseres Landes haben in den letzten Jahren und Jahrzehnten unsere Freunde in Dorf Tirol besucht. Sie kamen nach Südtirol zurück, fasziniert von der Berglandschaft mit ihrer erstaunlichen Artenvielfalt, aber auch betroffen von der Armut und Abgeschiedenheit, in der viele Nachfahren der Tiroler in diesem Teil Brasiliens leben. Auch ich selbst hatte im Jahr 2006 die Gelegenheit, Dorf Tirol zu besuchen.

Seit gut 15 Jahren ist das Land Südtirol auch im Rahmen der Entwicklungszusammenarbeit in Dorf Tirol tätig. Zusammen mit dem österreichischen Bundesland Tirol, dessen damaliger Landeshauptmann Partl bereits Anfang der 90er Jahre anfing, dringende Hilfsmaßnahmen zu finanzieren, wurde ein gemeinsames Programm ausgearbeitet, nach dem sich Südtirol auf die Bereiche Landwirtschaft, Denkmal- und Brauchtumspflege konzentrieren sollte, während das Bundesland Tirol bei der Verbesserung der Infrastruktur und beim Aufbau von kleinen Fremdenverkehrsstrukturen helfen sollte. Für Südtirol war vor allem das landwirtschaftliche Programm interessant und lehrreich: Es ging dabei in erster Linie um die Diversifizierung der Produktion und die Umstellung auf Erwerbskulturen, die rentabel, aber auch an den Standort angepasst sind und das Gleichgewicht der Natur respektieren. Das sind alles Herausforderungen, denen sich auch Südtirol selbst immer wieder stellen muss.

In der Abschlussphase des Programms wurde aufgrund eines Vorschlags des damaligen Projektkoordinators erwogen, den Ausbau der Straße von Santa Leopoldina nach Dorf Tirol zu unterstützen, um die Einbindung der Landwirte in den lokalen Markt zu erleichtern. Dieses Projekt, getragen vom Bundesstaat Espírito Santo sowie von der Gemeinde Santa Leopoldina und unterstützt vom Bundesland Tirol, der Region Trentino Südtirol sowie dem Land Südtirol, ist derzeit im Gang.

Vieles hat sich in Dorf Tirol bereits zum Besseren verändert. Die genannten Projekte und die Arbeit der zahlreichen Freiwilligen und Techniker aus Süd- und Nordtirol haben sicherlich dazu beigetragen. Bewirkt haben diese Veränderungen jedoch die Bewohner und Bewohnerinnen Dorf Tirols, die mit viel Einsatz und Eigeninitiative teils schwierige Herausforderungen gemeistert und ihre Lebenssituation verbessert haben.

Dr. Luis Durnwalder
Landeshauptmann von Südtirol

Alois Partl
Geleitwort

Prof. Wilfried Schabus ist ein ausgezeichneter Kenner der Geschichte und der gegenwärtigen Situation der Auswanderersiedlung Colônia Tirol im Staat Espírito Santo in Brasilien. In mehreren und längeren Aufenthalten in der Ansiedlung lernte er die Menschen und deren Lebensbedingungen kennen; viele Siedler vertrauten ihm das Schicksal ihrer Familien durch die Generationen und besonders in der heutigen Zeit an. Die Lektüre des umfassenden Werks führt den Leser unmittelbar in das Geschehen auf den Einzelhöfen und in der Dorfgemeinschaft. Der Autor schildert das Leben und die Gespräche mit diesen Menschen in feinfühliger Art, und der Leser hat den Eindruck, als wäre er selbst mitten in diesem Geschehen. Man spürt das ganze Umfeld, die Eigenart des tropischen Berglands mit der Vielfalt der Pflanzen- und Tierwelt, die Einsamkeit auf den meist weit verstreut liegenden Höfen an der Grenze der Zivilisation und vielfach auch an der Grenze des Existenzminimums für das Leben.

Die Geschichte seit der Gründung der Siedlung vor 150 Jahren, die unterschiedliche Herkunft der Siedler, die wechselvollen wirtschaftlichen, sozialen und politischen Verhältnisse in Brasilien und besonders innerhalb der Siedlung haben diese Menschen geprägt. Von Generation zu Generation werden in den Familien die Gründe für die seinerzeitige Auswanderung aus der alten Heimat, die bittere Armut und Hoffnungslosigkeit der besitzlosen Menschen in der Mitte des 19. Jahrhunderts in unserem Land sowie die Sehnsucht und große Erwartung im neuen Land erzählt. Im Tonfall der Lieder aus der alten Heimat schwingen immer eine gewisse Wehmut und Melancholie mit. Die Siedler erbrachten in den ersten Jahrzehnten, ja in den ersten drei bis vier Generationen, beeindruckende Pionierleistungen und schufen auch wirtschaftlich solide Existenzen. Die große Weltwirtschaftskrise in den dreißiger Jahren des letzten Jahrhunderts brachte aber nicht nur einen schweren existenziellen Rückschlag mit Verarmung der Bevölkerung, sie schuf auch eine psychologische Stimmung, die im brasilianischen Hinterland vielfach zu Resignation und Lethargie führte. Die Nachwirkungen dieser bitteren Zeit sind noch heute zu spüren.

Durch die Wiederaufnahme und Intensivierung der Kontakte zur alten Heimat fassten viele Bewohner in der Colônia Tirol wieder Mut. Initiativen wurden geweckt und Maßnahmen zur Verbesserung des wirtschaftlichen, kulturellen und gesellschaftlichen Lebens gesetzt. Viele Idealisten aus Tirol, Südtirol und ganz Österreich und darüber hinaus haben sich in den letzten Jahrzehnten für die Colônia Tirol eingesetzt. Es wird in der Hilfe von außen, die sehr behutsam und in Abstimmung mit den dort lebenden Menschen erfolgen muss, nicht immer gleich ein voller Erfolg erzielt. Die Einstellung auf geänderte Verhältnisse braucht oft lange Zeit und ist erst gemeinsam mit der jungen Generation möglich. In der Umsetzung der Hilfsmaßnahmen begegnet man allen Charakteren und Temperamenten, Gemeinschaftsmenschen und ausgeprägten Individualisten, Zuversichtlichen, Aktiven und Pessimisten. Bei meinem Besuch in Dorf Tirol im Jahr 1993 hatte ich ein Gespräch mit dem damaligen Gobernador des Staates Espírito Santo. Er sagte: „Es ist gut, dass Sie sich für das ‚arme Europa' in unseren Bergen interessieren und den Menschen dort helfen, aber es ist nicht einfach und braucht viel Zeit."

In den Jahren der engeren Kontakte und Hilfsmaßnahmen hat sich das Leben in Dorf Tirol spürbar verbessert. Dafür ist allen positiven Kräften in der Kolonie und besonders den vielen Idealisten in der alten Heimat zu danken. Das Bewusstsein der Tiroler in Espírito Santo, Partner und Freunde im ehemaligen Herkunftsland zu haben, und das Wissen der Menschen in unserem Land, dass wir Verwandte und Landsleute dort haben, ist für beide Seiten ein hoher menschlicher Wert. Das vorliegende Buch ist ein wertvolles Dokument über die Geschichte und das Schicksal der Auswandererfamilien und deren Nachkommen sowie eine faszinierende Erzählung von berührenden Begegnungen mit den dort lebenden Menschen.

Dr. Alois Partl
Landeshauptmann von Tirol a. D.

Wilfried Schabus
VORBEMERKUNGEN

Das vorliegende Buch war ursprünglich als aktualisierte Neuauflage der Publikation „Colônia Tirol" von Alexander Schlick und mir aus dem Jahr 1996 geplant. Die Veröffentlichung war jener im brasilianischen Bundesstaat Espírito Santo gelegenen Einwanderersiedlung gewidmet, die in Österreich auch unter dem Namen „Dorf Tirol in Brasilien" bekannt geworden ist. Als für die von Hofrat Friedl Ludescher angeregte und tatkräftigst geförderte Neuauflage im Februar 2006 in Espírito Santo erste Erkundungen unternommen wurden, stellte sich rasch heraus, dass die inzwischen eingetretenen Veränderungen in Wirtschaft, Lebensverhältnissen, Ortsbild und Gesellschaft eine Umgestaltung des Buches mit sich bringen würden. Nach den im März 2008 von mir in Brasilien ein weiteres Mal durchgeführten Feldforschungen haben die anfänglich bloß als Anpassung an die derzeitigen Verhältnisse geplanten „Aktualisierungen" den Umfang und den Stellenwert eines Haupttextes angenommen, was das vorliegende Buch zu einer völlig neuen Publikation über Tirol do Brasil werden ließ.

Das verarbeitete Datenmaterial beruht auf umfangreichen Archivrecherchen sowie auf meinen bereits genannten Feldforschungen in den Jahren 2006 und 2008, die von der Österreichischen Akademie der Wissenschaften in dankenswerter Weise gefördert wurden. Meine im September 1992 durchgeführten und vom „Fonds zur Föderung der wissenschaftlichen Forschung in Österreich" unterstützten intensiven sprachwissenschaftlichen und ethnografischen Erhebungen ermöglichten direkte Vergleichsstudien über einen zeitlichen Abstand von mehr als eineinhalb Jahrzehnten.

Mein ganz besonderer Dank gilt all jenen, die während meiner Feldforschungen in der Colônia Tirol sowie in Österreich mit mir zusammengearbeitet haben; fast alle dieser Gewährspersonen werden im Buch namentlich genannt. Für ihre unschätzbare Hilfe in organisatorischen Belangen und für Fahrtendienste auf abenteuerlichsten Strecken danke ich Herrn Luiz Fuck und ganz besonders Herrn Geraldo Thomas. Geraldo, seiner Frau Edinete und Sohn Raphael bin ich außerdem für ihre Gastfreundschaft in Santa Leopoldina zu innigstem Dank verpflichtet.

Für die fachkundige Unterstützung meiner Archivstudien in Brasilien danke ich dem Generaldirektor des Arquivo Público do Estado do Espírito Santo in Vitória, Herrn Agostino Lazzaro, sowie dessen Technischem Direktor, Herrn Cilmar Franceschetto. Die beiden renommierten Fachleute haben als Erste in Brasilien mit der Digitalisierung ihrer Archivbestände begonnen und genießen für ihre Leistungen internationale Anerkennung. Als Nachkommen von italienischen Einwanderern nach Brasilien brachten sie meinen migrationsgeschichtlichen Studien weit mehr als ein bloß archivarisches Interesse entgegen. Auch von Herrn Adriano Lima Neves vom Bürgermeisteramt in Santa Leopoldina erhielt ich wertvolle Hinweise. Herr Wolfgang Badofsky hat als österreichischer Honorarkonsul in Vitória meinem Vorhaben wohlwollendes Interesse entgegengebracht.

Für die Unterstützung meiner Archivrecherchen in Österreich danke ich besonders Pater Dr. Winfried Glade vom Steyler Missionshaus St. Gabriel in Maria Enzersdorf sowie dem Ortschronisten von Obsteig in Tirol, Herrn OSR Hubert Stecher. Ungezählte wichtige Hinweise erhielt ich vom Generalsekretär des Lateinamerikainstituts in Wien, dem gebürtigen Tiroler Dr. Dr. hc. Siegfried Hittmair. Für die Besorgung von historischem Fotomaterial aus dem brasilianischen Nationalarchiv danke ich dem langjährigen österreichischen Handelsdelegierten in Rio de Janeiro, Herrn Mag. Alf Peter Lenz. Das aktuelle Bildmaterial konnte durch gute Fotos von Herrn Oberinspektor Josef Kroiss von der Straßenmeisterei Kremsmünster bereichert werden.

Viele wertvolle Hinweise verdanke ich Herrn Klaus Lanser aus Vils im Tiroler Außerfern und Frau Dr. Doris Kloimstein aus St. Pölten. Am entscheidendsten geprägt wurde der Inhalt dieses Buches von Ing. Gerhard Renzler, der auf inzwischen 35 Jahre währende innige Kontakte mit dem Dorf Tirol zurückblickt und als Entwicklungshelfer in Brasilien seit 1993 den wirtschaftlichen Aufschwung der Siedlung maßgeblich mitgestaltet hat.

Großen Dank schulde ich auch meinen lieben Kollegen vom Phonogrammarchiv der Österreichischen Akademie der Wissenschaften in Wien, den Herren DI Michael Risnyovszky, DI Johannes Spitzbart und Bernhard Graf. Während Risnyovszky und Spitzbart mir während der Entstehungsphase des Buches über manches Computerproblem verständnisvoll hinweggeholfen haben, trägt Bernhard Graf mit der von ihm geleisteten Digitalisierung und Bearbeitung des Anschauungsmaterials das technische Hauptverdienst an der Illustrierung dieses Buches.

Prof. Dr. Wilfried Schabus

Maria Ludescher
Es hat sich ergeben ...

… dass im Frühjahr 2003 im Fernsehen als Vorspann zu „Tirol heute" mehrmals die Ankündigung für eine Brasilien-Reise mit Höhepunkt Dreizehnlinden unter der Leitung von Dr. Norbert Hölzl gesendet wurde, was in weiterer Folge unser Leben drastisch und nachhaltig veränderte. Mit uns meine ich meinen Vater, meinen Mann und mich – ganz zu schweigen von der Vielzahl der Menschen, die wir mitgerissen haben.

Mir fiel auf, dass mein Vater die Reisewerbung sehr interessiert verfolgte, und da eine Reise mit ihm schon lang überfällig war, fragte ich ihn leichtsinnig, ob ihn Brasilien interessiere. Seine Antwort war: „Ist halt ein bissl weit!" Mein Argument, dass man eben manchmal größere Distanzen überwinden müsse, um „einmalige" Eindrücke zu erlangen, legte den Grundstein zu einem Abenteuer, das uns bis heute gefangen hält.

Ich erinnerte mich, in Zusammenhang mit Brasilien einmal etwas von „Tirol" gehört zu haben, öfter jedoch von Dreizehnlinden. Das brachte ich in die beginnende Träumerei von einer großen Reise ein. Es stellte sich bald heraus, dass uns Dreizehnlinden nicht wirklich reizte, sondern eben das nicht so bekannte Tirol. Aber wenn man schon so weit nach Brasilien fliegt, mussten natürlich auch andere Glanzpunkte dieses Landes besucht werden – das war uns klar. Dass sich mein Mann sofort begeistern ließ, ist eigentlich überflüssig zu erwähnen, liebt er doch nichts mehr als ferne Länder und abenteuerliche Urlaube.

Die Sinne waren geschärft, der Fokus voll auf Brasilien gerichtet. Fest stand: Wir wollten unabhängig sein und den Reiseverlauf nach unserem Gutdünken gestalten. Wir brauchten aber Informationen, wie man nach Tirol kommt und was uns erwartet. Ich erfuhr von einem Film, den Norbert Hölzl über „Tirol" gedreht hatte, nahm allen meinen Mut zusammen und schrieb ihm, mir Näheres zu berichten. Er verwies mich an Gerhard Renzler in Hall, der prompt weiterhalf und uns eine E-Mail-Adresse (!) der Agrical (örtliche Genossenschaft) in der Colônia Tirol in Brasilien gab. Das verwunderte, waren die Informationen bis dahin doch dermaßen, dass die Colônia eine arme Sprachinsel von Tiroler Auswanderern sei. Na gut, hat die Technik eben auch diesen Teil Brasiliens erreicht. Es dauerte sehr, sehr lange, bis ich Antwort erhielt. Ein gewisser Tarcizio Thomas schrieb in ziemlich gutem Deutsch, dass er sich freue, wenn wir kämen, er würde sich um uns kümmern, uns die Schönheiten der Gegend zeigen, mit uns wandern und reiten und uns informieren. Inzwischen hatten wir das Rahmenprogramm (Iguaçu, Rio, Vitória) und über einen brasilianischen Reiseveranstalter die Flüge und Hotels festgelegt (auch das dörfliche Gasthaus in Tirol) sowie an allen Zielen einen deutsprachigen Führer engagiert.

Der Termin der Abreise am 10. Oktober 2003 rückte näher; die Einzelheiten in Dorf Tirol waren unkompliziert geklärt worden, das Reiten hatten wir dankend abgelehnt, dafür wollten wir mehr Wanderungen machen, mit den Einheimischen in Kontakt kommen und ihr Alltagsleben erfahren. Um den 25. September kam noch eine Nachricht von der Agrital, diesmal von einem Geraldo Thomas, der anfragte, was ich mit Tarcizio vereinbart hätte – er müsse dessen Aufgaben übernehmen, denn Tarcizio sei ermordet worden! Das mulmige Gefühl lässt sich kaum beschreiben. Zuerst war es ein richtiger Schock, dass wir an einen Ort wollten, wo ein Mord geschehen war, noch dazu an unserem Kontaktmann und überdies in Dorf Tirol. Dass das Opfer eine führende Rolle im Dorfgeschehen spielte, wussten wir nicht wirklich.

Mit der schrecklichen Nachricht belastet, stand ich vor der Frage: Sag' ich's meinem Mann und meinem Vater – oder nicht? Ich entschied mich für NICHT – aus dem einen Grund, weil dadurch eine Absage in Erwägung gezogen hätte werden können. Vielleicht ist nachvollziehbar, dass mich am Beginn der Reise innere Unruhe, gesteigerte Nervosität und auch Angst belasteten, was ich wohlweislich überspielte. Ich war der Meinung, dass

Auf nach Brasilien! Andreas Bramböck, Maria und Friedl Ludescher

Santa Leopoldina

ein wenig Risiko niemals schadet und dass es an Ort und Stelle noch früh genug sei, zu gestehen und sich zu fürchten.

Also, auf nach Brasilien! Jeder, der dort war, wird bestätigen, dass die Wasserfälle von Iguaçu ein eindrucksvolles Schauspiel sind. Ihre Lage an der Grenze zwischen Brasilien und Argentinien und ihre Dimensionen haben uns tief beeindruckt. Ebenso findet jeder das pulsierende Rio aufregend, die wunderbaren Strände, die vielen Inseln, das heftige Nachtleben, die schwindelerregende Seilbahn auf den Zuckerhut und die überwältigende Christusstatue. Rio muss man gesehen und – von Diebstählen hoffentlich unbehelligt – überstanden haben. Auch Vitória hat seinen Charme und kann mit Stränden und Betriebsamkeit ohne weiteres mit Rio Schritt halten. Nur eben etwas kleiner.

Aber dann ging es zum „wirklichen Ziel": Tirol in Brasilien. Wir hatten uns, so gut es ging, etwas eingelesen. Gerhard Renzler hatte das Buch „Colônia Tirol" von Wilfried Schabus und Alexander Schlick empfohlen. So waren wir in der glücklichen Lage, uns mehr oder weniger unvoreingenommen und unbelastet „Tirol do Brasil" zu nähern.

Die deutschsprachige Reiseführerin aus Vitória brachte uns in ihrem kleinen PKW nach Tirol. Die Asphaltstraße führte bis Santa Leopoldina, der Bezirkshauptstadt. Die Colônia Tirol ist eine Fraktion davon. Danach bogen wir auf eine Sandstraße mit vielen Abzweigungen ab. Unschwer zu erkennen war, dass die Führerin den Weg suchen musste. Erste und bleibende Eindrücke auf der Fahrt waren das üppige Grün und die fürchterlich holprigen roten Sandstraßen. Nicht nur einmal bestand Gefahr aufzusitzen, wir und unsere Koffer waren einfach zu schwer für den kleinen Opel. Für die wunderbare Vegetation hatten wir in weiterer Folge fast kein Auge mehr, so sehr konzentrierten wir uns auf den Weg und vor allem auf unsere Fahrerin und deren Fahrweise. Die Nerven meines Mannes lagen etwas blank. Im Nachhinein gebührt ihr Lob, denn die Tücken der Straße durften wir später oft genug selbst erleben und bewältigen. Irgendwann bog sie um einen kleinen See, und wir standen vor einem Gasthaus, aus dem schmissige Tiroler Tanzmusik klang. Der Wirt Hubert Thöny und seine

Noch vor wenigen Jahren nichts für schwache Nerven: Fahrwege nach Tirol do Brasil

Alto Tirol mit See, Gasthof Tirol und Krankenstation

Frau erwarteten uns. Ein paar Leute standen herum, darunter eine Japanerin, Frau Fuck, die neben dem Gasthaus wohnte. Ein großer, junger Mann mit Tiroler Hut begrüßte uns. Wie sich herausstellte, war es Geraldo Thomas. Etwas im Hintergrund ein älterer Herr, der einen traurigen Eindruck machte, ihm zur Seite eine weinende Frau: Camilo und Olga Thomas. Nun erst bemerkten wir die schwarzen Fahnen: eine an der Krankenstation, eine am Privathaus Thomas und eine gegenüber vom Eingang ins Gasthaus. Aha, dachte ich, jetzt ist die Stunde der Wahrheit gekommen. Meine beiden Männer erkundigten sich natürlich und erfuhren die schreckliche Nachricht über den Mord am Sohn von Camilo Thomas. Ich verdrückte mich ins Gasthaus und tat einen kräftigen Schluck auf Dorf Tirol.

Unsere Quartiere waren zwei der inzwischen sehr bekannten Mehrbettzimmer in der Pousada Tirol – einfach eingerichtet, jedoch mit Fernseher und Kühlschrank, was wir niemals erwartet hätten. Ebenso nicht den schriftlichen Hinweis des Wirtes im Badezimmer, das Toilettenpapier in dem dafür vorgesehenen Mülleimer zu deponieren und keinesfalls hinunterzuspülen, weil sonst eine schwere Verstopfung drohe.

Landschaftsimpressionen. Sie erinnern an Almregionen in Österreich.

Tirol do Brasil – tropische Kulturlandschaft und immer wieder Fischteiche

Straße ins Zentrum von Tirol do Brasil mit Schule, Kirche und Widum (2006)

Später trudelten immer mehr Neugierige ein, die uns stumm beäugten. Noch später kamen die Mutigen, die uns ansprachen, und dabei hörten wir endlich dieses eigentümliche Deutsch, das in Dorf Tirol normal gesprochen wird. Camilo Thomas hatte vorher ja nicht viel gesagt, und bei Geraldo erklärte sich die gepflegte Sprache aus der Tatsache, dass er viele Jahre in Vorarlberg zur Schule gegangen war und dort auch gearbeitet hatte – was uns ebenfalls verwunderte, denn vermutet hätten wir eher, dass niemand jemals aus dem Dorf hinausgekommen wäre. Aber das war wohl die Folge unseres „unvoreingenommenen" Besuchs, sprich unseres mangelhaften Wissens.

Dann kam die nächste eindrucksvolle Erfahrung, denn Schlag 18 Uhr war es stockdunkel. Nichtsdestotrotz fanden sich immer mehr Leute im Gasthaus ein, und wir spendierten gern ein paar Runden. Ein gewisser Vital spielte auf der Gitarre, ein kleines Mädchen sang berührende Weisen, der Lehrer Schaeffer klagte uns sein Leid über die Krankheiten seiner Frau und das fehlende Geld, das er für die Arztkosten bräuchte, Geraldo machte uns mit dem Programm der kommenden Tage bekannt, und Valdemiro

Siller faszinierte uns mit seiner markanten Sprechweise. Heute kann ich locker darüber berichten, aber 2003 war jede Begegnung mit den Einheimischen ein neues, tief ergreifendes Abenteuer, und – vielleicht ist es zwischen den Zeilen schon spürbar geworden – wir drei haben uns in das Dorf Tirol mit seinen Menschen und seiner Gegend sofort schwer verliebt.

Nach und nach erfuhren wir viel Wissenswertes, zum Beispiel über die Hilfeleistungen aus der alten Heimat, sowohl von Landesseite als auch von Privatpersonen und Vereinigungen. Wir sahen auch alle sichtbaren Zeichen der Hilfe: die Genossenschaftsanlage des Landes Tirol, die Kapelle (errichtet mit Geldmitteln von Heinz und Elfi Stecher), die Kirche (restauriert von den Schlanderer Schützen), die Krankenstation (eine Initiative aus Reutte), den Kindergarten, die Schule und das Kulturzentrum (initiiert von Karl Ilg), die Tischlerei (geliehen von der Landwirtschaftsschule St. Johann und inzwischen ins Eigentum übergeben) und anderes mehr. Die Einrichtungen waren teils in brauchbarem, teils in schlechtem Zustand – oder wir hörten nur, dass es sie gegeben hatte. Den wohl schlechtesten Eindruck machte die Oficina Stubai. Sie hätte einmal eine blühende Schlosserei oder Reparaturwerkstatt werden sollen. Einen guten Eindruck hinterließ hingegen die Tischlerei.

Wir bekamen Einblick in die Wohnsituation, die mit europäischen Maßstäben niemals gemessen werden konnte. Baufällige und unverputzte Häuser, triste Buden, aber auch einige ansehnliche Bauten hatten eines gemeinsam – alle bis auf eines hatten Stromanschluss und Kühlschrank. Das war die Errungenschaft aus der Mitte der Neunzigerjahre, einer von Entwicklungshelfer Gerhard Renzler durchgeführten Initiative der Tiroler Landesregierung.

Viele Informationen von allen Seiten wirkten auf uns ein, teils widersprüchlich, teils fragwürdig, vorwiegend rüttelten sie aber auf. Immer mehr kam zum Vorschein, dass in Dorf Tirol bereits viel geholfen worden war, aber wir hatten den Eindruck, dass diese Hilfe stillzustehen schien. Dazu kamen die nicht vorhandenen beruflichen Perspektiven und das erschütternde Lohnniveau. Die Menschen lebten tatsächlich von dem Wenigen, das sie für den Eigenbedarf anbauten, und fast alle arbeiteten ausschließlich in ihrer kleinen Landwirtschaft. Mutige Investitionen in den Anbau von Kaffee und Ingwer brachten sie in eine gefährliche Schuldenfalle. Die Vermarktung durch die örtliche Agrargenossenschaft sollte zwar durch den vom Land Tirol finanzierten Fuhrpark (LKW, Kleinbus, Pickup, Traktor) funktionieren, wegen der übergroßen Konkurrenz durch Großproduzenten waren aber kaum Erträge zu erwirtschaften – vorprogrammierte Armut und die daraus entstehende Lethargie und Hoffnungslosigkeit der Dorfbewohner waren nicht zu übersehen. Dass das Schulsystem nicht entwicklungsfördernd wirkte, stellten wir in kurzer Zeit fest. Noch immer ist

Tatsache, dass die Straßen bei Regen nicht befahrbar sind, somit auch der Schulbus, eine lobenswerte Einrichtung, stillsteht und aus allen möglichen und unmöglichen Gründen der Unterricht ausfällt.

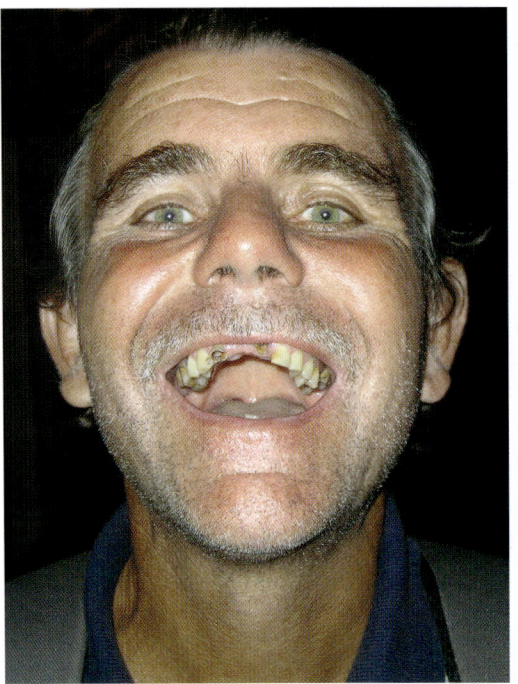 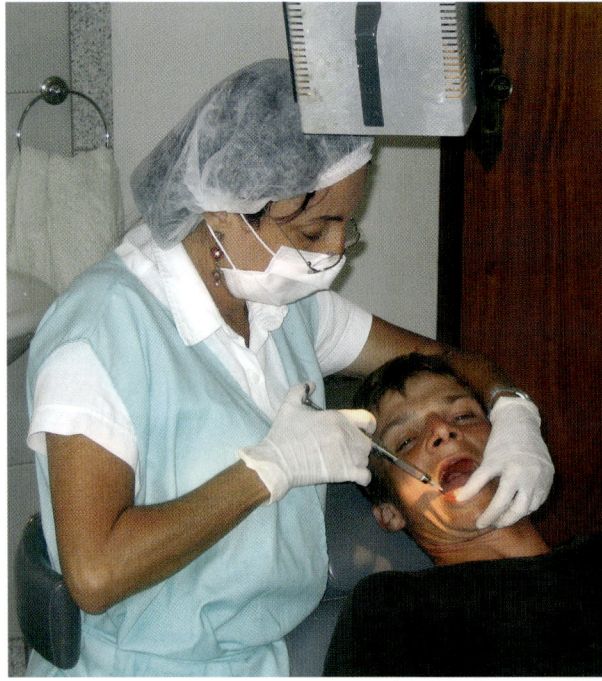

José Schaeffers Zahnprobleme (2004)   Valerio Helmer beim Zahnarzt

Wir bemerkten, dass die Menschen bis auf ein paar wenige Ausnahmen schlechte Zähne hatten, das Gebiss entweder unvollständig oder falsch war. Also auch hier Handlungsbedarf. Unsere Vermutung war, dass es am Wasser liegen könnte. Inzwischen geben wir dem hohen Zuckerkonsum und der mangelhaften Zahnpflege die Schuld. Unser Fazit: Man sollte auch dieses Problem angehen. Es kann doch keine Lösung sein, bei jeder Gelegenheit alle Zähne zu ziehen und Gebisse zu verpassen! Wir hörten zwar von regelmäßigen Besuchen von Ärzten und schauten uns auch die Einrichtung in der Krankenstation an. Wir sahen die langen Warteschlangen an einem Ordinationstag, wo viele schon um sieben Uhr früh anstanden und etliche davon zur Mittagszeit immer noch warteten. Das beruhigte uns, denn offensichtlich geschah in der Krankenversorgung etwas, wenn auch laut Auskunft in langen Zeitabständen. Die Frage nach dem Transport von Kranken in die Bezirkshauptstadt Santa Leopoldina oder nach Vitória wurde mit „Lastwagen" oder „Motorrad" beantwortet. Und damit tat sich auch das Thema Kommunikation auf. Nachdem jedes kleine Gehöft mehrere Kilometer vom nächsten entfernt war, konnte diese nicht großartig sein. Und nachdem es fast keine Privatautos gab, sondern – wenn schon, dann als großen Reichtum – ein Motorrad, war vorstellbar, dass viele Kranke schlecht versorgt waren und der Weg ins Krankenhaus nicht nur weit, sondern auf Grund der finanziellen Situation auch kaum leistbar war. Dazu kam die erwähnte schwierige Kommunikation. Es gab ein Telefon im Gasthaus, eines war in der Genossenschaft und wenige Meter daneben ein öffentliches, das leicht überdacht mehr oder weniger im beginnenden Urwald hing – auf kleinstem Raum also drei Telefone, das heißt, dass man von weit her gehen oder fahren musste. Inzwischen gibt es wohl vereinzelt Handybesitzer, eine flächenmäßige Abdeckung mit Telefonie ist aber wegen der hügeligen Landschaft derzeit unmöglich, da müsste auf jedem Hügel ein Handymast stehen – Hügel gibt es aber Tausende.

Was trotz der schwachen Kommunikationsmöglichkeiten perfekt funktioniert, ist die Verbreitung von Nachrichten über die Abhaltung eines Festes. Wie das geschieht, ist mir schleierhaft, ich weiß nur, dass es bestens gelingt. Das liegt wohl daran, dass Feste Höhepunkte sind im sonst eher kargen Alltag. Bei unseren weiteren Besuchen haben wir den Eindruck gewonnen, dass in Brasilien Feiern eine fast lebenswichtige Angelegenheit ist – auch in Dorf Tirol. Feiern ist außer der Sonntagsmesse eine Möglichkeit, sich mit den anderen Dorfbewohnern zu treffen.

Wir erlebten bei unserem Aufenthalt Dorf Tirol sehr intensiv. Geraldo Thomas wie auch Hubert Thöny informierten uns über Gut und Böse, und wir sogen alles in uns auf, machten uns aber auch eigene Gedanken. Camilo Thomas war sehr zurückhaltend und bedrückt, seine Frau und Vivi, die Lebensgefährtin des Mordopfers, weinten ständig. Damit komme ich zu jenem Punkt unseres ersten Besuchs, der überaus belastend war und wie ein dunkler Schatten über Tirol lag: Die Angst war überall spürbar! Nicht nur die vielen schwarzen Fahnen begleiteten uns ständig – immerhin war der Mord an Tarcizio erst drei Wochen her –, auch die Tatsache, dass in Tirol ein Mord verübt worden war. Auch bezüglich der Täter tappte man im Dunkeln. Man wusste nur, dass es mehrere Personen waren, die Tarcizio Thomas auf der Heimfahrt von einem Fest kurz vor dem Gatter, das seine Lebensgefährtin Vivi gerade öffnen wollte, regelrecht hingerichtet hatten und in das Dunkel des gegenüberliegenden Bananenhains geflüchtet waren. Wenige Tage später hatte die Familie des Toten am Ort des Verbrechens eine kleine Gedenkstätte mit einem Kreuz errichtet. Am 15. Oktober wurden wir zur Gedenkfeier anlässlich des Geburtstags von Tarcizio Thomas eingeladen. Das Beten und Singen begann bei Tageslicht, den Heimweg legten wir – mit einem äußerst ungutem Gefühl – in der Dunkelheit zurück, mitten durch den Urwald mit all seinen Geräuschen, und vor allem mit dem Wissen, dass die Täter noch frei herumliefen. Es war eine schaurige Angelegenheit. Einige Zeit danach wurden ein paar Verdächtige eingesperrt, einer verließ das Gefängnis wieder – mit einem lebenslangen Leiden; in brasilianischen Gefängnissen herrschen offenbar raue Sitten.

Während unseres ersten Besuchs in Brasilien bekamen wir immer wieder erzählt, dass wohl Unterstützung aus dem Heimatland Tirol stattfinde, jedoch eher punktuell und durch Private. Wie es schien, blieb ein Teil der Dorfbewohner davon unberührt, die Hilfe erfasste nur wenige und vor allem fast immer dieselben Personen. Die großen Hilfsaktionen hatten schließlich aus verschiedenen Gründen ein Ende gefunden, worüber wir uns wunderten. Heute weiß ich, dass wir 2003 mit Sicherheit den gleichen Fehler machten, wie viele vor und nach uns. Wir öffneten unsere Geldtaschen und bedachten einige wenige in der Überzeugung, Gutes zu tun. Grundfalsch! Weil auch wir damit lediglich den Eindruck erweckten, dass bei uns das Geld auf den Bäumen wachse, und weil wir – obwohl es offenkundig war, dass es an allen Ecken und Enden haperte – keine nachhaltigen Schritte zur Verbesserung setzten.

Mit gewaltigen Eindrücken, voller Tatendrang und mit vielen Ideen kehrten wir nach Innsbruck zurück. Sofort nahmen wir mit ehemaligen Helfern Kontakt auf, auch beim Land Tirol baten wir um einen Termin. Die Reaktionen bremsten unser engagiertes Angehen ein. In der Hilfeleistung für Tirol in Brasilien musste es Schwierigkeiten gegeben haben – aber deshalb aufgeben? Niemals! Obwohl das Land Tirol ein wenn auch nur schwach dotiertes Budget für Außenhilfe und darüber hinaus unserer Meinung nach die Verpflichtung hatte, „den Tirolern" in Brasilien zu helfen, blitzten wir mit unserem Anliegen ab. Dem Beamten war unschwer anzusehen, dass er sich über unsere Vorsprachen nicht freute. Der Verdacht stand im Raum, dass Gelder nicht immer dorthin gelangten, wohin sie sollten; zudem könne eine wirkliche Überprüfung nicht erfolgen, weil dafür jemand vor Ort sein müsse.

Bis zum nächsten Termin übernahm ein anderer Beamter das Ressort für Auslandsbeziehungen – was uns durchaus gelegen kam; mit Dr. Fritz Staudigl, der unsere Idee positiv aufnahm und neue Hoffnung weckte, fanden wir eine gute Gesprächsbasis. Jeder, der schon einen Verein gegründet hat, weiß, dass es nicht unerheblich ist, welche Persönlichkeiten sich mit den Aufgaben des Vereins identifizieren können, sich zum Mittun bereitfinden und sich in das Proponentenkomitee aufnehmen lassen. Wir hatten diesbezüglich unvorstellbares Glück: Alt-Landeshauptmann Dr. Alois Partl bewertete unsere Vereinsgründungsabsicht positiv und sagte spontan zu. Er kannte Dorf Tirol, das er als Landeshauptmann im Jahr 1993 besucht hatte. Dazu kam mein Vater, Prof. Andreas Bramböck, der ebenfalls unterstützend wirkte. Wir wandten uns an Ing. Gerhard Renzler, der schon des Öfteren in „Tirol" gearbeitet und dort im Auftrag des Landes geholfen hatte. Auch er machte mit. Aus einem Zufall heraus kamen wir mit Ing. Hermann Plank ins Gespräch, der sofort Feuer und Flamme war. Am 13. April 2005, eineinhalb Jahre nach unserem Besuch, beantragte das Proponentenkomitee bei der Behörde die Gründung des Vereins. Die erste Generalversammlung fand am 28. September 2005 statt. Auch die Schlanderer Schützen unter Hauptmann Karl Pfitscher baten wir um Mitwirkung; seitdem besteht der Verein zur Hälfte aus Südtiroler Mitgliedern. Aus finanztechnischen Gründen – Fördermittel aus Südtirol können nicht nach Nordtirol gelangen und umgekehrt – war die Errichtung eines Subvereins in Südtirol notwendig. Der Vorstand des Gesamtvereins setzt sich dementsprechend aus Mitgliedern von Nord- und Südtirol zusammen, die auch wechselseitige Agenden wahrnehmen. Der Verein zählt heute (2009) 130 Mitglieder und freut sich auf weitere Zugänge.

Besonders erwähnenswert ist, dass der Südtiroler Landeshauptmann Dr. Luis Durnwalder Hilfsaktionen in Tirol unterstützte und dies wohl auch künftig tun wird. Er ist wie Alt-Landeshauptmann Partl Ehrenobmann des Vereins, beide wahre Schirmherren, denen das Dorf Tirol in Brasilien echtes Anliegen ist.

Der Vorstand von „Tirol–Brasil" (von links): Dr. Walter Weiss, Hauptmann Karl Pfitscher, Alt-Landeshauptmann Dr. Alois Partl, Maria Ludescher, Friedl Ludescher, Ing. Heinz Stecher, Ing. Hermann Plank (†); nicht im Bild: Dr. Doris Kloimstein, Ing. Gerhard Renzler, Dr. Christoph Koch, Helmuth Rainer

Blick über den See zum Kulturzentrum und zur Martinskapelle

Von Beginn an erstellte der Verein äußerst ehrgeizige Arbeitsprogramme. Einige davon sind bereits abgeschlossen, viele laufen noch, und etliche müssen noch angegangen werden. Besondere Förderung erfahren Projekte, die dem ganzen Dorf dienen, die Förderung von Einzelpersonen ist nicht unser Ziel. Durch die Einbindung der brasilianischen „Tiroler" in die konkrete Projektarbeit wird diesen das Gefühl vermittelt, für die eigene Zukunft selbst verantwortlich zu sein.

Noch einmal zurück ins Jahr 2003, das mich in besonderer Weise an Dorf Tirol gebunden hat. Wir haben freundschaftliche Kontakte zu den Einheimischen aufgebaut und ihnen versprochen, bald wiederzukommen. Geraldo Thomas, der sich nach dem Mord an seinem Bruder in Tirol nicht mehr sicher fühlte, zog in die Bezirkshauptstadt. Sein verwaistes Häuschen bot er mir an. Eine Nacht- und Nebelaktion führte mich 2004 heimlich nach Dorf Tirol, und ich erwarb die Liegenschaft. Meinem Mann gestand ich es erst nachher. Zum Grundstück, das mit drei Hektar für brasilianische Verhältnisse eher winzig ist, gehört zu meiner Freude der kleine Badesee vor dem Gasthaus, der wie bisher allen zugänglich bleiben soll.

Zum Häuschenkauf eine Begebenheit, die mir – wenn ich daran denke – noch heute Gänsehaut macht: Nach Erledigung der Formalitäten beim Notar in Santa Leopoldina kehrte ich ins Dorf zurück. In der Pousada war – das hatte ich allerdings schon vorher gewusst – kein Platz. Ausgestattet mit einer Taschenlampe und den aus dem Flugzeug geschmuggelten und bei Nachtflügen üblichen Utensilien (Polster und Decke) machte ich mich spät in der Nacht und sehr mutig auf den Weg „nach Hause". Wegen der fehlenden Vorhänge und Möbel hallte es in den Räumen. Wenn ich Licht machte, konnte wohl jeder ins Haus sehen, ich aber nicht nach draußen. Nichts war da, womit ich die versperrten Türen zusätzlich verrammeln hätte können. Schnell ins Obergeschoss, wo ich am Boden die Decken und Polster aufbreitete, mich mit der Taschenlampe in der Hand niederlegte und stocksteif den Schlaf erwartete, der sich natürlich nicht einstellte. Jedes Geräusch, was immer es auch war, wurde gedeutet, und das nicht gut. Irgendwann dürfte ich dann doch eingeschlafen sein, denn plötzlich schreckte ich auf: ein Schuss! Ich wagte kaum zu atmen, mir war übel, und ich verteufelte die Schnapsidee, jemals hierhergekommen zu sein. Ein zweiter Schuss! Dazu splitterndes Glas. Ein neuerlicher Schuss, gleich darauf der vierte! Dann hallten Rufe durch die Nacht, Pferde wieherten. Ich kroch zum Fenster, um vorsichtig hinauszulugen. In der Pousada brannte Licht, Männer rannten zu meinem Häuschen. Waren es Gangster oder Retter? Ich kroch zum Fenster auf der anderen Seite und äugte hinaus. Die „Banditen" fingen oberhalb meines Hauses Pferde ein, um sie zu satteln! Mit der einsetzenden Dämmerung wagte ich mich zur Pousada, wo mir Hubert Thöny grinsend erklärte, dass es bei Reitergruppen üblich sei, durch Schüsse geweckt zu werden. Aber die klirrenden Fensterscheiben? Sie lagen tatsächlich in vielen kleinen Stücken in der Küche. Die Pferde dürften aufgeschreckt worden sein und davongaloppierend Steine gegen das Haus geschleudert haben. Trotz allem war gut, dass ich die folgende Nacht in der Pousada zubringen konnte. Dort war ich allerdings auch wieder ganz allein, denn der Wirt Hubert wohnte nicht im Gasthaus ... – Mit dem Häuschen, genannt „Sitio Frimalu", gibt es sozusagen einen Vereinssitz vor Ort, und wir haben des Öfteren Grund, nach Brasilien zu fahren – auch um die Projekte des Vereins zu betreuen und die Verwendung der Gelder zu sichern.

Viele unserer Überlegungen betreffen Dorf Tirol in Brasilien, vor allem wie es in Zukunft wirtschaftlich am besten punkten könnte. Die landwirtschaftlichen Erträge sind zu gering, als dass man sie im großen Stil vermarkten und entsprechende Gewinne daraus erzielen könnte. Vielmehr scheint ein sanfter Tourismus, in den man die Produkte einbringen und auch Arbeit finden kann, sinnhafter. Seit 2005 arbeiteten „Dorf Tiroler" auf Initiative des Vereins als Saisonniers in den Gletscherskigebieten vom Pitztal, Stubaital und Zillertal. Sie lernten dabei europäische Arbeitsstandards kennen und werden die gewonnenen Erfahrungen und Kenntnisse in eines der Zukunftsprogramme für Dorf Tirol einbringen.

Was können wir Europäer zur Entwicklung von Dorf Tirol beitragen?

Hinfahren, die wunderschöne Landschaft, die Wasserfälle, die üppige Blumenpracht, das verträgliche Klima genießen und nicht zuletzt – „Landsleute" besuchen. Wenn mit Südtiroler und Tiroler Hilfe das Straßenproblem gelöst werden kann, hat Dorf Tirol wirtschaftlich und touristisch gute Chancen.

Das vorliegende Buch ist nicht zufällig entstanden. Sein Vorgänger mit dem Titel „Colónia Tirol" ist nicht nur lange vergriffen, es endete auch mit dem Jahr 1996. Wilfried Schabus und Alexander Schlick hatten ein aufwendig recherchiertes, geschichtlich dominiertes und mit Statistiken angereichertes, wissenschaftliches Werk geschrieben. Seit 1996 ist in Dorf Tirol sehr viel geschehen, das wert ist, niedergeschrieben zu werden. Wilfried Schabus konnte dafür gewonnen werden, auf das erste Buch aufbauend Einblick in den Jetztzustand zu bieten.

Es hat sich eben so ergeben …

Andreas Bramböck
AUS MEINEM REISETAGEBUCH

Sonntag, 12. Oktober 2003: Nach zweieinhalb Stunden Fahrt Ankunft in Dorf Tirol. Der Gasthof Tirol ist ein neuer, ebenerdiger Bau mit zwei Gasträumen, einer überdachten Veranda im Freien, einer großen Küche und vier Zimmern zu je einem Doppelbett und drei Einzelbetten (Dusche, WC, Waschbecken), überall Natursteinböden. Seit fast drei Jahren wird das Haus von Hubert Thöny aus Nassereith geführt. Er ist 52 Jahre alt, war lange in Ingolstadt und kann fast alles, vor allem lebhaft erzählen („I woaß zwar nit warum, aber es isch so; in Brasilien isch alles tropikalisiert; in Brasilien stehen die Leut' aufm Kopf, sind ja auf der südlichen Halbkugel …"). Das Gasthaus gehört der Genossenschaft.

Das Gebiet der Familie Camilo Thomas, ca. 60 Hektar, liegt auf ca. 700 Meter Meereshöhe in einem „Kessel", in der Mitte ist ein kleiner künstlicher See, umgeben von steilen Hängen; seit 1987 mit elektrischem Strom versorgt. Die Qualität des Trinkwassers wird ständig überprüft; öffentliche Telefonzelle; die Straßen nicht asphaltiert, sehr löchrig und bei Regen rutschig; gelbliches Erdreich, gute Luft; es wächst und reift alles, das ganze Jahr hindurch (es braucht niemand zu verhungern, und es kann niemand erfrieren).

Die bäuerlichen Anwesen sind weit verstreut, immer von ihrem eigenen (gekauften) Grund umgeben – es gibt kein „Dorf" Tirol. Früher hauptsächlich Kaffee-Anbau, in den Dreißigerjahren Absatzprobleme, die einst gerodeten Plantagen verwilderten in kurzer Zeit … jetzt Ingwer-Anbau und gesicherter Absatz. Totale Selbstversorger. Die Kinder werden zur Schule transportiert – die Schule und die Kirche sind ein paar Kilometer vom Gasthof Tirol entfernt. Ins Bett um 21 Uhr, wach ab halb drei Uhr, geweckt von Nachbars Gockel, Superfrühstück um halb acht Uhr.

Montag, 13. Oktober: Zwischen sechs und sieben Uhr Spaziergang bei leichtem Nieselregen, Maria und Friedl laufen. Nach dem Frühstück führt uns Geraldo zur Kirche, Schule und danach zum Gasthaus. Davor ist ein großer, freier Platz, wo man gut feiern kann. Gelber fester Erdboden. Sehr gutes Mittagessen mit Gulasch, Reis, Bohnen, Radieschen, Zwiebeln, Salat, Tomaten; gutes Bier. Am Nachmittag führt uns Geraldo durch die sehr schöne und interessante Gegend (immer neue Täler und Winkel). Was da alles wächst! Bananen (an die 20 Sorten!), Avocados, Papaya, Jabuticaba (Baum), Jaca (große Früchte), Carambola (Sternfrucht), Inga, Graviola, Guave, Mais, Bohnen, Yamus (wie Erdäpfel), Süßkartoffeln, Batata perva (länglich-gelb), Zuckerrohr, Maniok, Mango, Kaffee und Ingwer, derzeit wirtschaftliche Existenzgrundlage. Geraldo ist ein sehr feiner und gebildeter Mann – man hat das Gefühl, als wäre man schon lange mit ihm befreundet!

Dienstag, 14. Oktober: Nach dem Morgensport und Frühstück ein Spaziergang zum Haus von Valdemiro Siller. Seine Vorfahren stammten aus dem Stubaital. Er geht immer barfuß, aber nie ohne Hut. Er kann außer seinem Namen nichts schreiben, nicht lesen, aber gut rechnen, ein ganz schlauer und pfiffiger Mann; er hat Kühe, Pferde, Schweine, Hühner und baut an, was er braucht oder verkaufen kann. Er wohnt noch im alten, auf Pfählen stehenden Haus, hat aber daneben ein sehr schönes, neues Haus finanziert bekommen und selbst gebaut. Kosten ca. 25.000 Reais (EUR 7.000).

Nachmittag Wanderung mit Camilo Thomas auf alten Wegen zum Versuchsgelände, das Südtirol gekauft und der Genossenschaft geschenkt hat. Zugekehrt bei Herrn Krüger (1 Real für 3 Whiskey!).

Mittwoch, 15. Oktober: Mit Hubert Thöny zu José Schaeffer, dem Deutschlehrer; Friedl hoch zu Ross mit Valdemiro! Wanderung auf den Aussichtsberg mit dem seltsamen Namen „Fauler Fisch". Es soll dort einmal eine Fischladung abgestürzt und verfault sein. Auf Teilen dieses Wegs war schon Kaiser Pedro II. (1840–1889) geritten. Hubert hatte mit Freunden dort ein großes Gipfelkreuz aufgestellt, irgendjemand sägte es bald danach um und warf es hinunter. Hubert weiß nicht warum, aber „es isch so …"! Kaffee und sehr schmackhafter Kuchen bei Geraldo, seiner hübschen Frau und seinem Sohn. Abends an der Stelle, wo sein Bruder ermordet wurde, eine Andacht – Geburtstag von Tarcizio!

Wilfried Schabus
Die Auswanderung

Auswanderungsdruck und Einwanderungssog

Um die Mitte des 19. Jahrhunderts bestand in weiten Teilen Mitteleuropas unter kleineren Bauern und mittelständischen Gewerbetreibenden eine hohe Auswanderungsbereitschaft. In Österreich und namentlich in Tirol verursachten die folgenden Faktoren diesen Auswanderungsdruck: nachhaltig negative wirtschaftliche Folgen der Napoleonischen Kriege, existenzgefährdende steuerliche Belastung durch neoabsolutistische Fiskalpolitik, Industrialisierung und Beseitigung der innerösterreichischen Zwischenzollgrenzen, Verschuldung der Bauern durch den von ihnen zu leistenden Anteil an der Grundentlastung („Bauernbefreiung"), schlechte klimatische Bedingungen und somit niedrige Erträge durch die sogenannte „kleine Eiszeit" in der Mitte des 19. Jahrhunderts, Besonderheiten des Erbrechts (Anerbenrecht; Realteilungsrecht), Heiratsverbot für Besitzlose sowie eine gewisse allgemeine politische Frustration nach dem Revolutionsjahr 1848.

Zugleich bestand bei etlichen südamerikanischen Staaten hoher Bedarf an Zuwanderung mit dem Ziel der besseren Erschließung des Landesinneren und der Überwindung der von den Kolonialmächten hinterlassenen feudalen Wirtschaftsstrukturen. Beide Ziele hoffte man durch die Schaffung eines produktiven und eigenverantwortlich wirtschaftenden sozialen Mittelstands zu erreichen, weshalb man sich zur Anwerbung europäischer Siedler entschloss.

Die ökosozialen Verhältnisse

Die Motive für die Wanderbereitschaft der Tiroler waren nur in seltenen Fällen bloße Abenteuerlust oder etwa der Versuch, dem Richter, dem Exekutor oder dem Militärdienst zu entgehen. Viel häufiger war es bei den kleinen Bauern und Handwerkern das Gefühl, in einer dem Würgegriff des Fiskus nur allzu sehr ausgesetzten Welt seine Tüchtigkeit, seine Kraft und seine Begabungen nicht mehr zum Wohl der eigenen Familie einsetzen zu können. Vor allem im Tiroler Unterland gab es wegen des dort vorherrschenden Anerbenrechts viele junge Leute, die als „weichende" Geschwister des Hoferben nicht einmal die Aussicht auf Gründung eines eigenen

Haushalts hatten. Mittellosen wurde nämlich der sogenannte „politische Ehekonsens" mit dem Argument verweigert, dass die aus solchen Verbindungen hervorgehenden Kinder der Kommunalverwaltung zur Last fallen könnten. Kein Wunder, dass vor allem die Aufgeweckten unter den jungen Leuten aufbegehrten und trotzig ins Treffen führten, dass „das Sakrament der Ehe nicht bloß für die Reichen" eingesetzt sei, wie die Augsburger Allgemeinen Zeitung vom 27. März 1857 berichtet.

Etwas anders war die Situation im Vinschgau und im Oberinntal, wo nach dem römischen Realteilungsrecht der Hofbesitz unter den Erbberechtigten gleichmäßig aufgeteilt wurde, was aber bald zu einer derartigen Zersplitterung der Wirtschaftseinheiten führte, dass sie keinem der Nachkommen noch eine ausreichende Existenzgrundlage bieten konnten. Der Vorteil war immerhin, dass solche Kleinstbauern wenigstens nominell noch ein selbstständiges Einkommen hatten und deshalb nicht den erwähnten Heiratsbeschränkungen unterlagen. Wurde eine bestimmte Mindestgröße des Besitzes unterschritten, konnte es aber auch hier vorkommen, dass die Gemeindeleitung nicht in eine Heirat einwilligte. Darauf hat Johann Zauner, der Ortschronist von Silz, den Autor hingewiesen.

„So ist es nicht verwunderlich", schreibt der Obsteiger Ortschronist Hubert Stecher, „dass Mädchen und Burschen von zu Hause nicht nur weg mussten, sondern auch wollten." Und im sogenannten „Oberen Gericht" zwischen Landeck und Nauders, wo ein Hof auf zwei oder mehr Kinder aufgeteilt werden konnte, sei es vorgekommen, „dass auf dem Boden der einzigen Küche des Hofs Kreidestriche gezogen wurden, die zeigten, welchen Teil die Mitglieder der einzelnen Familien betreten durften. Ebenso waren in den Kammern, im Stall und im Stadel die Rechte aufs Genaueste geregelt. Die Menschen lebten in drangvoller Enge."

Offenbar war es im Tiroler Oberland zu einer Bevölkerungsdichte gekommen, die im Verhältnis zu den bäuerlichen Lebensgrundlagen sowie zu den handwerklichen Beschäftigungsmöglichkeiten einfach zu hoch war. Die wohl bekannteste Folge der wirtschaftlichen Not waren die sogenannten Schwabenkinder, die, um ihre Familien zu entlasten, meist im Alter zwischen zehn und 14 Jahren in organisierten Wanderzügen alljährlich im Frühling nach Ravensburg, Überlingen und nach anderen Kindermärkten des Schwabenlandes wanderten, wo sie von den dortigen Bauern „als Gänsemädchen, Sauhirten und Roßbuben" angeheuert wurden, wie man in der „Geschichte des Landes Tirol" von Josef Fontana nachlesen kann. Sieben Monate später, zu Martini, kamen sie nach Hause zurück, neu eingekleidet und mit drei oder vier selbst verdienten Gulden in der Tasche, erzählt der Autor Roman Spiss. Und waren diese Kinder erst einmal herangewachsen, mussten sie für ständig in die Fremde, etwa als Dienstmädchen in die Stadt oder als Holzarbeiter in die protestantische Schweiz, was die Eltern oft um das katholische Seelenheil ihrer Nachkommen bangen ließ. Viele Tiroler mussten sich damals mit allen erdenklichen Nebenverdiensten und Saisonarbeiten über Wasser halten – etwa als Stickerinnen, Krämerinnen, als Maurer oder als Vogelhändler.

Für viele Bauern war paradoxerweise auch die heute von den meisten Historikern einhellig als sozialer Fortschritt gesehene „Bauernbefreiung" der Anfang der Hofüberschuldung, weil sie gezwungen waren, das auf sie entfallende Drittel der sogenannten „Grundentlastung" durch die Aufnahme von Krediten zu finanzieren; das heißt, sie erreichten die Lastenbefreiung ihres Besitzes nur durch dessen Belastung mit Hypotheken. „Und die finanzkräftigen Kapitalgeber waren meist ärger als die früheren Grund- und Zehentherren", heißt es im „Tiroler Erbhofbuch" von Sebastian Hölzl und Hans Schermer. Formell waren die Bauern durch die Grundentlastung von 1848 auch zu Waldeigentümern geworden, doch das Jagdrecht blieb bei den Großgrundbesitzern und wurde von deren Förstern eifersüchtig überwacht. Auch das trug nicht zur politischen Zufriedenheit der Landwirte bei.

In Tirol gesellte sich nach 1848 zur allgemeinen wirtschaftlichen Misere eine massive politische Frustration. Dadurch kam es bei vielen Tirolern bald zu einer nachhaltigen Entsolidarisierung mit ihrem Vaterland. Dabei war es für die treuen Katholiken weniger die Wiedererrichtung der absolutistischen habsburgischen Herrschaftsform, was sie verbitterte, und auch nicht der im Konkordat von 1855 verankerte Einfluss der Kirche auf alle Lebensbereiche in Tirol – die kaisertreuen Tiroler kränkte zutiefst das Verhalten des Wiener Hofs gegenüber den italienischen Aufständischen in Welschtirol – sie waren mit der taktierenden und nachsichtigen Diplomatie des Kaisers in dieser Angelegenheit nicht einverstanden. Schließlich waren es die Tiroler Schützen gewesen, die „für Gott, Kaiser und Vaterland" gegen die „Wälschen" gezogen waren und die Rebellen in Schach gehalten hatten, ehe diese von Feldmarschall Radetzky besiegt werden konnten. Die Loyalitätsgefühle der Tiroler waren auch deshalb schmerzlich verletzt, weil sie es nicht an Beweisen ihrer Anhänglichkeit hatten fehlen lassen, als die kaiserliche Familie im Revolutionsjahr 1848 von Wien nach Innsbruck geflüchtet war. Nur wenige Jahre nach diesen Ereignissen hatten sie unter Teuerungen und einer unzumutbaren Bürokratisierung zu leiden. Auch konnte kein freiheitsbewusster Tiroler damit einverstanden sein, dass dem Fiskus sogar in den Dörfern Handlanger in der Gestalt von bewaffneten Gendarmen an die Seite gestellt wurden. In diesen „Bückelhauben", wie man die Wachleute nannte, verkörperte sich für die ländliche Grundschicht die Macht eines Bauern schindenden Imperiums, das die Erträge der Untertanenarbeit für die Bedienung der horrenden Staatsschulden so erbarmungslos abschöpfte, dass für die Versorgung der eigenen Kinder nichts mehr übrig blieb. Diese Unzufriedenheit mit den herrschenden Verhältnissen wurde in einem damals in Tirol sehr populären politischen Lied schonungslos zum Ausdruck gebracht. Im Folgenden sollen einige Strophen davon wiedergegeben werden:

Großmuth übt der gute Kaiser / dort im Walschland jetzt als weiser / Landes=Vater spat und früh / und ertheilt statt sich zu rächen / hier das größte der Verbrechen / Allgemeine Amnestie.
In Tyrol, dem Land der Treue / klagt der Menschenfreund aufs Neue, / daß man Arme grausam quält; / Salz, Tabak ist uns vertheuert, / Kleinigkeiten hoch besteuert, / Undank ist der Lohn der Welt.
Ach es sind jetzt zum Exempel / hier bey Aemtern Tax und Stempel / Armen unerschwinglich bald; / macht man es so fort im Lande / wird der Man vom Mittelstande / bald zum Bettler mit Gewalt.
Drum, wer arm, und brav ist wandere, / suche bald sich eine andere / Heimath in Amerika. / Eilet, wer nur kann, und fliehet, / eh' man euch die Haut abziehet / Schulden zu verzinsen da.
Schwer wird zwar der Abschied werden / um das Theuerste auf Erden, / wenn die Heimath uns entflieht: / doch verleidet sie den Armen, / der nur Schergen und Gendarmen, / Förster und Finanzer sieht.
Nach Peru tragt eure Arme / in das schöne Land, das warme, / wo euch winket die Natur; / Wirket dort für eure Kinder, / nicht wie hier für Bauernschinder / und für Bückelhauben nur.

Das war also in den 1850er Jahren die psychosoziale Situation der kleinen Bauern und Handwerker in Tirol, als südamerikanische Staaten wie Peru und Brasilien ihre Agenten aussandten, um für ihr riesiges und noch kaum erschlossenes Hinterland europäische Siedler anzuwerben.

Um die Mitte des 19. Jahrhunderts war Brasilien für Deutsche und Österreicher fast schon zu einem traditionellen Auswanderungsland geworden. Allein in den Jahren 1824 bis 1829 wurden laut Carlos Oberacker an die 10.000 deutschsprachige Söldner für die kaiserlichen Bataillone Dom Pedros I. angeworben. Im Jahr 1808 war der Hof des portugiesischen Herrscherhauses der Bragança wegen Napoleon in die brasilianische Kolonie ausgewichen und residierte seitdem in Rio de Janeiro. Als eine seiner ersten politischen Maßnahmen hob João VI., der Vater Pedros, das Verbot der Einwanderung von Nichtportugiesen auf, das Portugal nach der Entdeckung der Goldvorkommen in Minas Gerais eingeführt hatte.

Während in anderen südamerikanischen Ländern die Unabhängigkeitsbewegungen einsetzten und in der Folge das spanische Kolonialreich zerfiel, erlangte 1822 zwar auch Brasilien seine Autonomie, doch konnte die riesige Kolonie dank der Übersiedlung des portugiesischen Hofes nach Rio ihre Einheit weitgehend bewahren. Um die unblutig erreichte Unabhängigkeit von Portugal und um die Einheit Brasiliens erwarb sich eine Österreicherin überragende Verdienste, Prinzessin Leopoldine, eine Tochter Franz I., die 1817 Pedro, den portugiesischen Thronerben, heiratete (der sich 1822 zum Kaiser einer konstitutionellen Monarchie Brasilien einsetzen ließ). So förderte Leopoldine vor allem die Einwanderung von „Landsleuten" nach Brasilien und kümmerte sich um die Ansiedlung von Bauern, weil sie die Nachteile der Sklavenwirtschaft erkannt hatte. Das Land musste agrarisch und wirtschaftlich erst erschlossen werden – „durch viele Mühe und Geduld", wie sie im Jänner 1818 an ihren Bruder Franz Karl schrieb. Das war aber nicht zu bewerkstelligen, solange körperliche Arbeit die verachtete Tätigkeit rechtloser Sklaven war, deren Herren, eine dünne Oberschicht von portugiesisch-stämmigen Großgrundbesitzern, ihren Ehrgeiz mehr auf die Vermehrung ihres politischen Einflusses als auf die Erschließung des Landes richteten. Mühe, Geduld und die Bereitschaft zu härtestem Arbeitseinsatz unter Verzicht auf Sklaven erhoffte sich Leopoldine von den Kolonisten aus Europa, die als eine neue, fleißige, weiße Mittelschicht der Arbeit zu einem höheren Stellenwert in der brasilianischen Gesellschaft verhelfen sollten. Die neue soziale Mittelschicht sollte sich wirtschaftlich und politisch als ein Gegengewicht zur Monopolstellung der Grundbesitzer entwickeln. Denn das koloniale Wirtschaftssystem Brasiliens fußte auf den Fazendas der Großgrundbesitzer, in denen unter Einsatz von Sklavenarbeit auf riesigen Monokulturen Zuckerrohr und Kaffee für den Weltmarkt produziert wurden. Die erste erfolgreiche bäuerliche Ansiedlung, von der wichtige Impulse für die Herausbildung einer ländlichen sozialen Mittelschicht ausgehen sollten, war das im Jahr 1824 nördlich von Porto Alegre gegründete São Leopoldo in dem für mitteleuropäische Siedler klimatisch zuträglicheren Süden des Landes.

Caroline Josephine Leopoldine wurde in den Werbekampagnen des Majors Schaeffer als das „Fürstenkind" beschrieben, das im fernen Lande Brasilien „ein wunderselten Glück gefunden" habe. In Wirklichkeit hatte Leopoldine aber kein beneidenswertes Schicksal. Zeitgenössischen Urteilen zufolge gehörte die Erzherzogin nicht zu jenen hohen Fürstlichkeiten, bei denen Egoismus und Leichtfertigkeit zu den auffälligsten Eigenschaften zählten. Hingegen fielen ihre ausgeprägte Liebe zur Natur, ihre hingebungsvolle Beschäftigung mit Botanik, Zoologie und Mineralogie sowie ihr zeichnerisches Talent auf. Bemerkenswert ist, dass Leopoldine in Rio eine Protestantin als Gouvernante für ihre Kinder beschäftigte und dass sie trotz ihrer habsburgischen Erziehung keine ausgeprägten Vorurteile gegenüber den liberalen Ideen ihrer Zeit hegte. Anders aber als Pedro, der sich trotz seines herrischen Naturells und nicht zuletzt wohl auch aus einem Mangel an geistiger Unabhängigkeit der gerade herrschenden liberalen Euphorie kritiklos hingab und auch in den republikanisch gesinnten Freimaurerzirkeln verkehrte, konnte sich Leopoldine immerhin auch eine ähnlich gefährliche Entwicklung wie bei der französischen Revolution vorstellen. Besonders tragisch scheint der Umstand, dass Pedro auf einer Reise nach São Paulo Domitila kennenlernte, jene Frau, die in den folgenden Jahren Leopoldines Leben zerstören sollte. Die ehemalige Straßendirne aus São Paulo verschaffte sich Zutritt zum Hof, und Leopoldine verlor langsam ihren Einfluss auf den Gatten. Der Klüngel, den Domitila um sich scharte, hetzte gegen die „Ausländerin", die sich nun den perfidesten Unverschämtheiten ausgesetzt sah. Mit der Ernennung Domitilas zu Leopoldines Erster Hofdame begann für diese eine Zeit der Demütigungen. „Wie überglücklich wäre ich, wenn ich zu Ihnen fliegen könnte, theuerster Papa", schrieb sie am 2. September 1825 an den österreichischen Monarchen. Als die Kaiserin dem Gatten zum ersten Mal den Gehorsam verweigerte, misshandelte er sie im Beisein der Mätresse, und Leopoldine verlor an diesem 21. November 1826 endgültig den Willen zu einem Leben, das nur noch in Erniedrigungen bestehen konnte. Die seelisch und geistig darbende Frau verfiel in eine chronische Melancholie. Sie starb, 29-jährig, am 11. Dezember 1826 in Rio de Janeiro.

Einwanderungsland Brasilien

Brasilien zog schon in den 1820er Jahren zahlreiche Europäer an. Unter diesen gab es viele Tiroler, die sich als Söldner für das Bataillon des portugiesisch-brasilianischen Kaisers Pedro I., der mit der Habsburgerprinzessin Leopoldine verheiratet war, anwerben ließen. Zu einer verstärkten bäuerlichen Zuwanderung kam es aber auch in Brasilien erst nach 1850, als die „Einfuhr" von neuen afrikanischen Sklaven verboten wurde. Die brasilianischen Großgrundbesitzer waren damit auf andere neu eingewanderte Landarbeiter angewiesen, um den Fortbestand ihrer feudalistisch geführten Zuckerrohrplantagen sicherzustellen.

Die ab dem Jahr 1857 im Kolonisationsgebiet des heutigen Bezirks Santa Leopoldina angesiedelten europäischen Einwanderer wurden hingegen von der brasilianischen Regierung ins Land gerufen und waren damit keine von den „Zuckerbaronen" rekrutierten Lohnarbeiter. Als sogenannte „Regierungskolonisten" waren sie, wenigstens formal, mit gewissen Sonderrechten ausgestattet; als Erstsiedler nahmen sie das ihnen im Landesinneren zugewiesene Land eigenverantwortlich in Arbeit. Auch von den 1859 angekommenen Tirolern musste jede Familie die ihr übertragene „Kolonie" mit einer Größe von etwa 27 Hektar in harter Pionierarbeit und ohne maschinelle Hilfe selbst vom dichten Urwald befreien und urbar machen.

Wirtschaftspolitisch ging es in erster Linie darum, neue Anbauflächen für Kaffee zu erschließen. Der bald florierende Kaffeehandel brachte Brasilien einen (vorübergehenden) Wirtschaftsaufschwung, den nur der Kautschukboom in Amazonien zwischen 1880 und 1920 übertraf. Da der Anbau von Kaffee sehr arbeitsintensiv ist, förderte die Regierung bewusst die Einwanderung kinderreicher Familien.

Die Colônia Tirol

Als Gründungsjahr der „Colônia Tirol" in Brasilien galt bisher das Jahr 1857. So beging man im Jahr 1997 – unter offizieller Beteiligung von politischen Vertretern des Landes Tirol – erstmals ein (vermeintlich) rundes Jubiläum. Auch 2007 gab es im Beisein von brasilianischer, österreichischer und Südtiroler Prominenz eine (von Dorftiroler Chorsängern im brasilianischen Fernsehen beworbene) Feier. Das Gründungsdatum bedarf allerdings einer Präzisierung: Die erste größere und zugleich erfolgreiche Ansiedlung von europäischen Bauern in Brasilien erfolgte, wie bereits erwähnt, 1824, und zwar in dem für mitteleuropäische Siedler (aus Deutschland) klimatisch zuträglicheren Süden des Landes. Das Gebiet um Santa Leopoldina wurde hingegen erst um 1856 vermessen und zur Kolonisation freigegeben. 1857 wanderten als die ersten deutschsprachigen Siedler Kolonisten aus der Schweiz ein. Somit markiert das Jahr 1857 den Beginn der europäischen Zuwanderung in Santa Leopoldina. Die Vorfahren der Brasil-Tiroler kamen hingegen erst 1859 ins Land.

Diese Fakten wurden von Alexander Schlick und mir bereits 1996 publiziert, die Tradition der festlichen Begehungen in den Jahren mit der Endstelle „7" blieb aber ungebrochen. Auf Wunsch von Friedl Ludescher, 1859 als Zuwanderungsjahr der Tiroler zu belegen, begab ich mich ins Staatsarchiv des brasilianischen Bundesstaates Espírito Santo, um dort bestätigt zu finden, was ich aus anderen Quellen bereits wusste. Tatsächlich hatte ich im Arquivo Público von Vitória nicht lange nach dieser Bestätigung zu suchen. Mit der fachkundigen Hilfe des Generaldirektors Agostino Lazzaro und des Technischen Direktors Cilmar Franceschetto waren im Handumdrehen jene Urkunden gefunden, die die Einwanderung der Tiroler nach „Leopoldina in der Provinz Espírito Santo" eindeutig in das Jahr 1859 datieren. In diesem Jahr kamen 116 Einwanderer aus Tirol in Vitória an, 88 von ihnen am 10. August, 17 am 19. Oktober. Von den restlichen elf Einwanderern ist das genaue Ankunftsdatum nicht bekannt. In den Jahren nach 1859 wurden Einwanderer aus Tirol nur noch vereinzelt registriert.

Das „Spiel" mit den 9er Jahren und deren Bedeutsamkeit für tirolisches Geschichtsbewusstsein begann, denn irgendwie wollte ich auch das Jahr

Geschrieben dem 8ten Feber 1880.

Werter trauter Schwager Franz Sohn des Franz Michl Kneissl.
Ich Ignatz Helmer als dein Schwager, will dir
berichten wie es bey uns gegangen, und wie es
und bis jetzt ergangen ist, Gott sey lob bis jetzt
gesund und mit meiner Frau Josefa und 5 Kindern
im Zufriedenheit gelebt haben, welches ich glaube
ist eines der besten Gaben, das wir es Gott allein
zu verdanken haben.

Ich Ignatz und alle meine Brüder wohnen alle aneinander wie auch der Alois Pirschner welcher mein Nachbar ist
und die 5 Kinder bey sich hat, und da wir Ihnen
Gevattersleute sind: Josefa Rudolf Rosina u Ignatz
zu 4 Kindern.

Ich Ignatz besitze 4 Kolonien, 2 haben wir angekauft
welche gerade an uns gränzen für den Kaufschunid
von 370 Milreis und zugleich bezahlt; mit Amtlichen
Schriften in der Hand.

Ich will dir sagen, für wieviel an Geld wir
Jährlich an Käse absetzen an 100 Käsen, die
Käsen zu 15 Kilo gerechnet, zu verschiednen Preis,
einmal zu 5 einmal zu 6 einmal zu 6½ Milreis,
und unsrem Geld beträgt der Milreis 1½ Gulden.
Das Fleisch ist jetzt theuer geworden durch viele Einwanderung und Kaufleuten, und Fleisch muß man täglich
zur Nahrung haben, diejenigen welche kleinen Viehstand
haben müssen auch sehr schmal leben und mit bloß
einer Kolonie und noch schlechtes land ist es nicht gut;
so wie bey Euch kann man nicht Arbeiten.
In unserer gegend ist alles bewohnt, man braucht
große Taudenien, wen man Viel Vieh und Pflanzung
haben soll; für Fauler ist nicht gut.

Brief (Seite 1) von Ignatz Helmer an seine Verwandten im Pitztal (1880)

1809 ins Spiel bringen. Was lag näher als die spekulative Frage, ob vielleicht einer von den im Jahr 1859 in Brasilien eingewanderten Tirolern im „Andreas-Hofer-Jahr" 1809 geboren sein könnte? Die äußerst kooperativen Archivdirektoren spielten bei meinem kleinen Geschichtsdramolett eifrig mit. Auch diesmal ließ der Erfolg nicht lange auf sich warten: Der vom aus „Arzl in Tyrol" stammenden „Kolonisten" Ingenuin Helmer vor der Überfahrt am 19. Mai 1859 in der Hafenstadt Hamburg unterzeichnete Vertrag gibt das Alter Helmers mit 50 Jahren an, also musste er 1809 geboren sein. Diese Entdeckung blieb jedoch nicht der letzte glückliche Zufall, denn die Helmers gibt es in Dorf Tirol bis heute, und Bernardino Helmer, Jahrgang 1935, der in California, dem nördlichen Teil der Tiroler Kolonie sein Land bebaut, ist eine meiner liebsten und wichtigsten Gewährspersonen bei meinen Feldforschungen in Brasilien. Bernardino ist – in vierter Generation – ein direkter Nachkomme des Einwanderers Ingenuin Helmer. Damit reißt die Serie der glücklichen Zufälle aber noch immer nicht ab, denn Bernardino ist im Besitz einer besonderen Rarität, nämlich einer Fotografie von 1877. Dieses früheste Foto von Tirol-California zeigt das Haus von Ignaz Helmer, dem Urgroßvater von Bernardino. Und eben dieser Ignaz Helmer (1824–1884) schrieb im Jahr 1880 einen Brief an seine Verwandten im Tiroler Pitztal. Dieser Brief ist bis heute im Original erhalten und befindet sich im Besitz des Urenkels jenes Mannes, an den das Schreiben gerichtet war.

Der Vertrag

Weil keine zwingenden rechtlichen Gründe dagegen standen, stimmte das Bezirksamt Imst dem am 17. April 1858 gestellten Auswanderungsgesuch „des Wittwers Ingenuin Helmer von Wald mit seinen 4 Söhnen nach Brasilien" zu. Aus dem Beisatz, dass das Amt „derlei Gesuche wegen des diese Auswanderer erwartenden höchst traurigen Schicksals nicht empfehlen könne", spricht die Sorge der Behörde um die Zukunft ihrer Untertanen.

Vor der Überfahrt nach Brasilien unterschrieben die Auswanderer in der Hafenstadt Hamburg einen vorgedruckten Vertrag. Ingenuin Helmers Vertragsformular trägt die Nummer 53 und wurde am 19. Mai 1859 ausgefüllt. Vertragspartner sind Ingenuin Helmer als „Familienvater" und Dr. F. Schmidt in Hamburg, der als „General-Agent" den „Central-Verein für Colonisation in Rio de Janeiro" vertrat. Dieser Verein war von der „Regierung Sr. Ma. des Kaisers von Brasilien" ausdrücklich zum Vertragsabschluss ermächtigt.

Das Vertragswerk besteht aus zwei Artikeln. Artikel 1 definiert in neun Paragraphen die Verpflichtungen des Kolonisationsvereins gegenüber dem Auswanderer: Der „Colonist" erhält einen Vorschuss für die Überfahrt nach Rio de Janeiro; die Weiterfahrt von Rio in den Bundesstaat Espírito Santo ist frei, ebenso Unterkunft und Verpflegung bei den Zwischenaufenthalten; jedem Familienvater wird ein Grundstück von 120.000 Quadratbrassen (ca. 53 ha; heute berechnet man eine „Kolonie" mit ca. 30 ha) oder ein halb so großes zur Bebauung überantwortet – je nach Anzahl der verfügbaren Arbeitskräfte; etwa ein Zwölftel der Fläche ist „mit einem verbrannten Holzschlage", wohl zum Aufstellen einer Hütte, für die Erstbesiedlung vorbereitet (der Rest ist Urwald); die Grundstücke werden um 1,5 brasilianische Real pro Quadratbrasse (4,41 m^2) an die Kolonisten auf Kredit verkauft; bei Bedarf erhalten die Kolonisten während der ersten sechs Monate auch Lebensmittel, Arbeitsgeräte und Saatgut, ebenfalls auf Kredit; den Kolonisten wird die Möglichkeit eingeräumt, für die Kolonieleitung im Tagelohn zu arbeiten, bei einer Bezahlung von „etwa 1.000 bis 1.200 Reis ohne Kost".

In Artikel 2 verpflichtet sich der Kolonist, die „empfangenen Vorschüsse" innerhalb von fünf Jahren in drei Raten zurückzuzahlen. Die Rückzahlungsfrist beginnt mit dem „abgelaufenen zweiten Jahre der Niederlassung". „Während der besagten Frist werden keine Zinsen berechnet; ist sie aber verstrichen, so werden 6 % verlangt." Bis zur vollständigen Erstattung der eingegangenen Schulden unterliegen das Land „und irgend welche darauf gemachten Verbesserungen" dem Pfandrecht der Kaiserlichen Regierung; es darf nur

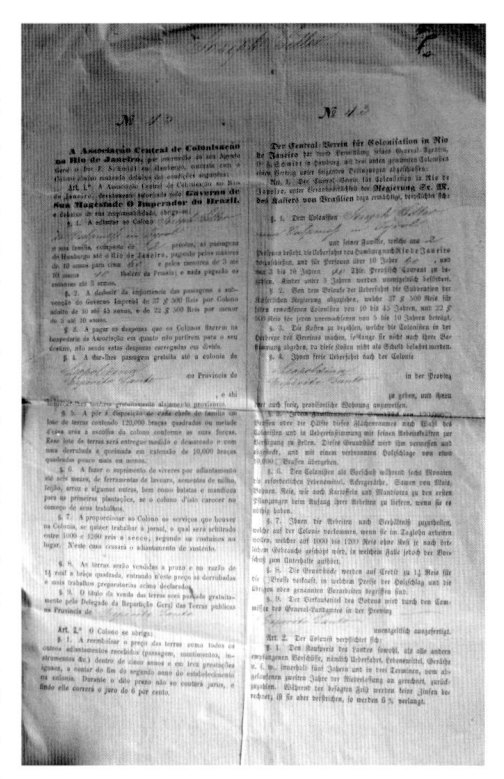

Auswanderungsschein von Joseph Siller de dato 16. Mai 1859

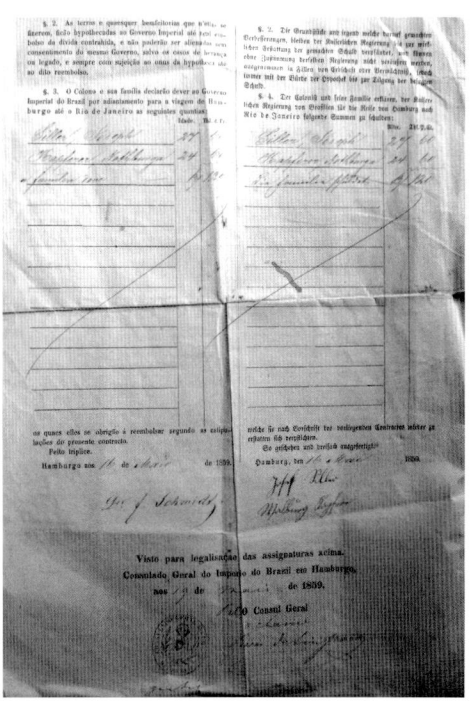

vererbt, nicht aber verkauft werden. Zuletzt müssen „der Colonist und seine Familie erklären, der Kaiserlichen Regierung von Brasilien für die Reise von Hamburg nach Rio de Janeiro die folgenden Summen zu schulden." In Helmers Vertrag sind sechs erwachsene Personen namentlich und mit Altersangabe handschriftlich aufgelistet. Diese sechs Personen sind: Helmer Ingenuin, 50; Helmer Josef, 30; Helmer Johann Georg, 25; Helmer Peter Paul, 23; Helmer Leopold, 20. Der letzte Name in der Liste ist Fiegl Genofeva, 40, die Tante von Josefa Rimml. (Ignaz Helmer, der älteste Sohn von Ingenuin, scheint in der Liste nicht auf; er wanderte mit seiner Frau Josefa Rimml erst zwei Jahre später aus.) Jede dieser „Personen über 10 Jahre" wurde mit „60 Thlr. Preußisch Courant" belastet (für Kinder zwischen drei und zehn wurden 40 Taler berechnet). Für die Schulden von insgesamt 360 Talern haftete „die Familie". Es unterschrieben Ingenuin Helmer und dessen ältester auswandernder Sohn Josef Helmer mit ihren Namenszügen sowie eine dritte Person, vermutlich Genofeva Fiegl, mit drei Kreuzzeichen. Der Generalkonsul am „Conselado Geral do Brazil em Hamburgo" beglaubigte die Unterschriften. Die Kaiserliche Regierung subventionierte per Vertragsklausel die Überfahrt mit 37.500 Reis „für jeden erwachsenen Colonisten von 10 bis 45 Jahren" und für Personen zwischen drei und zehn Jahren mit 22.500 Reis. Das klingt großzügig, in Wirklichkeit wurden den Auswanderern auf dem Schiff aber letztklassige Reisebedingungen geboten.

An Personen über 45 Jahren schien man weniger interessiert zu sein. Das Alter von Ingenuin Helmer wird im Vertrag mit 50 angegeben. Nach Ausweis der Pfarrmatrikeln von Wenns wurde er aber am 5. Februar 1797 in Wald 32 geboren; zum Zeitpunkt seiner Ausreise war er somit 62 Jahre alt. Dass er als Familienvater vier erwachsene Söhne mit ins personalhungrige Brasilien brachte, dürfte das „Alterslifting" gerechtfertigt haben.

Den Auswanderern wurde im Vertrag nicht ein bestimmtes Landstück übereignet, sie wussten lediglich, dass man ihnen in der „Colonie Leopoldina in der Provinz Espírito Santo" ein Grundstück von bestimmter Größe zur Bearbeitung übergeben werde. Angeblich entschied letzten Endes das Los darüber, wer welche Kolonie bekam, und man darf davon ausgehen, dass die vom Koloniezentrum weniger weit entfernten Lagen die begehrteren waren. Nach einem Lageplan der Landstücke von 1872 befand sich Ingenuins Land in California und damit im hintersten Teil des Tiroler Siedlungsgebiets. (Von diesem heißt der nördliche Teil Tirol und der südliche California. California ist weiter vom Hauptfluss Santa Maria entfernt als Tirol. Mit den Bezeichnungen „Dorf Tirol" oder „Colônia Tirol" werden heute Tirol und California zu einer Einheit zusammengefasst.)

Nach den Schilderungen von Ignaz Helmer im Brief von 1880 befanden sich die Hofstellen der Helmers fünf Wegstunden von dem Ort entfernt, an dem man seinen Kaffee verkaufen konnte. Das war „Porto da Cashueira", der Hafen an der ersten Stromschnelle des Santa-Maria-Flusses. Aus diesem Warenumschlagplatz entwickelte sich das heutige Santa Leopoldina, die Hauptstadt des Bezirks Leopoldina. Ignaz zeigte sich froh darüber, dass es für ihn bis dorthin „mit Pferd oder Esel" nur fünf Stunden waren, nämlich „5 vorwertz, 5 zurük, um 6 fort, um 6 Abends zu Hause". Dies bedeutet, dass die „Ausfuhr" von Kaffee an einem einzigen Tag – der in jenen tropischen Breiten immer nur zwölf Stunden lang ist – bewerkstelligt werden konnte. Ein Tragtier belud man mit 70 bis 90 Kilo. Der Höhenunterschied zwischen Helmers Haus und der fast auf Meeresniveau liegenden kleinen Stadt betrug etwa 700 Meter.

Ignaz Helmer berichtete auch, dass man für eine bereits bearbeitete Kolonie in einer solchen relativen Nähe zur Stadt damals 300 bis 400 Milreis bekam, das entsprach etwa dem Zehnfachen des damaligen „Regierungspreises" von 32 Milreis für eine Kolonie. Für diejenigen, die erst später ins Land kamen, war dieses „billige Regirungsland" jedoch schon zwei bis drei Tagesreisen weiter von Leopoldina entfernt als Helmers Kolonie. Für diese Kolonisten war die Vermarktung von Kaffee daher sehr aufwendig, was den Nettoerlös entsprechend verringerte: „Das Kostet sehr viel schwitz mit Lasttüre [Lasttieren], und dabeÿ noch Geld, und somit bleibt auch nichtmehr alles Uberüg [übrig] für solche, die weite Ausfuhr haben." (Ignaz Helmer, 1880)

Der „Land-Anweisungs-Schein"

Die Einschiffung der Helmers in Hamburg erfolgte am 19. Mai 1859, am 10. August 1859 landeten sie in Vitória. Die Schiffsreise dauerte somit 84 Tage. Nach der Ankunft in der Kolonie Leopoldina wurde dem Kolonisten Ingenuin Helmer unter der „Bedingung des dauernden und thatsächlichen Bewohnens und Bebauens" ein Landstück zugewiesen. Dieses Landstück, das nach den Behauptungen heutiger Bewohner der Colônia Tirol auch durch das Los ermittelt werden konnte, hatte die Form eines lang gezogenen Rechtecks, das vorläufig nur „in der Vorderseite" vermessen war und „theilweise in der Tiefe". Zur exakten Vermessung der Tiefe des Grundstücks verpflichtete sich der Kolonist, im Urwald die erforderlichen Grenzschneisen zu schlagen, diese offen zu halten und „über die Erhaltung der Grenzzeichen zu wachen". Binnen sechs Monaten mussten eine Fläche von etwa 5.000 Quadratmeter „gereinigt und bepflanzt" und ein Haus von einer bestimmten Mindestgröße für die Familie erbaut sein. Für Wege und Straßen musste der Kolonist Grund abtreten. Er wurde dafür entschädigt, doch musste er sich zur Erhaltung der über seinen Grund verlaufenden

Verkehrswege verpflichten. Den definitiven Eigentumstitel erhielt der Kolonist erst nach der vollständigen Abzahlung des vorgeschriebenen Kaufpreises. So wurde der im Jahr 1859 aus Fulpmes ausgewanderte Kolonist „José" (Josef) Siller erst am 6. Oktober 1873 wirklicher Eigentümer seines Landes. Dieses konnte auf die Nachkommen übertragen werden, sofern die Erben in der Lage waren, die vorgeschriebenen Verpflichtungen zu übernehmen. Ein Verkauf des Grundes an andere Personen war an die Zustimmung des „Provinz-Präsidenten" gebunden.

Urkunde (Empfangsbestätigung) über den Landkauf eines Kolonisten von 1880

Tiroler Bauern hüben und drüben

Der Helmer-Hof in Tirol in Brasilien

Das Foto von 1877 – aufgenommen vom aus Deutschland eingewanderten Fotografen Albert Richard Dietze – zeigt den Hof des Briefschreibers Ignaz Helmer. Bernardino Helmer besitzt eine Kopie des Bildes, das Original ist Teil der Sammlung „Thereza Christina Maria" in der Fundação Biblioteca Nacionál in Rio de Janeiro (katalogisiert unter „Iconografia FOTOS-ARM. 1.2.4(11)"). Auf der Rückseite der Fotografie geben zwei Kolonisten von Santa Leopoldina, darunter der 67-jährige Schwiegervater des Fotografen, ihrer Dankbarkeit gegenüber ihrem Gastland Ausdruck. Auch Albert Richard Dietze betont, dass er „trotz mancher Leiden und Unglücksfälle nur Gutes von hier sagen" könne, und schließt „mit einem Hoch auf Brasilien und seinen erhabenen Monarchen" (datiert 12. Januar 1878). – Nach Adriano Lima Neves, dem überaus geschichtsbewussten und kooperativen Referatsleiter am Bürgermeisteramt von Santa Leopoldina, wurden die Dietze-Fotos im Auftrag des Kaisers gemacht und dienten als Werbematerial für die Einwanderungsagentur. Demnach galt das Helmer-Anwesen in Tirol-California vielleicht als eine Art Musterhof. Die Sammlung Dietze umfasste 53 Fotos, von denen zwölf im Jahr 1889 auf der Weltausstellung in Paris gezeigt wurden. Von den 53 Fotos sind 13 noch im Original erhalten.

Auf dem Foto ist Helmers Haus auf quadratischem Grundriss und mit einem vierseitigen Dach aus Schindeln zu erkennen. Die Wände des kleinen Hauses, das man in Österreich eher als Hütte bezeichnen würde, sind „gnoulpet", weiß Bernardino. So habe sein Vater gesagt, erinnert er sich. Auch Gebhard Rimml vom Franzmichlhof im Pitztal kennt dieses Wort und die damit bezeichnete Bauweise: Es wurden gehackte Holzstämme in Blockbauweise übereinandergelegt und mit Lehm verputzt. – An das kleine Haus ist eine noch kleinere Hütte angebaut. Das sei die „Khuchl" (Küche) gewesen, erklärt Bernardino. Die Böschung entlang des Grundstücks ist ordentlich mit Bambusstangen befestigt.

Rechts im Bild sieht man ein aus Baumstämmen gezimmertes und vermutlich mit Bambusrohr beplanktes Wirtschaftsgebäude mit einer kurzen Scheunenauffahrt; im Vordergrund ein am Haus vorbeiführender Bach, in dem zwei Enten schwimmen. Neben dem Bach verläuft ein Weg, der wohl nach Santa Leopoldina hinunterführte. Der Wegrand ist stellenweise mit übereinandergeschich-

Der Helmer-Hof in California, 1877

teten Steinen befestigt; „aukflåschtet mit Schtuan" (aufgepflastert mit Steinen), wie es Bernardino formuliert. Auf diesem Weg „schteaht a Oksewåge" (steht ein Ochsenwagen), dahinter sieht man eine Art Göpel, vermutlich zum Schälen von Kaffee, und ein paar „Mulas" (Maultiere).

Was das Foto allerdings nicht zeigt, ist die Tatsache, dass der beim Haus recht passabel wirkende Weg im steilen Gelände extrem steinig wurde oder sich zu einem tief eingeschnittenen tunnelartigen Pfad verengte. Der Ochsenwagen kann deshalb nur einen sehr begrenzten Aktionsradius gehabt haben. (Fuhrwerke dieser Art setzten sich in der weiteren geschichtlichen Entwicklung der Kolonie auch nicht durch.) – Auf dem Hang im Hintergrund erkennt man deutlich eine „Roßßa", ein frisch gerodetes Stück Land (portug. *roça*), dahinter befindet sich Urwald.

Der Franzmichl-Hof im Tiroler Pitztal

Nach meiner Rückkehr nach Österreich machte ich mich auf, den erwähnten Brief von Ignaz Helmer zu finden. Ich kannte zwar die bereits veröffentlichte Abschrift davon, wusste aber nichts vom Verbleib des Originals. Wieder einmal war es Friedl Ludescher, der mich auf die richtige Spur brachte. Sie führte mich nach Arzl im Tiroler Pitztal (Bezirk Imst). Einen zufällig des Wegs kommenden Passanten fragte ich, ob man im Tal noch etwas von der Auswanderung nach Brasilien wisse, rechnete aber nicht wirklich mit einer substanziellen Auskunft. Zu meiner großen Überraschung deutete der Mann aber auf ein Haus in der Nähe: „Dort beim Franzmichl sind gleich drei Personen ausgewandert." Das klang, als wäre es erst vor kurzem gewesen.

Der Franzmichl-Hof befindet sich in dem zu Arzl gehörenden Weiler Blons und gehört Gebhard Rimml. Auch Johann Rimml, Gebhards Vater, wohnt noch auf dem Franzmichl-Hof, wo er 1932 zur Welt gekommen ist. Das Alter sieht man ihm nicht an, er wirkt gesund und sehr wach. Seine besondere Hingabe gilt den alten Dokumenten, die er besitzt und mit dem Sachverstand eines Historikers sorgsam verwahrt. Die Kurrentschrift des Ignaz Helmer'schen Briefs von 1880 bereitet ihm natürlich kein Problem. Und so beginnt der Brief: „Werter Freund Schwager Franz, Sohn des Franz Michl Riml." Franz Rimml war Johann Rimmls Großvater, der wiederum der Sohn von Franz Michael Rimml war, nach dem der Franzmichl-Hof benannt ist. „Ignatz" Helmer, der Briefschreiber, heiratete dereinst die Schwester seines Großvaters; so erklärt Johann Rimml, warum Helmer den Adressaten „Schwager" nannte.

Aus den Pfarrmatrikeln und anderen Urkunden, die Johann Rimml im Original besitzt, geht hervor: Josefa Rimml, die Schwester seines Groß-

Der Franzmichl-Hof in Blons, Pitztal (um 1935)

vaters, heiratete 1856 besagten Ignaz Helmer, den ältesten Sohn des Ingenuin Helmer. Franz Michael Rimml (Josefas Vater und Johann Rimmls Urgroßvater) starb 1857. Josefas jüngerer Bruder Franz (Johann Rimmls Großvater) wurde zum Hoferben bestimmt. Da er noch nicht volljährig war, bestellte man die Mutter Viktoria Rimml zur „Vormünderin". Auch sie wollte mitsamt ihren Kindern auswandern. Der zum „Mitvormund" bestellte Nachbar Jakob Rimml war damit jedoch nicht einverstanden. Am 27. April 1857 stellt das „k. k. Bezirksamt Imst" einen Bescheid aus, „dem Auswanderungsgesuche der Wittwe Rimml von Plons für sich und ihre Kinder bei dem Mangel der Zustimmung des Mitvormundes und der Vormundschaftsbehörden keine Folge zu geben".

Josefa, die ältere Tochter der Witwe Rimml, war jedoch bereits volljährig und wollte sich von dem negativen Bescheid der Behörde nicht vom Auswandern abhalten lassen. Ihr Gatte, Ignaz Helmer, wollte ebenfalls auswandern, ebenso dessen vier Brüder und der bereits seit mehreren Jahren verwitwete Vater Ingenuin. Damals hätten Agenten im Land mit großen Versprechungen arme, aber fleißige Tiroler Bauern für Brasilien angeworben, erklärt Johann Rimml die damalige Auswanderungseuphorie. Sein Vater habe oft davon erzählt, denn der Brief war „ållwi då" (alleweil da), und so ist auch die Brasilien-Geschichte in der Familie gegenwärtig geblieben.

Hätte die Witwe Rimml mit ihren Kindern auswandern dürfen, hätte die Familie den auf Josefas noch minderjährigen Bruder Franz überschriebenen Hof wohl verkauft und das Geld in den gemeinsamen Neustart in Brasilien investiert. Da der 1840 geborene Hoferbe aber nicht auswandern durfte, sah sich Josefa veranlasst, den ihr gebührenden Anteil vom väterlichen Erbe von „362 fl 19 1/2 kr. R. W. [etwa 3.450 Euro] zur Rückzahlung auf kommenden Lichtmessen 1860" zu fordern. Josefa Rimml ersuchte das Amt, „die Vormünderin Mutter hievon zu verständigen, und mir Erfolgurkunde ertheilen zu lassen." Die Formulierung lässt darauf schließen, dass Josefas Mutter mit der Regelung nicht einverstanden war – vielleicht glaubte sie, dass die Auswanderer in Brasilien ohnehin sehr bald sehr reich sein würden; ganz so, wie es die Agenten den Leuten wohl versprochen hatten. Josefa ihrerseits scheint befürchtet zu haben, auf die Erfüllung ihrer Träume verzichten zu müssen. Als sie ihren Pflichtteil einklagte, schrieb man den 29. Oktober 1859. Da waren ihr Schwiegervater Ingenuin Helmer, die vier Brüder ihres Mannes und sogar ihre Tante Genofeva Fiegl, eine verwitwete Schwester ihrer Mutter, längst in Brasilien angekommen. Mit dem Geld von ihrem Bruder Franz durfte sie frühestens am 2. Februar 1860 rechnen. Erst danach konnte sie mit ihrem Mann Ignaz Helmer in die viel gepriesene Neue Welt auswandern, wo man sich eine glanzvolle Zukunft erhoffte.

Wie man im Arquivo Público do Estado do Espírito Santo erfahren kann, kam Josefa im Jahr 1861 zusammen mit ihrem Mann und einer kleinen Tochter in Brasilien an. Als ihre Mutter zwei Jahre später in Blons starb, war Bruder Franz 23 Jahre alt und stand somit ein Jahr vor seiner Volljährigkeit, die man damals mit 24 erreichte. Damit er die Vormundschaft über seine minderjährigen Geschwister übernehmen konnte, wurde er gerichtlich für volljährig erklärt. Jetzt war er nicht nur für Marianna, Josef und Theresia verantwortlich, sondern auch für den Franzmichl-Hof und die Schulden, die wuchtig auf der „Bauerschaft" lagen. Denn schon vor seiner Volljährigkeit hatte die Mutter der auswandernden Schwester Josefa zu seinen Lasten den Erbteil auszahlen müssen. Im Jänner 1866 verlangte schließlich auch Schwester Theresia eine Vorauszahlung auf ihren Pflichtteil; sie wanderte ebenfalls nach Brasilien aus.

„Schtantepede" (auf der Stelle; lat. *stante pede*, stehenden Fußes) musste Franz das Geld aufbringen, kann Johann Rimml die Not seines Großvaters nachempfinden. Das Geld musste er „von di Nåchpårpaure zåmmleiche" (von den Nachbarbauern zusammenleihen). Auch davon erzählte Johann Rimmls Vater oft, betraf ihn die Sache mit den Schulden doch schon persönlich. Denn mit dem Zurückzahlen hatte es Probleme gegeben, noch dazu verstarb Franz Rimml (Johann Rimmls Großvater) schon 1894; er war 53 Jahre alt. Da wollten dessen Gläubiger plötzlich ihr Geld zurück, alle

Bauern auf einmal, und der Hof sollte zur Versteigerung ausgeschrieben werden. Doch vorher seien die Bauern ins Haus gekommen und hätten es ausgeräumt: „Das Küchenkästchen, das Geschirr, alles weg; alles, was nicht angenagelt gewesen ist, haben sie mitgenommen. Da war nichts mehr da", weiß Johann Rimml von seinem Vater (der damals zwölf Jahre alt war).

Obwohl Johann Rimml der Ältere (1882–1959) von den negativen Folgen der Auswanderung persönlich schwer betroffen war, hatte er doch Verständnis für die ausgewanderten Tanten. „Weil da war halt eine Not", erzählte er seinem Sohn. „Die Familien haben viele Kinder gehabt, und die Landwirtschaft wurde auch immer kleiner, weil ein jeder immer wieder etwas gekriegt hat." Damit bezog sich Johann Rimml der Ältere auf die Realteilung im Erbrecht, die im Westen Tirols vorherrschte. Mehrmalige Erbteilungen führten zu kleinbäuerlichen, sogenannten „geschlossenen" Höfen, die nicht weiter teilbar waren, weil sie eine Familie allein kaum ernähren konnten. „Und gahligr [jäh, plötzlich] wår då Feieråbed", bringt es Johann Rimml Sohn auf den Punkt. Da kamen die für Brasilien Propaganda machenden Agenten mit ihren großen Versprechungen gerade recht.

Die Versteigerung des Franzmichl-Hofes wurde abgewendet, weil ein Onkel aus dem Dorf die Schulden ablöste und den Rimmls stundete. Um die Ansprüche des Gläubigers bedienen zu können, ging Johann Rimml der Ältere schon als 16-Jähriger „in die Arbeit nach Eisenerz". Danach verdingte er sich als Holzfäller in Bayern. Dann kam der Erste Weltkrieg. Vater Rimml war von Anfang an dabei und kehrte glücklicherweise unversehrt nach Hause zurück. Die Wirtschaft hatten währenddessen der für den Kriegsdienst nicht taugliche Bruder und die Mutter geführt. Die auf den Weltkrieg folgende Geldentwertung erleichterte die Rückzahlung der Schulden erheblich. Trotzdem kam der Franzmichl-Hof ein weiteres Mal in Bedrängnis – 1926, als der Heimathof von Johann Rimmls Mutter im benachbarten Weiler Ried niederbrannte. Für den Neuaufbau des Hofs musste Geld aufgenommen werden, und Johann Rimml der Ältere bürgte dem Schwager. Wegen der wenig später einsetzenden Wirtschaftskrise geriet dieser mit den Rückzahlungen jedoch in Verzug, und die Raten wurden dem Bürgen vorgeschrieben – der aber selbst kein Geld hatte.

Einen Teil der Schuldscheine übernahm der „Wenner Arzt" (der in Wenns ansässige Arzt), und wenn Johann Rimmls Mutter zum Doktor kam, war dessen erste Frage stets: „Wenn zåhlets?" (Wann zahlt ihr?), und nicht etwa: „Wo fahlts?" – Die Versteigerung des Franzmichl-Hofs schien unabwendbar. Doch bald nach der im März 1938 erfolgten Einverleibung Österreichs ins Deutsche Reich war der Franzmichl-Hof durch die „Restschuldenbefreiung" mit einem Schlag alle seine Schulden los: „Der Hitler håt ins grettet", meint Johann Rimml, stellt aber gleich klar, dass es mit dieser „Rettung" nicht weit her gewesen sei, denn: „Der Hitler hat schon wieder andere Pläne gehabt, weil wir wären in die Ukraine gekommen." Die Ukraine schien damals fest in deutscher Hand, und die fleißigen Tiroler Bauern hätten aus dem fruchtbaren Land möglichst viel herausholen sollen. Das schöne Pitztal aber wäre zum Jagdrevier des Nazi-Bonzen Hermann Göring geworden. In jedem Weiler hätte nur eine Bauernfamilie bleiben sollen, zur Landschaftspflege und zur Bedienung der Jagdgesellschaft.

Der heutige Besitzer des Franzmichl-Hofs ist Gebhard Rimml, Jahrgang 1962. Er ist bei der Tiroler Landesregierung beschäftigt und leitet dort den Vermessungsbereich der Gruppe Agrar. Daneben betreut er den Franzmichl-Hof und züchtet Tiroler Bergschafe. Den Sommer über sind die Tiere auf der Taschachalm, einer Gemeinschaftsweide, die rund um den Rifflsee im hinteren Pitztal in der Gemeinde St. Leonhard liegt. Seit etlichen Jahren nimmt der Lammfleischkonsum zu, da lohnt sich die Schafzucht wieder. Im Nachbardorf Wenns gibt es einen Schlachthof, der das Fleisch direkt an die Endverbraucher verkauft. Früher habe man die Schafe wegen der Wolle gebraucht, erklärt Gebhard Rimml. Da stellte man sogar das Gewand selber her, nähte aus Schafloden Hosen und strickte aus dem selbst gesponnenen Wollgarn Strümpfe, Handschuhe, Mützen und Pullover.

Früher sei vieles anders gewesen, weiß Johann Rimml: Gelebt habe man von dem, was man selber erzeugte „und was halt gewachsen ist". Man hatte zwei Schweine und zehn oder 15 Hühner. Zwei Kühe deckten den Eigenbedarf an Milch und ermöglichten die Aufzucht von Kälbern, von denen man jährlich eines am Markt in Imst oder Landeck verkaufte. Das war die einzige konkrete Einnahmequelle für Bargeld. Manche haben auch „zwoa Hoalr khäit" (zwei „Heiler" gehabt; von „heilen" nach dem Kastrieren), erzählt er, jüngere Ochsen, die man zu einer „Men" (Ochsengespann; zu mhd. *menen*, vorwärtstreiben) vereint, um damit zu ackern oder Holz heimzuführen. Das meiste musste man aber ohne die Hilfe von Zugtieren selbst bewältigen, denn Helfer konnte man sich nicht leisten.

Johann Rimml mit Getreidemaßen

So wurde die beim Ackern den steilen Hang hinuntergekollerte Erde mit einem „Paznaunerkorb" auf dem Rücken wieder hinaufgetragen. Auch das zu Garben gebundene Getreide musste man über dem Kopf die steilen Hänge hinaufschleppen, weil die Äcker alle unterhalb des Hauses lagen. Und das Heu- und Mistziehen im Winter war nicht weniger anstrengend.

Der Auswanderer Ignaz Helmer

1880 erhielt Franz Rimml, der Erbe des Franzmichl-Hofs, den erwähnten Brief seines Schwagers Ignaz Helmer aus Brasilien, dessen Gattin Josefa (die um drei Jahre ältere Schwester von Franz) mit dem Briefschreiber inzwischen neun Kinder hatte. Alle seien „Gott seÿ lob, bieß jetz Gesund", und er habe „bieß jetz … inn Zufrüdenheit gelebt", schreibt Ignaz. Er und seine Brüder wohnten in Brasilien als Nachbarn „alle aneinander". Zu den Nachbarn gehöre auch Josefas Schwester Theresia, die den „Aloisio" Pirschner geheiratet habe. Josefas Tante Genofeva sei im vergangenen September gestorben, und man lasse „bitten alle Freunde Geschwisterten und Verwante um ein Vertrauensvolles Gebeth für eure Baase Genovefe Fiegl."

Während Franz sich zu Hause mit den Schulden herumplagte, befanden sich die Tiroler Auswanderer in einer wirtschaftlichen Aufbauphase: „Ich, Ignatz, besitze 4 Kolonien, 2 haben wier angekauft … für den Kaufbreis von 370 Milreis und zugleich bezahlt; mit Amtlichen Schriften in der Hand." Der inzwischen 56 Jahre alte Helmer erklärt, dass man mehr als eine „Kolonie" (ca. 30 Hektar) Land brauche, wenn man einen entsprechenden „Viechstand" haben wolle. Und wenn man den nicht habe, könne man auch den Fleischbedarf nicht decken, der einen zur Arbeit erst befähige. Denn „Fleisch muß man Täglich zur Nahrung haben", schreibt er und betont, dass die Böden zum größten Teil nicht besonders gut seien; man brauche daher „Grose Ländereien, wen man Viel Vich und Pflanzung haben soll". Und das erfordere entsprechenden Arbeitseinsatz. Entscheidend war aber das Produkt mit den größten Marktchancen, weshalb Helmer seine Schilderungen nicht mit dem Viehstand, sondern mit der Kaffeeproduktion beginnt: „Ich will dier sagen, für wieviel an Geld wier Jährlich an Kafe absetzen: an 100 Eirobe, die Eirobe [portug. *arroba*] zu 15 Kilo gerechnet. zu verschiedenen Preis, einmal zu 5, einmal zu 6, einmal zu 6 1/2 Milreis, und nach euren Geld beträgt der Milreis 1 1/2 Gulden." (Milreis bedeutet 1.000 Réis. Réis ist die alte Mehrzahlform der Währungsbezeichnung Real; der Real ist auch heute die brasilianische Währung, doch wird die Mehrzahl heute Reais geschrieben). – Bei einem Erlös von sechs Milreis pro Arroba errechnete sich der Jahresumsatz allein bei Kaffee auf umgerechnet 900

Gulden – fast das Dreifache dessen, was Josefa Helmer als Erbteil eingefordert hatte. Auffallend ist, dass der Auswanderer in Brasilien Bargeld einnahm, während dem Erben des Franzmichl-Hofs eine solche Möglichkeit kaum gegönnt war. Helmer war damit in der Lage, seinen Landbesitz in Brasilien zu vergrößern und wohl auch seine Söhne mit „Kolonien" zu versorgen, während Franz Rimml, der Besitzer des Franzmichl-Hofs, die Schulden an seinen Erben weitergeben musste.

Auf der zweiten Seite des Briefs beschreibt Helmer seinen „Viechstand": „Was für Vich halten wir: Ich, Ignatz, heut zu Tage mitt meiner Famili 3 Pferde u. 1 Esel, 12 Stük Rindviech, 3 Ochsen mit 6 Jahr alt, 5 Kühe, 2 Stier u. 2 Jüngere Stük. 6 Stük Schweine, wobeÿ Jährlich 2 geschlacht werden und ein Rindviech. ann [ungefähr] 30 Stük Hüner, beÿ 20 Stük Zügen [Ziegen], und das alles geth Tälich [täglich] auf meiner Eignen Viechweide im Somer wie im Winder, weil wier – so wie da [bei euch] – kein Winder haben."

Ignaz Helmer schrieb seinen Brief in einer Phase des wirtschaftlichen Aufschwungs, die jedoch nicht von Dauer war. Im Zug der Weltwirtschaftskrise von 1929 geriet der brasilianische Kaffeemarkt massiv unter Druck. Obwohl viele Millionen Sack Kaffee in Lokomotiven verheizt wurden, um das Angebot zu verknappen, war der Preissturz nicht aufzuhalten. Für die Siedler im „Dorf Tirol" bedeutete dies einen wirtschaftlichen Absturz, von dem sich die meisten bis heute nicht erholt haben.

Ignaz Helmer verfasste den Brief an Franz Rimml 20 Jahre nach seiner Auswanderung nach Brasilien, zu einem Zeitpunkt also, zu dem die Siedler die unsäglich schwierigen Startbedingungen bereits hinter sich hatten. Im Brief berichtet Helmer nicht vom mühsamen Roden des Urwalds und von den Rückschlägen, die viele Siedler unter der korrupten Kolonieverwaltung hinzunehmen hatten. Kein Wort des Mitgefühls auch für jene, die gescheitert waren. Auch das unter südamerikanischen Einwanderern geflügelte Wort „Den Ersten der Tod, den Zweiten die Not, und erst den Dritten das Brot" kommt in seinem Text nicht vor (oder es war damals noch nicht erfunden). Das Land sei „für Faule nicht guth, ... für Arbeitsame ist es guth", stellt Helmer fest. Der Briefschreiber vermittelt das Bild eines tatkräftigen, zupackenden Mannes, der sich in harten Zeiten bewährte und stolz darauf war. Bei all seinem ausgeprägten Selbstbewusstsein vergisst er nicht auf die Einschränkung, dass es „Gott allein zu verdanken" sei, dass er „bieß jetz" mit Frau und Kindern „Gesund ... und inn Zufrüdenheit gelebt" habe.

Ignaz Helmer berichtet von einer Schule mit einem „guth gelernten Schullehrer", der aus dem Tiroler Lechtal stamme. Dieser würde auch „Orginist zugleich machen ... und das ganze Mesner-Amt". Leider würden diese Fertigkeiten des Lehrers nicht zum Einsatz kommen, weil es in der

Kolonie keinen Pfarrer gebe. Von den brasilianischen Priestern hält Ignaz nichts, sie sind für ihn offensichtlich keine richtigen Seelsorger. Diesbezüglich dürfte tatsächlich Notstand in der Tiroler Kolonie bestanden haben, denn Helmer wäre mit jedem echten Geistlichen zufrieden, egal welcher Herkunft: „Der geistliche mag herkomen, wo er will, wan er nur ein Richtiger Wehr." – Und am Ende des Briefs macht sich Helmer aus der Ferne Sorgen um die konfessionellen Zustände in der alten Heimat: „Eine Frage an dich, Lieber Schwager Franz, schreib Uns zurück, wie es beÿ Euch in Tirol mitt Geistlichkeit steht, ob auch in Insbruk schon Evangelische sich eingeschlichen haben solte[n] oder nicht." Für Johann Rimml vom Franzmichl-Hof im Pitztal muss der ausgewanderte Großonkel „ein ganz ein katholischer Mann gewesen sein".

Verwandte begegnen einander

Bei der Familie Rimml am Franzmichl-Hof war die Erinnerung an die brasilianischen Auswanderer stets gegenwärtig. Schon als Kind wünschte sich Johann Rimml, jenes Land zu besuchen, das seine Vorfahren einst besiedelt hatten. Doch niemand wusste, an welcher Stelle des riesigen Landes die verflossenen Angehörigen einst heimisch geworden waren, zumal der Brief des Ignaz Helmer keinen Absender trägt und das Kuvert nicht mehr vorhanden ist.

Besuch der Pitztaler Freunde und Verwandten (Rimml) bei Familie Helmer in Tirol California

Johann Rimml zu Gast bei Bernardino Helmer in Südamerika

Im Jänner 2006, Johann Rimml war 73 Jahre alt, kam plötzlich Leben in das Thema „Brasilien". In einer Folge der Nachrichtensendung „Tirol heute" des ORF Landesstudios Tirol traten zwei Burschen auf, die sich in einer durchaus tirolisch klingenden Mundart als Tiroler aus dem Dorf Tirol in Brasilien vorstellten. Ihre Namen seien Vanirio und Valerio Helmer, und sie seien Nachkommen des aus Arzl im Pitztal stammenden Auswanderers Ingenuin Helmer. Sie hätten den Winter über als Saisonarbeiter auf dem Pitztaler Gletscher gearbeitet und würden im April nach Brasilien zurückfliegen. Vorher möchten sie noch Verwandte treffen, denn solche müssten – da seien sie sicher – im Pitztal zu finden sein. Allerdings stellte sich heraus, dass den Familiennamen „Helmer" im Pitztal niemand mehr führt; der einstige Helmer-Hof in Wald trägt heute den Familiennamen Eiter, und Margit Eiter ist die letzte geborene Helmer. Aber da sind ja noch die Rimmls! Johann und Gebhard Rimml waren von dem Aufruf wie elektrisiert. Sie meldeten sich, trafen sich mit den beiden Helmers, kauften zwei Flugtickets und flogen mit den beiden Richtung Rio de Janeiro. „Da war alles schon vorbereitet, gedanklich", erläutert Johann Rimml den schnellen Entschluss.

Der Kontakt mit Bernardino Helmer und dessen Familie in Tirol-California war überaus herzlich. „Das war, wie wenn man auf Besuch geht. Als hätte man sich erst vor zwei Jahren das letzte Mal gesehen", erinnert sich Gebhard. „Wie wenn man sich schon lange gekannt hätte", ergänzt

Vater Johann, der die Landschaft dort „ganz nett" fand, sie sei gebirgig, wenn auch die Berge nicht so hoch seien wie im Pitztal. Aber auch in Südamerika gebe es Täler, und genug Wasser dazu. Gut habe es ihm gefallen, resümiert er. Gebhard zeigt sich überrascht, dass die Landschaft im Dorf Tirol so üppig ist. Geradezu „traumhaft" findet er die Lage des Hauses von Bernardino Helmer in einer weiten Mulde am Ende des kleinen Tals, durch das man zu ihm hinaufgelangt. „Da gehört einem alles rundherum", schwärmt Gebhard. Die Wohnverhältnisse vergleicht Johann Rimml mit denen im Pitztal vor etwa 70 Jahren. Trotz des neuen Anbaus sowie der Installation von Dusche und WC wirke alles sehr einfach, erinnert er sich. Im Anbau stehe ein alter Diwan, auf dem die beiden geschlafen hätten. Spinnen und lästige Insekten seien für sie kein Problem gewesen, schließlich seien sie nicht verwöhnt, und in den alten Häusern im Pitztal sei das nicht viel anders gewesen. Eine Schlange – „so eine gelbe" – habe er nur einmal gesehen. Auch mit dem dortigen Klima hätten sie kein Problem gehabt.

Die Verständigung mit den Helmers habe tadellos funktioniert, berichtet Johann Rimml. „Diä rede nou tiroularischa as wiä mir haint" (Die reden noch tirolerischer als wir heute), meint er anerkennend. Als Beispiel dafür fällt ihm „Khåbes" ein – das Wort bedeutet Kraut, genauer Kopfkraut; es ist romanischen Ursprungs und wurzelverwandt mit lat. *caput*, Kopf. Dieses Wort verstehen heute in Tirol allerdings nur mehr ältere Leute, wie eben Johann Rimml.

„Tirolisch" im Dorf Tirol

Der heutige deutsche Dialekt im Dorf Tirol ist aber trotzdem alles andere als eine Art versteinertes „Urtirolerisch". Im ständigen Kontakt mit Luxemburgern, Westfälern, Pommern und selbstverständlich mit der portugiesischen Landessprache ist ein neues und jedenfalls anderes „Tirolisch" entstanden, als es in Österreich heute gesprochen wird. Schon bei der Begrüßung von Bernardino und dessen Frau Isabel („Lisbet") bekamen die beiden Rimmls aus dem Pitztal eine erste Ahnung von der Vielschichtigkeit der sprachlichen Verhältnisse im brasilianischen Tirol. Denn Bernardinos Frau verstanden sie weniger gut als ihn, obwohl auch sie als eine geborene Walcher aus der Tiroler Linie stammt. Verständigungsprobleme gab es aber nicht nur zwischen ihr und den Pitztalern, sondern auch zwischen ihr und dem eigenen Ehemann. Als die beiden 1971 heirateten, verstand zwar Lisbet ihren Mann einigermaßen, Bernardino hingegen verstand seine Frau fast gar nicht.

Die Gründe dafür sind vielfältig, die wesentlichsten seien angerissen: In das Kolonisationsgebiet von Leopoldina wanderten nicht nur Tiroler, sondern auch Menschen aus anderen Gebieten des deutschen Sprachraums zu, vor allem Luxemburger, „Hundsbuckler" (Hunsrücker) aus dem Moselfränkischen und verschiedenen anderen westmitteldeutschen Gebieten sowie Menschen aus Westfalen und Pommern. Damit waren die Evangelischen in der Kolonie Santa Leopoldina gegenüber den Katholiken schon zur Einwanderungszeit deutlich in der Mehrheit. Die Zuwanderer aus Westfalen waren aber Katholiken, und das verband sie mit den Tirolern. Und weil die Religionszugehörigkeit früher bei der Partnerwahl eine große Rolle spielte, gab es im brasilianischen Tirol viele tirolisch-westfälische Eheschließungen. Obwohl auch Isabels Vater tirolischer Abstammung war, wuchs sie mit dem westfälischen Platt der Mutter auf, die zwar auch eine geborene Walcher war, von ihrer Mutter aber ebenfalls nur Platt gelernt hatte. Diese (also die Großmutter von Isabel) hieß Elisabeth Bremerkamp und entstammte der westfälischen Linie. Bernardino Helmer hatte wie seine Frau Lisbet einen westfälischen Großvater, und seine Mutter, Luise Endringer, sprach „Hundsbucklich", einen vermutlich rheinfränkischen Dialekt. Diesen dürfte sie an den Dialekt ihres Mannes angeglichen haben, weil das Tirolische im Dorf Tirol der vorherrschende Dialekt war und sich die anderen Dialekte (außer Platt) dem Tirolischen anglichen. Das „Tirolische" gibt es daher in unterschiedlichen Ausprägungen, je nach Familienstammbaum und je nach dem, wer in der Familie sprachlich den Ton angegeben hat.

Die beschriebene sprachliche Kontaktsituation importierte zahlreiche nicht-tirolerische Elemente in das „Tirolische", zum Beispiel im Bereich der Grußkonvention: Da heißt es nicht etwa „Grüß Gott" oder „Grüß dich", sondern immer nur „Gudn Dach", was von den Dorftirolern – bis vor kurzem jedenfalls – als echt Tirolisch empfunden wurde. Und das zu Recht, denn dieser Gruß gehört unbestreitbar zum „Tirolischen" der Sprachinsel Tirol in Brasilien. Doch dann kamen Touristen aus Tirol in Österreich und fingen an, „Gudn Dach" als „pommerisch" zu diskriminieren. Solche Sprachlenkungsmanöver haben dazu geführt, dass man neuerdings im brasilianischen Tirol immer öfter mit „Griaß di" willkommen geheißen wird.

Lisbet Helmer, Jahrgang 1952, wohnte mit ihren Eltern weitab von der Schule. Sie hatte Angst vor bösen Kühen, denen sie auf dem Schulweg hätte begegnen können. Die Folge war, dass sie kaum zur Schule ging. Bei ihren sporadischen Schulbesuchen lernte sie zwar ein wenig brasilianisches Portugiesisch, nicht aber Lesen und Schreiben. Bernardino hingegen ging in California dreieinhalb Jahre zur Schule. Einen deutschen Schulunterricht genoss er aber ebenso wenig wie Lisbet, und als Katholiken hatten sie auch keinen Konfirmandenunterricht auf Deutsch. Deshalb wäre auch die deutsche Standardsprache für das Ehepaar nie ein taugliches Verständigungsmittel gewesen. Inzwischen hat Lisbet beim Erwerb der brasilianischen Landessprache aufgeholt, sodass sich die beiden heute auf Portugiesisch unterhalten können. Tirolisch spricht sie noch immer nicht gut, aber sie versteht es hinreichend, wozu in den letzten Jahren auch der Umgang mit Gästen aus Österreich beigetragen hat.

Heute vollzieht sich der natürliche, ungesteuerte Spracherwerb bei den „Dorftirolern" natürlich umgekehrt: Die Kinder lernen in erster Linie die brasilianische Landessprache und von den Großeltern vielleicht noch etwas Tirolisch. Das erleichtert ihnen den Erwerb des Hochdeutschen, wenn sie in der Schule oder vielleicht als junge Erwachsene am Unterricht von Deutsch als Fremdsprache teilnehmen.

Die Sprache der Kirche ist bei den Katholiken bereits seit etwa 1940 offiziell das Portugiesische. Als Camilo Thomas noch lebte, sprach er als Diakon neben Portugiesisch auch Deutsch – vor allem, wenn Kirchenbesucher aus Österreich anwesend waren. Doch auch bei guten und bewussten Dialektsprechern ist die Sprache des persönlichen Gebets zu Hause das Portugiesische. Dialektales Deutsch ist aber als Sprache der familiären und nachbarschaftlichen Kommunikation in der Colônia Tirol und in den angrenzenden Gemeinden bei der älteren und zum Teil auch bei der mittleren Generation durchaus noch gebräuchlich. Auch in den herkunftsmäßig gemischten Familien (tirolisch-hunsrückisch, tirolisch-westfälisch oder tirolisch-luxemburgisch) setzte sich ursprünglich meist der Tiroler Dialekt durch. Dieser sprachliche Ausgleichsprozess zugunsten des Tirolischen wurde später durch einen Wechsel der Jungen zur portugiesischen Landessprache überholt. Durch die Aussicht auf einen Arbeitsaufenthalt in Österreich hat das Deutsche in den letzten Jahren aber auch bei der jüngeren Generation wieder an Prestige gewonnen, und das Lehrangebot für Deutsch als Fremdsprache wird gut angenommen.

Die älteren protestantischen Pommern in der Colônia Tirol beherrschen neben ihrem pommerischen Dialekt auch das Schriftdeutsche, was sich aus dem hohen Stellenwert erklärt, den bei den Protestanten das Deutsche als Kirchensprache hatte. Seit etwa 15 Jahren wird aber auch bei den Pommern der Konfirmandenunterricht nur noch auf Portugiesisch gehalten, deutsche Gottesdienste gibt es nur noch gelegentlich.

Die Einwanderer

Einwanderer als Siedlungspioniere in Espírito Santo

Espírito Santo ist einer der kleinsten brasilianischen Teilstaaten. Seine Hauptstadt Vitória liegt etwa 500 Straßenkilometer nordöstlich von Rio de Janeiro an der Atlantikküste. Vila Velha, der Hafen von Vitória, liegt in einer Bucht, in die der Rio Santa Maria da Vitória mündet. Auf diesem eher kleinen Fluss drang man früher flussaufwärts mit Booten von der Küste ins Landesinnere vor. Der Unterlauf des Rio Santa Maria ist träge, auf den ersten 60 Kilometern hat er ein Gefälle von nur 20 Metern. Am Ende dieser Strecke gibt es eine Cachoeira (Stromschnelle), die den Bootsleuten das Weiterkommen verwehrte, sodass man dort eine Anlegestelle bzw. einen Porto (Hafen) errichtete. Dieser Platz gehörte zu den Besitzungen des brasilianischen Fazendeiros Coronel José Claudio de Freitas Rosa, der 13 Kilometer flussabwärts in Barra de Mangaraí unter Einsatz von Sklaven seine Zuckerrohr- und Kaffeeplantagen bewirtschaftete. (Der letzte Schritt zur Emanzipation aller Sklaven in Brasilien erfolgte erst 1888.) 1875 kam der Hafen durch Schenkung in den Besitz der heutigen Bezirkshauptstadt Santa Leopoldina.

Von diesem praktisch auf Meeresniveau liegenden Ort aus nahmen die Einwanderer das zur Kolonisation freigegebene Land in Besitz. Die Ersten waren jene 104 calvinistischen Schweizer, die 1857 ankamen und denen Kolonien im Bereich des Talbodens einige Kilometer oberhalb der ersten Stromschnelle zugewiesen wurden. An sie erinnert heute noch der Ortsname Suiça. 1858 kamen die ersten ebenfalls calvinistischen Holländer ins Land. Sie wurden auf dem Santa-Maria-Fluss bis Barra de Mangaraí gebracht und von dort auf Saumpfaden in den für sie vorgesehenen hinteren Teil des Mangaraí-Tales geführt. Ihre Siedlung Holanda befindet sich noch im „Warmen Land". Die später Ankommenden mussten von Porto do Cachoeiro aus immer weiter und höher in die Nebentäler vordringen.

1859 wanderten zahlreiche Katholiken aus verschiedenen rheinländischen Gebieten sowie 70 Luxemburger in die „Colônia de Santa Leopoldina" ein, die sich in ihrem Luxemburgo niederließen. Im selben Jahr landeten 116 Tiroler – Männer, Frauen und Kinder – in Vitória, von denen wahrscheinlich 82 in ihrer Kolonie Tirol ein neues Leben begannen. Sie stammten vorwiegend aus dem Stubaital und dem oberen Inntal einschließlich Pitztal. Mit ihnen wurden in Brasilien bisher unbekannte Familiennamen heimisch: Erlacher, Helmer, Holzmeister, Pfurtscheller, Reich, Schöpf, Siller oder Walcher. Die anderen Namen der Tiroler Einwanderer, darunter Auer, Egg, Fieg, Föger, Greil, Jeller, Pidner, Schlierenzauer oder Singer, kommen heute nur noch in den Ahnengalerien der Siedler vor, weil auch in Brasilien die Familiennamen nur über die männliche Linie fortgeschrieben werden.

1860 erreichte eine Gruppe von katholischen Westfalen die Kolonie. Das Munizipium Santa Leopoldina zählte damals 1.003 Einwohner, fast 600 davon waren Deutsche oder Österreicher. Mindestens zwei Drittel der Einwohner waren protestantisch. Die in den 1870er Jahren einsetzende Masseneinwanderung aus Pommern verstärkte das deutschsprachige Element im Munizipium und zugleich das konfessionelle Ungleichgewicht zugunsten der Evangelischen. Später wurden große Gebiete als selbstständige Munizipien aus dem Bezirk Santa Leopoldina ausgegliedert, sodass dieser nur mehr ca. 716 Quadratkilometer groß ist und etwa 13.300 Einwohner hat, von denen mehr als die Hälfte deutschstämmig sind.

Der Großteil der Pommern lebt heute im nordwestlichen Nachbarbezirk Santa Maria de Jetibá, der mittlerweile weit über 30.000 Einwohner zählt. Der nördlich an Santa Leopoldina angrenzende Bezirk Santa Teresa wurde in den 1870er Jahren hauptsächlich von Italienern aus dem Trentino, dem Veneto und aus Friaul besiedelt. Sie waren zur Zeit ihrer Auswanderung Staatsangehörige der Österreich-Ungarischen Monarchie. Die Italobrasilianer stellen heute im brasilianischen Bundesstaat Espírito Santo die größte Einwanderergruppe dar.

Zur Herkunft der Tiroler Einwanderer

Im Arquivo Público do Estado do Espírito Santo in Vitória findet man eine Liste jener Tiroler Einwanderer, die in den Jahren 1859 und 1860 im brasilianischen Bundesstaat Espírito Santo ankamen (über das Internet abrufbar: *www.ape.es.gov.br/Contrato_de_colonos/Austriacos.htm* bzw. *www.ape.es.gov.br/Contrato_de_colonos/Austriacos.htm*). Die Liste enthält jedoch nur die Namen der Vertragsunterzeichner (wie Ingenuin Helmer), weil die Verträge nur mit dem jeweiligen „Familienoberhaupt" abgeschlossen wurden. Sie verzeichnet auch nicht jene Personen, die (wie Ignaz Helmer) erst nach 1860 nach Espírito Santo einwanderten.

Die Funktion des Familienoberhaupts hatte nur in einem Fall eine Frau inne: die 44-jährige Witwe Judith Müller aus Obsteig, die mit drei minderjährigen Söhnen im Alter zwischen elf und 14 Jahren nach Brasilien auswanderte. Hubert Stecher, der Chronist von Obsteig, recherchierte gründlich in den einschlägigen Quellen, fand jedoch keine Judith Müller. Was

Stecher aber noch bemerkenswerter findet, ist der Umstand, dass auch in den Pfarrmatrikeln keine Eintragungen über Geburt oder Taufe der Kinder zu entdecken waren. Und in dem von der Pfarre geführten „Haus- und Familienbuch von Obsteig", in dem die an die Pfarre zu leistenden Brennholzabgaben eines jeden im Pfarrsprengel niedergelassenen Haushalts penibel verzeichnet sind, scheint eine Familie Müller ebenfalls nicht auf. Nicht einmal im Buchanhang, in dem jene Vaganten, Besenbinder, Pfannenflicker, Karrner oder Dörcher verzeichnet sind, die sich nur für wenige Jahre in Obsteig niedergelassen hatten, ist eine Familie Müller vermerkt. In das „Haus- und Familienbuch" nicht eingetragen wurden allerdings Knechte und Mägde, die als Besitzlose nicht heiraten durften und deshalb auch keinen Haushalt gründen konnten. Judith Müller könnte somit – zumal es laut Stecher ein anderes Obsteig als das heutige im alten Tirol nicht gab – eine Magd gewesen sein. Wegen ihrer ledigen Kinder dürfte sie durch die Dorfgemeinschaft eine soziale Ächtung erfahren haben, der sie durch die Auswanderung wohl zu entkommen hoffte. Vor der brasilianischen Einwanderungsbehörde in Hamburg gab sie als Familienstand „Witwe" an. Mit ihren drei Söhnen war sie als Immigrantin in Brasilien hoch willkommen.

Da in den sogenannten „Contratos" (Verträgen) also auch die Heimatorte der Vertragspartner angeführt sind, lässt sich das Herkunftsprofil der in die Colônia Tirol eingewanderten Tiroler erstellen: Demnach stammte die Hälfte aus dem Wipp- und Stubaital, vornehmlich aus Fulpmes. 40 Prozent kamen aus dem Oberinntal einschließlich des Mieminger Plateaus und des vorderen Pitztals, und nur je fünf Prozent emigrierten aus dem Unterinntal und aus dem Außerfern nach Brasilien. Die in den Verträgen aufscheinenden Vertragsunterzeichner sind:

aus dem Stubaital:
    Greier Johann, Neustift
    Holzmeister Ignaz, Fulpmes
    Kapferer Martin, Fulpmes
    Kressbacher Gallus, Fulpmes
    Oberacher Joseph, Fulpmes
    Penz Alois, Fulpmes
    Pfurtscheller Johann, Fulpmes
    Piedner Franz, Fulpmes
    Rander Georg, Fulpmes
    Rofner Joseph, Mieders
    Rott Lorenz, Fulpmes
    Schmidt Franz, Fulpmes
    Siller Joseph, Fulpmes

    Überbacher Georg, Fulpmes
    Wegscheider Johann, Neustift

aus dem Wipptal:
    Blank Balthasar, Schönberg
    Egg Joseph, Gries am Brenner
    Penz Johann, Gries am Brenner
    Schleifer Georg, Matrei am Brenner

aus dem Oberinntal:
    Föger Anton, Nassereith
    Kofler Joseph Flaurling
    Markt Alois, Ranggen
    Meir Joseph, Ranggen
    Oelhafen Joseph, Oberperfuß
    Steiner Georg, Pettnau

aus dem Pitztal:
    Helmer Ingenuin, Arzl im Pitztal
    Schlierenzauer Alois, Arzl im Pitztal

vom Mieminger Plateau:
    Müller Judith, Obsteig
    Schöpf Franz, Obsteig
    Walcher Joseph, Obsteig

aus dem Außerfern:
    Reich Joseph, Martinau
    Singer Caspar, Elmen

aus dem Unterinntal:
    Aichner Georg, Erlach bei Jenbach
    Erlacher Johann, Hall in Tirol
    Possmoser Andreas Thomas, Absam
    Speckbacher Michael, Hall in Tirol
    Tschan Vinzenz, Innsbruck
    Walcher Johann, Schwoich

Von den Vertragseintragungen wurden folgende Daten berichtigt: „Greis" (Herkunftsort von Josef Egg und Johann Penz) wurde geändert in „Gries am Brenner"; „Dattnau" (Herkunftsort von Georg Steiner) wurde geändert zu „Pettnau"; „Mall" (Herkunftsort von Johann Erlacher) wurde geändert zu „Hall in Tirol"; der Name „Specklacher" wurde geändert zu „Speckbacher"; der Name „Uberbacher" wurde geändert zu „Überbacher".

Handwerker

Die Wirtschaft des Stubaitals ist seit dem Spätmittelalter durch Eisen verarbeitendes Gewerbe geprägt. Noch heute haben verschiedene Werkzeuge sowie Steigeisen, Pickel oder Karabiner der Marke „Stubai" einen ausgezeichneten Ruf. Bei einem Rundgang durch den Friedhof von Fulpmes fallen die vielen Grabsteine von Schmieden und Schmiedemeistern auf. Drei der auf den Gräbern aufscheinenden Familiennamen finden sich auch auf der Liste der „Contratos": Kapferer, Siller und Pfurtscheller. Der im Jahr 1854 in Fulpmes verstorbene „Fabrikant, Schützenmajor, Besitzer der goldenen Verdienst-Medaille etc." Michael Pfurtscheller, 1776 geboren, stellte „Eisen und Geschmeidewaaren" her und war „ein leuchtendes Vorbild seltener Bürger- und Christentugenden" sowie „eifrigster Förderer der Industrie seines heimathlichen Thales und Geburtsortes". Er übernahm das Handelshaus Volderauer und verhalf damit dem Schmiedehandwerk in Fulpmes erneut zu großem Erfolg. Um die Mitte des 19. Jahrhunderts brachte die Konkurrenz der aufkommenden Großindustrie das Stubaier Schmiedehandwerk jedoch in Bedrängnis, was zu großer Auswanderungsbereitschaft unter den Handwerkern in Fulpmes führte. Erst der Zusammenschluss von 32 Schmiedemeistern zur „Werksgenossenschaft der Stubaier Kleineisenindustrie" im Jahr 1897 verbesserte die wirtschaftliche Situation in Fulpmes nachhaltig.

Bauern

Zu den Auswanderungsgründen der Bauern sei an dieser Stelle ein Beispiel angeführt. Dabei geht es um den in den „Contratos" genannten Josef Walcher aus Wald bei Obsteig auf dem Mieminger Plateau. Er hatte zwölf Kinder. 1859 wanderte er als 51-Jähriger mit seiner Frau Romana Hann und neun Kindern nach Brasilien aus. Agnes, das jüngste Kind, war damals erst wenige Monate alt, drei der Kinder waren noch in Obsteig gestorben. Walcher war Besitzer des einen Teils von dem aus dem „Xanderhof" hervorgegangenen Doppelhaus. Der „Xanderhof" – nach den Ausführungen von Hubert Stecher ursprünglich ein immens großer Hof – trug im Mittelalter den Namen „Langhansengut". Er wurde ursprünglich als eine einzige „Feuerstätte" (Wirtschaftseinheit, nach der früher auch die Wehrpflichtigen gezählt und die Abgaben berechnet wurden) geführt, aus der im Lauf der Zeit durch Realteilung zwei wurden: Eine zweite Hofanlage entstand, die Felder, die Wälder, der Garten, der gesamte Grundbesitz wurden aufgeteilt und damit auch die Steuern und die Wehrdienstverpflichtung. Bei einer weiteren Teilung wurden aus den zwei Höfen schließlich vier, und einer davon gehörte Josef Walcher. Das war immer noch ein recht stattlicher Besitz und nicht vergleichbar mit den geradezu würgenden Wohn- und Eigentumsverhältnissen im „Oberen Gericht". Auch wenn der Boden auf dem Mieminger Plateau eher karg ist und eine extensive Bewirtschaftung verlangt, hätte der Hof eine Familie ernähren müssen. Trotzdem verkaufte Walcher sein Gut an den Nachbarn und wanderte aus. Er musste abgewirtschaftet haben; über die Gründe kann man nur spekulieren. Möglich, dass es etwas mit der sogenannten „Bauernbefreiung" von 1848 zu tun hatte. Bei der damit verbundenen Bodenreform übernahmen die Bauern den von ihnen bewirtschafteten Grund und Boden in ihr Eigentum, das Feudalsystem wurde abgeschafft. Der vormalige (feudale) Grundherr musste auf seine Eigentumsrechte verzichten, wofür er aber zu zwei Drittel entschädigt wurde: Ein Drittel des Schätzwerts wurde dem Grundherrn vom Staat abgelöst, das zweite Drittel musste der Bauer tragen. Zur Abzahlung ihres Anteils hatten die Bauern zwar lange Zeit, doch waren die Tilgungsraten nicht die einzige Belastung, traten an die Stelle der grundherrlichen Abgaben doch die Steuern des Staates, der Länder und der Gemeinden – und die waren nicht gering, denn auch der Staat musste die Grundherren entschädigen. Die Summe aller Abgaben könnte für einen so großen Besitz wie den von Josef Walcher erdrückend gewesen sein – so erdrückend, dass er selbst als Eigentümer eines großen Hofs für sich und seine Familie in Tirol keine Zukunft mehr sah.

Santa Leopoldina

Tropeiros

Am öftesten kam man früher von der Kolonie der Tiroler nach Santa Leopoldina, wenn man – wie Valdemiro Siller – als Tropeiro arbeitete. Valdemiro wurde 1941 in California geboren. Sein Vater sprach Tirolisch, die Mutter, eine geborene Belshoff, stammte aus der Nachbarsiedlung Biriricas und war ebenfalls deutschsprachig. Ihr Großvater stammte aus Südlohn in Westfalen, die Großmutter war eine „Mineira", eine Brasilianerin aus Minas Gerais. Valdemiros Vater pflanzte Kaffee und die üblichen Feldfrüchte wie Bohnen, Maniok oder Mais. Schon als Kind musste Valdemiro zu Hause viel arbeiten, eine Schule besuchte er nie. Erst vor seiner Reise nach Österreich im Jahr 2005 lernte er bei Doris Kloimstein etwas Lesen und Schreiben. Im Alter von acht Jahren ging er das erste Mal mit seinem Vater und zwei Maultieren zu Fuß den weiten Weg nach Santa Leopoldina hinunter. Mit zwölf musste er bereits selbst regelmäßig Geld verdienen, „dass man hat können essen". Wenn er zu Hause nicht dringend gebraucht wurde, arbeitete er daher im Tagelohn, entweder bei anderen Bauern oder bei den Tropeiros, die die Verantwortung für eine Tragtierkarawane (Tropa) hatten und die Tiere mit den schweren Säcken beluden. Burschen wie Valdemiro arbeiteten als Treiber. Eine Tropa bestand aus zehn bis 20 beladenen Eseln oder Mulis. Die Tiere wurden für den „Vendischtn" von Tirol (Inhaber eines Ladens, portug. *venda*) nach „Porto" (Santa Leopoldina) und zurück getrieben. Eine Straße gab es noch nicht. Hinunter transportierte man Produkte, die der Vendist den Bauern abgekauft hatte: Kaffee, „Farien" (Maniokmehl, portug. *farinha*) und Bohnen. Der Vendist ritt voraus und erledigte in der Stadt seine Geschäfte. Er kaufte Salz, Zucker, Weizenmehl, Reis und was man in der Kolonie sonst noch brauchte, wie Schnaps oder Petroleum für die Lampen. Das alles schleppte die Tropa nach Tirol hinauf. Alles wurde gewogen, damit die „Trächt" (Last; von *tragen*) für den Esel nicht zu groß wurde. Ein 50 Kilo schwerer Sack auf jeder Seite des Tieres – das war das Maximum. Der unbeschreiblich schlechte Zustand des Weges verlangte Tieren und Treibern das Letzte ab.

Ein Tagelöhner verdiente immer gleich wenig Geld, egal ob er bei einem Bauern oder bei der Tropa arbeitete. Der Tropa-Treiber musste in der Stadt übernachten; es gab dort einen Platz, „da hat man immer geschlafen mit die Esel". Die Unterkunft bezahlte der Vendist. Eines Tages verlor Valdemiro diese Arbeit, ein anderer machte den Tropeiro, einer, der sozusagen hauptberuflich beschäftigt war und dafür monatlich bezahlt wurde. Valdemiro war nicht ständig als Tropeiro verfügbar gewesen, denn wenn „diä Åltn" (Eltern) ihn zu Hause brauchten, hieß es stets: „Haint geahts nit, mir håbm selber viel Årbeit." (Heute geht es nicht, wir haben selbst viel Arbeit.)

Als es der erste „Karren" später auf besseren Wegen bis Tirol geschafft hatte, hörte der Warentransport mit den Tropas auf. Die Esel wurden verkauft, weil der Lastwagen mit nur einer Fuhre an einem Tag so viel transportierte wie fünf Tropas an zehn Tagen. Das Auto konnte in der Regenzeit zwar nicht fahren, hat mit jeder Fuhre aber „mehrer Sachen heraufgebringt", sodass der Vendist in Tirol entsprechende Vorräte anlegen konnte.

Valdemiro kam als Achtjähriger zum ersten Mal nach Santa Leopoldina. Zu Hause lebten sie eher einschichtig, die nächsten Nachbarn waren drei Kilometer von seinem Elternhaus entfernt. Die kleine Stadt schien ihm deshalb „gånz nobel; eppas schians" (ganz nobel; etwas Schönes) zu sein. Valdemiro stellt fest, dass sich das Stadtbild von Santa Leopoldina bis heute kaum verändert habe, alles sei noch so, wie er es das erste Mal gesehen habe. Besonders begeistert habe ihn damals das elektrische Licht in der kleinen Stadt, das er jedoch nicht richtig erleben konnte, weil er mit dem Vater unterwegs war, der den Hin- und Rückweg an einem Tag zu erledigen pflegte. Mit nur zwei oder drei Tragtieren sei das durchaus üblich gewesen, erklärt Valdemiro. Als er etwas älter war, sei er mit seinem Bruder in der Stadt gewesen, und da seien sie bis zum Abend geblieben, nur um die Lichter einmal „auf" zu sehen.

Canoeiros

Zu Valdemiros Zeit war der Hafenbetrieb am Santa-Maria-Fluss bereits eingestellt. Eine (allerdings noch unbefestigte) Straße führte nach Vitória, Lastkraftwagen erledigten den Warenverkehr. Mit der seit 1929 bestehenden Straßenverbindung verlor Leopoldina seine ursprüngliche Bedeutung als Hafen- und Stapelplatz.

Oskar Lichtenheld aus Luxemburgo ist 92 Jahre alt und erinnert sich noch an den Frachtbetrieb mit den Canoas auf dem Santa-Maria-Fluss. Er ist der Einzige in der Gegend, der noch einen Nachhall jener damals bereits im Versinken begriffenen Welt der Bootsleute erlebte. Die Boote nahmen „Farien [Maniokmehl, portug. *farinha* Mehl] und alles mit", erinnert er sich. Auf einem Canoa hätten sechs bis sieben Canoeiros Dienst getan, Brasilianer von Leopoldina und aus anderen Gegenden. Wegen des Flusshafens hieß der Ort früher Porto do Cachoeiro (Hafen am Wasserfall), noch heute wissen die Kolonisten, dass man früher nicht von Santa Leopoldina sprach, sondern von Port oder Porto. „Wir sagten immer nur: Jetzt gemma nach Porto", erzählt Oskar Lichtenheld. Der Fluss sei dereinst die „Hauptstraße" der Stadt gewesen, welche die Kolonie mit dem Meer und der weiten Welt verband. Leopoldina war ein wichtiger Umschlagplatz für Waren aller Art, mit Lagerhallen und Maultierweiden. Die aus den nahen Kolonien wie Tirol mit Tropas dorthin gebrachten Güter machten nur einen Teil des Handelsvolumens aus. Von Bedeutung war auch der lange Saumweg, der von Leopoldina über die Berge weiter Richtung Santa Teresa oder Minas Gerais führte. Da waren die Tropeiros oft wochenlang unterwegs. Santa Leopoldina war der Ort, wo Tropeiros und Canoeiros einander nach ihren weiten und anstrengenden Fahrten trafen und Nachrichten und Erfahrungen austauschten.

Die Canoeiros trieben die Boote mit langen Stangen voran, an denen eine Schippe befestigt war, erläutert Oskar Lichtenheld. „Schippe" bedeutet so viel wie Schaufel; vermutlich war an den Stangen ein breites Querholz angebracht, das für den notwendigen Widerstand im Wasser und auf dem schlammigen Grund des Flusses sorgte. Die Canoeiros stießen die Stange in den Fluss und umklammerten sie fest am vorderen Ende. Und dann seien „sie auf dem Canoa gelaufen und haben es mit den Beinen weggeschoben".

Der brasilianische Autor João Ribas da Costa beschreibt in „Canoeiros do Rio Santa Maria" das Leben der Bootsleute und veröffentlicht im Buch auch eine Skizze von dem auf dem Rio Santa Maria eingesetzten Bootstyp. Demnach maß eine Canoa nur 1,70 Meter in der Breite, war aber 16 Meter lang. Sie wurde mit 90 Säcken beladen. Die Ruderer starteten mit jedem Arbeitstakt am Bug und „trabten" beim Staken an der Längskante des Kahns über das Ladegut hinweg bis zum Heck. Dann mussten sie wieder nach vorn laufen, um den nächsten Schub auszuführen. Am Bug befand sich eine Feuerstelle, denn auf der 60 Kilometer langen Fahrt mussten sich die Bootsleute selbst verpflegen. Da der Fluss auf dieser Strecke kaum 20 Meter Gefälle hat, mussten die Boote in beiden Richtungen gestakt werden.

João Ribas da Costa notiert in seinem Buch auch die traditionellen Lieder der Canoeiros. Zu seiner Zeit muss die einst reiche Alltagskultur der Bootsleute aber bereits vorbei gewesen sein, meint Oskar Lichtenheld, denn singen habe er sie nie gehört. Auch Kommandorufe seien ihm nicht aufgefallen. „Die mussten ja Kraft machen und haben geschwitzt", erinnert er sich. Damals habe es bereits „Kamions" (portug. *camião*, Lastkraftwagen) gegeben, allerdings nur wenige. Nach Meinung Lichtenhelds handelte es sich dabei um keine richtigen Autos, denn sie hatten keine „Phenees" (Pneus), sondern bloß mit Gummi überzogene Eisenräder. Die ersten Autos wurden auf parallel aneinandergekoppelten Booten nach Santa Leopoldina gebracht – zu einer Zeit, als es dort noch keine Straßen gab. Die im Ortsbereich für ein Auto befahrbare Strecke maß nur etwa 500 Meter. Das genügte jedoch manchen Geschäftsleuten, und sie ließen sich stolz als Repräsentanten des technischen Fortschritts bewundern.

Santa Leopoldina in den 1920er Jahren

Geschichte

Ungefähr dort, wo heute Santa Leopoldina liegt, soll es in der zweiten Hälfte des 16. Jahrhunderts ein Indiodorf gegeben haben, dem die dort missionierenden Jesuiten den Namen Nossa Senhora da Conceção gaben. Nach der Vertreibung des Ordens aus Brasilien im Jahr 1758 verfielen die in Nossa Senhora da Conceção und weiter talabwärts gelegenen Jesuitenkirchen. Erst 1845 erhielt die Region wieder einen Sakralbau – in Queimados, etwa 30 Kilometer talabwärts. 1849 wurde die Kirche San José dos Queimados geweiht. Sie blieb lange Zeit auch für Santa Leopoldina die katholische Stammkirche. Als man im Jahr 1898 Queimados zu einem eigenen Pfarrsprengel machte, wurde die Kirche von Tirol die Matriz (Mutterkirche) von Santa Leopoldina.

Die rechtliche Grundlage für die planmäßige kolonisatorische Erschließung des bergigen Gebiets am Oberlauf des Santa-Maria-Flusses wurde am 15. Dezember 1855 gelegt, als der brasilianische Innenminister Luiz Pedreira do Couto Ferraz dem Präsidenten Espírito Santos den Entschluss der Regierung bekannt gab, „na região da cachoeira", also im Gebiet des Wasserfalls am Rio Santa Maria da Victoria, eine Kolonie anzulegen und sie mit ausländischen Siedlern zu beschicken. José Mauricio Fernandes Barros, der Präsident Espírito Santos, ließ daraufhin vier Leguas (1 légua = etwa 6,6 km) oberhalb des Wasserfalls durch Ingenieur João José de Sepulvedra Vasconcelos fürs Erste eine Fläche von 567 km^2 abgrenzen (zum Vergleich: Osttirol hat eine Fläche von etwa 2.000 km^2). Damit war das Kerngebiet, von dem die weitere Erschließung ausgehen sollte, gegeben. Der Vermesser wurde angewiesen, das Gebiet in gleich große Lose zu je 62.500 Quadratbrassen zu unterteilen. „Brasse" ist die Eindeutschung des portugiesischen Wortes *braça*, „Klafter"; laut einem 1864 in der Tiroler Schützenzeitung publizierten Bericht hatte die „Brasse" eine Länge von sieben Fuß minus einem halben Zoll und war somit länger als ein österreichisches Klafter, das sechs Fuß maß. Demnach musste eine „Brasse" etwa 2,1 Meter betragen haben. Ein Landlos hatte folglich eine Größe von etwa 27,56 Hektar. In den 1930er Jahren war eine „Kolonie" 25 Hektar groß (Otte 1934: 35). Heute gelten 30 Hektar als Standardmaß für eine Kolonie.

Die Straße entlang des Santa-Maria-Flusses in Santa Leopoldina (um 1920)

Santa Leopoldina, als sich noch nicht zahllose Transportfahrzeuge durch die Straßen zwängten

Bei der Vermessung ging man nach folgenden Richtlinien vor: Im rechten Winkel zum jeweiligen Wasserlauf wurden in bestimmten Abständen Schneisen in den Wald geschlagen, die sogenannten „Pikaden". Die Begrenzung eines Landloses ergab sich solcherart aus dem Wasserlauf, den beiden Pikaden und aus der Verbindungslinie zwischen deren Endpunkten. Diese erste Landvermessung ging zulasten der Regierung, während im Zug der späteren Erschließung der Kolonist selbst für die Katastrierung aufzukommen hatte. Erst wenn die Vermessungskosten beglichen waren, erhielt er den Eigentumstitel über das von ihm meist schon längst gerodete und bearbeitete Land. (Wagemann 1915: 37) Der Kaufpreis für ein Landlos betrug in der Gründungsphase der Kolonie 32 Milreis (1 Milreis = 1 Gulden 20 Kronen Österreichischer Währung).

Die ersten Einwanderer, die sich am Oberlauf des Santa-Maria-Flusses niederließen, waren Schweizer. Sie hatten schon einen Fehlstart als ausgebeutete Halbpächter in der Provinz São Paulo hinter sich, ehe sie 1857 als die ersten Zuwanderer der Kolonie ihr Siedlungsgebiet in der Nähe des Talbodens in Besitz nahmen. Ihre Ansiedlung namens Suiça wurde vorübergehend zum Mittelpunkt der sich zunächst nur unter großen Schwierigkeiten und entmutigenden Rückschlägen entwickelnden Kolonie. Welche Bedeutung die Obrigkeit der Kolonie beimaß, erhellt sich aus der Tatsache, dass der brasilianische Kaiser Pedro II. am 28. Jänner 1860 der damaligen *Colônia de Santa Leopoldina* einen Besuch abstattete, die zu diesem Zeitpunkt erst am Beginn ihrer Entwicklung stand. Die gesamte Kolonie zählte bereits 1.003 Einwohner, 979 davon waren europäische Zuwanderer. Unter diesen wiederum bildeten die 593 Deutschen die größte Gruppe; die 384 „Preußen" unter ihnen müssen aber größtenteils aus dem Rheinland einschließlich des Hunsrück gekommen sein, das damals unter preußischer Verwaltung stand. Die übrigen Gruppen waren: 120 Holländer, 104 Schweizer und 70 Luxemburger. Die Zahl der Tiroler betrug 82; sie waren wie die Luxemburger im Jahr vor der Kaiservisite angekommen, also 1859. Im Jahr 1860 erreichte eine Gruppe von katholischen Auswanderern aus Westfalen die Kolonie. Mehr als zwei Drittel aller Zuwanderer waren protestantisch, der Rest katholisch. In Porto do Cachoeiro, dem heutigen Santa Leopoldina, standen nur zehn strohgedeckte Hütten, darunter das Direktionsgebäude der Kolonie und das Aufnahmehaus für frisch zugewanderte Kolonisten. Den Krämerladen führte ein Brasilianer. Es gab einen italienischen Bäcker und einen Deutschen namens Braun, der vorübergehend als Arzt fungierte. Die übrigen Häuser wurden von den Kolonialbeamten und deren Familien bewohnt.

In Porto do Cachoeiro gab es damals keine Kirche, sondern nur eine im Jahr 1857 errichtete kleine Marienkapelle. Sie war dadurch entstanden, dass der portugiesische Gutsbesitzer Joaquim Cláudio de Freitas von Barra de Mangaraí immer ein Marienbildnis mit sich führte, wenn er von seinem Wohnort im Kanu die etwa zwölf Kilometer nach „Porto" hinauf ruderte. Die Ikone sollte ihn vor Überfällen durch Indianer des Stammes der Bugres schützen, von welchen Reisende damals noch bedroht und manchmal auch getötet wurden. (Mc Govern 1975: 35) Die Messe, die man 1860 aus Anlass des hohen Besuchs in Porto do Cachoeiro zelebrierte, wurde von dem aus Steinach am Brenner stammenden Kapuzinerpater Hadrianus Lantschner gefeiert, der damals aber noch in Santa Isabel stationiert war, wo es seit 1852 eine katholische Kapelle gab. In Porto do Cachoeiro selbst war damals weder ein katholischer noch ein evangelischer Geistlicher ansässig.

Die einzige Schule des Kolonisationsgebiets befand sich außerhalb des Stadtplatzes und wurde von einem Brasilianer betreut. Der Kaiser wohnte dem Unterricht bei und machte sich dazu Notizen in sein Reisetagebuch, das sich heute im Kaiserlichen Museum in Petrópolis befindet. Dem Chronisten Francisco Schwarz zufolge nahm sich der Kaiser vor diesem Besuch Zeit, mit einigen Kindern der Kolonisten zu sprechen, die ihm zu Ehren zum Spiel einer Flöte einen Walzer tanzten. Der Kaiser sprach Deutsch mit den Kindern. Das hatte er vielleicht schon vor seinen ausgedehnten Europareisen im Umgang mit den älteren Geschwistern erlernt, denn beim Tod seiner Mutter Leopoldine um 1826 war der spätere Kaiser erst ein Jahr alt.

Mit den ersten Tropas, Warenlagern und Verpflegungseinrichtungen entstand Porto do Cachoeiro, der Hafen am Wasserfall, der bereits elf Jahre nach der Eröffnung des Kolonisationsgebiets zu dessen offiziellem Mittelpunkt wurde und den Namen Cachoeiro de Santa Leopoldina erhielt. Das war im Jahr 1867. Der Ort wurde nach Leopoldine umbenannt; die aus Wien stammende Habsburgerprinzessin war die erste Gemahlin des brasilianischen Kaisers Pedro I.; sie starb 1826 im Alter von 29 Jahren in Rio de Janeiro und konnte somit mit der erst im Jahr 1857 entstandenen Kolonie am Rio Santa Maria persönlich nichts zu tun gehabt haben. Umso mehr war Leopoldines Sohn, Dom Pedro II., einer der fähigsten Monarchen seiner Zeit, der Kolonie verbunden, die in seinem weitsichtigen Entwicklungskonzept zur wirtschaftlichen Förderung des riesigen Landes einen wesentlichen Baustein darstellte. 1860, im dritten Jahr nach der Ankunft der ersten deutschsprachigen Siedler, stattete Pedro II. der jungen Kolonie einen Besuch ab. Da weitere Siedlungspioniere aus Europa gewonnen werden sollten, wählte man vielleicht bewusst den Kolonienamen „Leopoldina" als eine Art Werbelogo. Die Auswandererverträge von Hamburg zeigen jedenfalls, dass der Name „Colonie Leopoldina" bereits um 1859 gebräuchlich war. Danach entwickelte sich der Bezirk schnell zum größten Munizipium von Espírito Santo. Die Stadt Santa Leopoldina, damals noch „Cachoeiro de Santa Leopoldina" genannt, wurde binnen kurzer Zeit zum wichtigsten Handelszentrum des Bundesstaates. Um 1887 stellten die ansässigen Handelsherren ihre Rechnungen nicht etwa mit der Adresse „Cachoeiro de Santa Leopoldina" aus, sondern nur noch mit „Cachoeiro", weil – so behaupteten sie stolz – eine Verwechslung mit „Cachoeiro de Itapemirim" in Espírito Santo ausgeschlossen sei.

Heute schaut Santa Leopoldina aus wie damals, Cachoeiro de Itapemirim hat sich jedoch zu einer der wichtigsten Städte des Landes entwickelt. Die soziale Struktur von Santa Leopoldina ist eine andere als die in den benachbarten Bezirksstädten. Während es in Santa Teresa mit den dortigen Italienern, in Santa Maria mit den Pommern oder in Domingos Martins mit den Deutschen jeweils eine tonangebende Gruppe gibt, ist das Herkunftsprofil der Bewohner von Santa Leopoldina bunt gemischt, neben den Brasilianern leben dort Deutsche, Luxemburger, Pommern, Italiener oder Tiroler, von denen sich keine Gruppe als die führende profiliert hat.

Das Wirtschaftsleben des ehemaligen Kolonisationsgebiets spielt sich nicht mehr in Santa Leopoldina ab, sondern in dem etwa 25 Kilometer weiter westlich gelegenen Santa Maria de Jetibá, dem Bezirkszentrum der in den 1870er Jahren in großer Zahl eingewanderten Pommern. Der Ort entwickelt sich heute in geradezu atemberaubendem Tempo, denn die Pommern sind wirtschaftlich äußerst zielstrebig. Täglich startet von Santa Maria de Jetibá aus eine Flotte von großen Lastautos zum Großmarkt von Vitória. Auf dem Weg dorthin zwängen sich die Transporter durch das kleine altertümliche Städtchen Santa Leopoldina, dessen schmale Durchfahrtsstraße sie regelrecht zu sprengen drohen.

Der alte Saumweg

Der Einwanderungsvertrag räumte den Kolonisten die Möglichkeit ein, für die Kolonieleitung – vornehmlich beim Ausbau von Verkehrswegen – gegen Entlohnung zu arbeiten. Am oberen Ortsende von Santa Leopoldina überspannt eine Brücke den Rio Santa Maria. Bleibt man am rechten Flussufer, ist man in der Rua dos Gringos (wörtlich „Straße der Weißen"), wo früher die Wohnhäuser der wohlhabenden Zuwanderer standen. Von dort führte der Weg ursprünglich in Richtung Ribeirão dos Pardos, was so viel wie „Flussgebiet der Mulatten" bedeutet. An dieser Strecke befindet sich die Ruine der Casa de Pedra (Steinhaus). Das Gebäude dürfte zur Einwanderungszeit eine Handelsniederlassung gewesen sein. Als sicher gilt, dass der Betrieb dieser Einrichtung auf Sklavenarbeit beruhte.

Die Casa de Pedra, eine ehemalige Handelsstation

Unweit der Casa de Pedra liegt die Siedlung Suiça, wo sich um die Jahreswende 1856/57 Schweizer als die ersten europäischen Zuwanderer niederließen. An der Einmündung des Ribeirão dos Pardos in den Santa-Maria-Fluss führt dem rechten Flussufer entlang ein Weg, der streckenweise gepflastert ist und über aus Steinen errichteten hohen Fundamenten verläuft. Laut Camilo Thomas handelt es sich dabei um Reste jener Befestigungen, zu deren Errichtung auch die eingewanderten Tiroler herangezogen wurden – sie mussten zu den gleichen Bedingungen wie die Sklaven arbeiten. Da Thomas das historische Gedächtnis der Kolonie verkörperte und seine Angaben stets zuverlässig waren, ist auch diesen Aussagen ein gewisser Wahrheitsgehalt beizumessen. Laut Camilo Thomas war diese Strecke Teil eines Weges, der von den Goldminen von Ouro Preto (Minas Gerais) bis zum Flusshafen von Santa Leopoldina führte. Dieser direkt an seinem Haus in Alto Tirol vorbeiführende Saumweg sei jedoch nicht die offizielle Route für die Goldtransporte gewesen, sondern vielmehr eine, auf der man die Kontrollen umgehen konnte. Heute gibt es das Tourismus-Konzept einer „Rota Imperial", von der eine Teilstrecke durch Tirol verlaufen soll.

Als sicher gilt, dass auch die im Jahr 1859 eingewanderten Tiroler die Strecke über Ribeirão nahmen und über das Gebiet der ein Jahr vor ihnen eingewanderten Luxemburger weiter ins Landesinnere vordrangen. Wie Geraldo Thomas weiß, führte der Weg von der heutigen katholischen Kirche von Luxemburgo in einem weiten Bogen links hinauf nach Bragança. (Diese Siedlung ist nach dem damaligen portugiesischen Herrscherhaus benannt.) Wo heute die kleine Kirche von Bragança steht, folgte der Weg nicht der heutigen Straße, die von dort überaus steil und ausgesetzt die Pe-

Die Kirche von Bragança

dra Grande (Großer Felsen) passiert. Der ursprüngliche Weg zweigte vielmehr bei der Kirche nach links ab und führte in mäßiger Steilheit am „Faulen Fisch" vorbei nach Tirol. Auch José Schaeffer weiß von seinen Eltern, dass dies früher der einzige „Trampelweg" zwischen Santa Leopoldina und Minas Gerais war, auf dem man mit Eseln alles Mögliche transportierte. Einmal habe ein Tragtier eine Kiste mit Fischen verloren. Es sei bereits dunkel gewesen, weshalb der Verlust nicht bemerkt worden sei. Von den verfaulenden Fischen habe der markante Granitfelsen dann seinen Namen bekommen.

Auch ein wesentliches Transportmittel: das Kanu auf dem Santa-Maria-Fluss

Grosse Namen in Santa Leopoldina

Pedro II.

Wie bereits erwähnt, wurde Santa Leopoldina nach der Habsburgerprinzessin Leopoldine benannt. Ende Jänner 1860 besuchte der brasilianische Kaiser Pedro II., Leopoldines Sohn, die Kolonie Leopoldina. Von den Geschichtsschreibern wird er als eine der gebildetsten und kultiviertesten Herrscherfiguren seiner Zeit beschrieben. Er wurde 1840 mit 14 Jahren vorzeitig für volljährig erklärt und ein Jahr später zum Kaiser von Brasilien gekrönt. Obwohl er mehr als Gelehrter denn als Politiker angesehen wird, fallen in seine 50 Jahre dauernde Regentschaft die massive Förderung der europäischen Einwanderung und der damit verbundene Wirtschaftsaufschwung in Brasilien durch den forcierten Anbau von Kaffee. Er unterstützte die Errichtung eines Eisenbahn- und Straßennetzes und ermöglichte dadurch die wirtschaftliche und kulturelle Entwicklung des Landes in einem zuvor nicht gekannten Ausmaß. In seine Regierungszeit fiel auch die Befreiung der Sklaven. Zu einem Gesetz gegen die „Einfuhr" von neuen Sklaven aus Afrika war es offiziell zwar bereits 1827 gekommen, durchgesetzt wurde das Einfuhrverbot aber erst 1850. Die Emanzipation der bereits in die Gesellschaft eingegliederten Sklaven erfolgte schrittweise: 1871 wurden die von Sklavinnen geborenen Kinder für frei erklärt, im Jahr 1885 alle Sklaven über 60. Den letzten Schritt setzte der Kaiser nicht persönlich, obwohl er ein überzeugter Anhänger der Sklavenbefreiung war. Das Gesetz zur Emanzipation aller übrigen Sklaven wurde 1888 von Pedros Tochter Dona Isabel unterzeichnet, während er selbst in Europa weilte. Mit der Verabschiedung des Gesetzes verlor die konstitutionelle Monarchie den letzten Rückhalt, nämlich den der Großgrundbesitzer. Am 15. November 1889 wurde nach einem Militärputsch die Republik ausgerufen, der Kaiser ging mit seiner Familie nach Frankreich ins Exil, wo er 1891 starb.

José Pereira da Graça Aranha

Im Museo do Colono in Santa Leopoldina hängt neben dem Bildnis von Luiz Holzmeister, dem ursprünglichen Hausherrn dieses Gebäudes, an prominenter Stelle das Portraitfoto von José Pereira da Graça Aranha. Er wurde 1868 in São Luis im Norden Brasiliens geboren und starb 1931 in

Rio de Janeiro. Nach dem Rechtsstudium in Recife wirkte er einige Jahre als Richter in Santa Leopoldina. Zu diesem Munizipium gehörten damals noch die heute selbstständigen Bezirke Santa Teresa, Itarana, Itaguaçu, Laranja da Terra, Afonso Claudio, Santa Maria de Jetibá und São Roque do Canaan.

Dem Tal Canaan – es gehört heute zum Munizipium Santa Teresa – setzte Graça Aranha mit „Canaan" ein bleibendes literarisches Denkmal. Der eher philosophische denn epische Roman zeichnet lyrisch und einfühlsam Menschen und Landschaft der Einwandererkolonie Leopoldina. Er beschreibt auch, was man den Einwanderern alles versprochen hatte und wie elend ihr Leben dann tatsächlich war. Als Richter in Santa Leopoldina kannte er deren Lebensverhältnisse genau. Graça Aranha war einer der Begründer der Academia Brasileira de Letras (Brasilianische Akademie der Geisteswissenschaften) und gilt als Pionier der literarischen Moderne seines Landes.

José Pereira da Graça Aranha

Johann Holzmeister

Das Museo do Colono in Santa Leopoldina ist im ehemaligen Wohnhaus der Familie Holzmeister untergebracht. Johann Holzmeister, 1859 aus Fulpmes im Stubaital eingewandert, stieg in Santa Leopoldina – während die anderen Tiroler Einwanderer als Kaffeebauern in den umliegenden Bergen ein beschwerliches Leben führten – zu einem wohlhabenden Handelsherrn auf. Holzmeisters Geschäfte in Espírito Santo gingen gut. Weil aber alle seine fünf in Brasilien geborenen Kinder an Malaria erkrankten, kehrte er 1874 ins Stubaital zurück. In den 15 Jahren seiner Tätigkeit in Brasilien war er zu einem reichen Mann geworden. Von seinen in Fulpmes geborenen Söhnen hieß der eine Clemens, der zu einem Architekten von Weltgeltung werden sollte.

In sein Reisedokument ließ Johann Holzmeister als Beruf angeblich „Milionario" eintragen. Nach Francisco Schwarz, einem Autor aus Santa Leopoldina, hatte es Holzmeister in den knapp 15 Jahren seines Aufenthalts in

Brasilien zu einem Vermögen von 150 „Conto de Reis" gebracht (150.000 Milreís bzw. 150 Millionen Reais). Diese Summe entsprach etwa 619.500 Deutschen Goldmark oder 362.280 Gulden (etwa 3,5 Millionen Euro).

Aus Grabinschriften auf dem Friedhof in Fulpmes, aus der Fulpmer Ortschronik sowie aus Archivaufzeichnungen in Vitória und örtlichen Hinweisen in Santa Leopoldina lässt sich folgende Familiengeschichte ablesen: Johann Holzmeister – bei der Auswanderung im Mai 1859 22 Jahre alt und ledig – war der zweitälteste Sohn der sechsköpfigen Familie des Ignaz Holzmeister, der in Fulpmes Schmiedegehilfe und später Wirt gewesen war, während der Überfahrt aber an der Cholera starb („im Alter von 51 Jahren auf der Reise nach Brasilien nahe am Aequator am 29. Juni 1859"). Seine ebenfalls aus Fulpmes stammende Ehefrau Maria, eine geborene Fieg, erreichte Rio de Janeiro als Witwe mit sieben Kindern, von denen vermutlich drei bereits erwachsen waren. In Vitória kamen laut den Aufzeichnungen des dortigen Arquivo Público sechs Mitglieder der Familie Holzmeister an – interessanterweise auch der laut Fulpmer Chronik während der Überfahrt verstorbene Ignaz, der im Einwanderungsprotokoll aber immer noch als „Jefe" (Familienoberhaupt) geführt wird. Maria

Luiz Holzmeister und seine Familie

Holzmeister, zu diesem Zeitpunkt 46 Jahre alt, kam mit vier Kindern – Johann (22), Anna (18), Alois (11) und Nothburga (9) – nach Espírito Santo. Sie kehrte, vermutlich zusammen mit ihrem Sohn Johann, im Jahr 1874 nach Fulpmes zurück, wo sie 1890 im Alter von 77 Jahren starb.

Der jüngere Sohn Alois war jener Holzmeister, der in Santa Leopoldina blieb. Aus lokalen Berichten geht hervor, dass „Luiz" Holzmeister beim Besuch Pedros II. im Jahr 1860 in der Lage war, zwischen dem Kaiser und den Kolonisten zu vermitteln. Er heiratete Eugenia, die Tochter des belgischen Einwanderers João José Vervloet, der sich in der Kolonie Luxemburgo niedergelassen und zusammen mit seinem Bruder in Santa Leopoldina eine wichtige Handelsdynastie begründet hatte. Am 4. April 1884 wurde Leopoldina zum Munizipium erhoben. Drei Jahre später nahm der erste Gemeinderat seine Tätigkeit auf – er bestand aus sechs Mitgliedern, von denen eines Luiz Holzmeister war. Sein Sohn Dr. Luiz Holzmeister wurde Prefeito (Bürgermeister) und Promotor (Staatsanwalt) des Bezirks; in seine Amtszeit fiel der 1918 vollendete Bau des Município (Rathaus) von Santa Leopoldina. Der Name „Holzmeister" ist in Brasilien bis heute lebendig geblieben.

Portrait von Luiz Holzmeister im Kolonistenmuseum Santa Leopoldina

Johann Holzmeister heiratete vier Jahre nach der Ankunft in Santa Leopoldina die um fünf Jahre jüngere Maria Pidner, die Tochter des Fulpmer Schmiedegehilfen Franz Pidner, eines Metzgersohns aus dem Weiler Plöven, und dessen Frau Anna, einer geborenen Vergörer. Franz Pidner war im Mai 1859 mit seiner aus Osttirol stammenden zweiten Ehefrau (die erste war gestorben) und fünf Kindern nach Brasilien ausgewandert, wo die Familie in der Tiroler Kolonie von Santa Leopoldina eine zweite Heimat fand.

Der Ehe Johann Holzmeisters mit Maria Pidner entsprangen fünf Kinder, die alle an Malaria erkrankten. Zwei davon, Clemens und Felix, starben im tropischen Santa Leopoldina, was das Ehepaar im Jahr 1874 bewog, nach Fulpmes zurückzukehren. In Fulpmes verstarben die übrigen drei der in Brasilien geborenen Kinder. Maria Holzmeister brachte in der Folge noch sechs weitere Kinder zur Welt, von denen vier am Leben blieben. Der 1877 geborene Urban Holzmeister lehrte als Professor und bedeutender Bibelforscher an der Gregorianischen Universität in Rom.

Maria Holzmeister wurde nur 40 Jahre alt. Nach ihrem Tod am 20. Dezember 1881 heiratete Johann Holzmeister in zweiter Ehe Maria Kirchstätter aus Arzl bei Innsbruck. Aus dieser Ehe gingen vier Kinder hervor, von denen das zweitälteste, Clemens Holzmeister, später als bedeutender Schöpfer von Monumental- und Sakralbauwerken Weltruhm erlangte.

Über Johann Holzmeister berichtet die Fulpmer Ortschronik: „Der erfolgreichste Heimkehrer aus Brasilien war … zweifellos Johann Holzmeister, der jetzt seinen Vornamen João schrieb und als angesehener ‚Brasilianer' eine verdienstvolle Tätigkeit in der Heimatgemeinde entfaltete. … Er war einer der Gründer der Freiwilligen Feuerwehr Fulpmes im Jahre 1879 sowie ihr erster Kommandant. Er gehörte der Musikkapelle und dem Kirchenchor an und war Gestalter der Festzüge anläßlich der Feiern sowohl des Kaiserjubiläums im Stubaital 1888, als auch bei der Einweihung der Fachschule 1897, zu welchen Gelegenheiten er imposante Festwagen und Dekorationen baute. Auch die Weihnachtskrippe und das Heilige Grab in der Pfarrkirche Fulpmes betreute er in künstlerischer Weise."

Das Talent seines als begnadeter Architekt und Kirchenbauer berühmt gewordenen Sohnes Clemens kam also nicht von ungefähr. Und auch das in Brasilien erwirtschaftete Geld legte der „Milionario" Johann Holzmeister in Fulpmes gut an. In einem zeitgenössischen Bericht ist diesbezüglich zu lesen: „Wandert man gegen Medratz [Medraz bei Fulpmes] hinein, fällt rechts die schöne Villa Holzmeister mit ihrem wohlgepflegten Garten auf, deren ganzes Äußere und deren Einrichtung von Reichtum spricht. Der Besitzer derselben, Holzmeister, ursprünglich ein ganz unbemittelter Schmiedeknecht, wanderte nach Brasilien aus und war dort, unterstützt von seiner ersten geisteskräftigen Frau, als Händler und Kaufmann äußerst glücklich. 1874 kehrte er in seine Heimat zurück, erwarb das neu erbaute Haus des ehemaligen Wundarztes Moritz und änderte dasselbe um." 1891 kaufte Johann Holzmeister eine Villa in Innsbruck-Mühlau, wo er am 6. Februar 1899 im 63. Lebensjahr starb.

Tirol do Brasil – Tirol in Österreich

An der Grenze zwischen den Teilsiedlungen Tirol und California liegt der Wohnsitz des 2005 verstorbenen Kolonisten Camilo Thomas. Er war die Kontaktperson für alle Wirtschaftshilfemaßnahmen des Landes Tirol, weshalb neben Camilos Wohnhaus zunächst die Dr.-Karl-Ilg-Schule und später der Sitz der Agrargenossenschaft Tirol-California (Agritical) errichtet wurden. Seit dem Besuch des Tiroler Landeshauptmanns Dr. Alois Partl im Jahr 1993 intensivierten sich die Beziehungen zwischen „Tirol do Brasil" und „Tirol da Austria" weiter. Der Gasthof Tirol sowie die Krankenstation wurden ebenfalls neben Camilos Haus erbaut, sodass sich dort eine Art Siedlungszentrum herauszubilden begann.

Der Platz heißt heute Alto Tirol (Hochtirol), während der tiefer gelegene Platz mit der Kirche nach wie vor das eigentliche Tirol darstellt. Ein Schild kurz vor der Kirche empfängt den Besucher daher mit der Aufschrift „Bemvindo ao Tirol" (Willkommen in Tirol). Gasthaus und Kirche sind etwa sechs Kilometer voneinander entfernt. Tirol ist besiedlungsgeschichtlich älter und war wegen der Kirche der unumstrittene gesellschaftliche Mittelpunkt der Tiroler Kolonie. Eine neben der Kirche erbaute Schule mit angeschlossenem Internat wurde früher von den seit 1895 dort ansässigen Steyler Missionaren persönlich betreut und genoss einen besonders guten Ruf. In diesem Zusammenhang bedeutete es eine Aufwertung des alten Tirol, dass die neue Dr.-Alois-Partl-Schule nicht in Alto Tirol, sondern wieder neben der Kirche errichtet wurde, wo schon seit den Anfängen der Kolonie eine Schule gestanden hatte. Die neue Grundschule für 70 bis 80 Schüler, deren letzte Bauphase unter der Leitung des Baumeisters Ing. Hermann Plank († 2006) aus Matrei am Brenner vollendet wurde, wird von der Bevölkerung sehr positiv angenommen. Die Partl-Schule ist keine Privatschule, sie steht allen offen, ungeachtet der konfessionellen, ethnischen oder sozialen Herkunft der Schüler. Da die Hauptverkehrswege Schule und Kirche nicht direkt berühren, liegt das eigentliche Tirol heute etwas abseits. Eines der gegenwärtig viel diskutierten Projekte sieht den Ausbau der Straße von Mangaraí zur Kirche (24 km), ein anderes den von Biriricas im südwestlichen Nachbarbezirk Domingos Martins zur Pousada (Gasthof Tirol, 15 km) und von dort weiter zur Kirche vor. Von der Pousada führt als kürzeste Verbindung eine im oberen und unteren Streckenabschnitt noch unbefestigte Straße über Bragança knapp an der Pedra Grande (Großer Felsen) vorbei sehr steil nach Santa Leopoldina hinunter (17 km).

Die Klagen über unfruchtbare Böden im Bezirk Santa Leopoldina sind fast so alt wie die Siedlungen selbst. War ein Boden erschöpft, überließ man ihn sich selbst, bis man nach Jahrzehnten den inzwischen entstandenen Sekundärwald wieder rodete und das Holz abbrannte. Heute muss die Brandrodung eines Sekundärwaldes behördlich bewilligt werden. Bei der auf die Rodung folgenden neuerlichen Nutzung hat sich kein bestimmtes Fruchtfolgesystem entwickelt. In den 1990er Jahren hat der im Jänner 2007 verstorbene Dr. Hermann Oberhofer vom Südtiroler Beratungsring für Obst- und Weinbau einen landwirtschaftlichen Versuchsgarten in California angelegt, von dem inzwischen wesentliche Impulse zur Modernisierung der Landwirtschaft in der Kolonie ausgegangen sind.

Um die ausgeprägte Tendenz zur Landflucht der unter kargen Verhältnissen lebenden Bevölkerung einzudämmen, hat der seit 2005 bestehende Verein „Tirol – Brasil" in Tirol-California eine Arbeitsgruppe eingerichtet, die im Dialog zwischen Österreichern und Siedlern Konzepte zur Verbesserung der bestehenden Verhältnisse ausarbeitet. Ein wichtiges Thema ist für die Arbeitsgruppe neben dem mangelhaften Kommunikationssystem der nach wie vor völlig unzureichende Zustand der Verkehrswege. Weitere noch entwicklungsbedürftige Domänen sind für die Arbeitsgruppe vor allem die Landwirtschaft (bodenverträgliche, konkurrenzfähige Produkte), die Schule (Oberstufen-Schule) und die Gesundheit.

Im Haus der Familie Partl in Tirol (1996): Inge Partl, Frau Ilg, Camilo Thomas, Anna Maria Renzler, Ing. Gerhard Renzler, Dr. Karl Ilg (†), Dr. Alois Partl (v. l.)

Die Colônia Tirol im Jahr 1992

Im September 1992 kam ich zum ersten Mal in die Colônia Tirol. Das „Kalte Land" gab sich zu jener Zeit nicht wirklich winterlich, doch es regnete viel. Und wenn man schließlich keinen trockenen Fetzen mehr am Leib hat und sich einem der schreckliche Verdacht aufdrängt, dass es womöglich im ganzen Universum kein beheizbares Zimmer mehr gibt, kann es kühl werden – subjektiv wenigstens.

Damals war ich mit einem Auto unterwegs. In Foz do Iguaçú hatte ich, von Paraguay kommend, von einem jungen Österreicher einen alten Gol übernommen. Der wiederum hatte das Fahrzeug von Gertraud Schuller vom Allgemeinen Deutschen Kulturverband in Wien vermittelt bekommen, weil er in Brasilien als Deutschlehrer tätig gewesen war und mehrere Schulen in mehreren Orten zu betreuen gehabt hatte. Dann war sein Vertrag ausgelaufen, und ich übernahm das Fahrzeug. Nach einem kurzen Abstecher zu den berühmten Wasserfällen am brasilianisch-paraguayisch-argentinischen Dreiländereck begann meine lange Reise durch Brasilien – zuerst intensive sprachwissenschaftliche Feldforschung im damals wirklich kühlen Dreizehnlinden. Später war ich Richtung Norden unterwegs in wärmere Gefilde. Felsformationen von der Art, für die Rio mit seinem Zuckerhut und dem Corcovado mit der Jesusstatue oben drauf so berühmt ist, begleiteten mich fast die ganze Strecke bis Vitória hinauf – nur um vieles eindrucksvoller und bizarrer: hier eine in das fast ebene Gelände hineingestreute Gruppe von granitenen Krippenfiguren wie Maria und Josef – groß wie ein Gebirge, dort ein auf einer himmelwärts strebenden Felsenkante kauernder Leguan, riesig wie ein Saurier. Heute weiß ich, dass ich damals durch Zufall die weltberühmten Naturdenkmäler „O Frade e a Freira" (Mönch und Nonne) in Itapemirim und „Pedra do Lagarto" (Leguanfels) in Domingos Martins „entdeckt" hatte.

Irgendwann erreichte ich die Stadt Vitória und fand von dort aus den Eingang zum Santa-Maria-Tal. Nach Santa Leopoldina gelangte ich fast wie von selbst. Hat man im Ortszentrum von Santa Leopoldina erst einmal die Hauptstraße verlassen und die Brücke überquert, präsentiert sich das Städtchen dem Besucher vom Pfarramt aus in malerischer Lieblichkeit. Dort hoffte ich einen deutschsprachigen Pater zu finden, der mir die letzten Kilometer des Weges in die Colônia Tirol beschreiben könnte. Natürlich hatte ich schon bei Einheimischen mein Glück versucht, aber von einem „Tirol" hatte offenbar noch keiner etwas gehört. Dies lag allerdings

Bizarre Felsformation bei Itapemirim: O Frade e a Freira

an meiner falschen Aussprache. Denn in dem Moment, wo es einem gelingt, ein melodisch-weich gezwitschertes „Tschiróou" hervorzubringen, wird man auch verstanden. Aber diese Erfahrung machte ich erst später.

Den Leuten im Pfarrhaus konnte ich zwar mein Reiseziel vermitteln, doch die Beschreibung, wie man in dieses „Tschiróou" gelangt, fiel dann doch einigermaßen kompliziert aus. Denn der relativ „einfache" direkte Weg dorthin über Bragança – nein, unmöglich, viel zu steil, das schafft keiner, schon gar nicht ein Fremder. Nein, da müsse ich schon die Asphaltstraße weiterfahren in Richtung zur Hidroeléctrica, doch müsse man noch vor dem Wasserkraftwerk nach links abbiegen. Dann fielen die Namen Suiça, Luxemburgo und noch einmal Bragança. Die Schweiz, Luxemburg und Tirol miteinander auf Wanderkartenformat komprimiert, alles zusammen eingerahmt vom Namen eines portugiesischen Herrschergeschlechts – es musste wohl ein durch und durch geschichtsträchtiger Boden sein, auf den ich mich begeben würde. Und da dieser Boden richtige Fahrstraßen oder Hinweisschilder damals noch nicht kannte, kritzelte ich unermüdlich Angaben in mein Notizheft, innerlich zweifelnd, ob es nicht vielleicht doch besser wäre, nach Rio umzukehren und das Auto zurückzugeben.

Wenig später war die richtige Abzweigung gefunden – meine Aufzeichnungen erwiesen sich wider Erwarten auch für die Fortsetzung des Weges als hilfreich. Die Anspannung ließ nach, und ich wurde plötzlich gewahr, durch welch reizvolle Landschaft ich mich bewegte. Mein Weg führte an einer Kaffeeplantage vorbei, die in voller Blüte stand. Ich hielt an, um die weiße Pracht zu fotografieren, zumal in diesem Augenblick die Sonne hervorkam. So ein Zusammenspiel erlebt man nicht alle Tage.

Unbefestigte Straßen prägen das Bild von Dorf Tirol.

Gleich darauf ein kurzer Regenguss. Ich bewegte mich mit dem Auto auf eine längere Steigung zu. Was dann geschah, darüber kann ich heute völlig emotionslos berichten: Bei Regen wurden die unbefestigten Wege nicht unbedingt grundlos morastig (das passierte nur in den Senken), denn die Fahrbahnoberfläche war relativ fest. Der durch den Abrieb frei gewordene Sand der roten Erde verwandelte sich in eine nicht allzu tiefe Schlammschicht. Das Reifenprofil füllte sich aber trotzdem mit Schlamm, und im nächsten Moment legte sich die rostrote, erdige Schmiere wie eine Schleimhaut um das Rad. Die Räder verloren Griff und Führung, das Fahrzeug wurde unlenkbar. Meist kommt man erst im fast schon ebenen Abschnitt eines Steilstücks nicht mehr weiter, genau in dem Augenblick, wo man glaubt, es schon geschafft zu haben. Doch dieses Mal ging es sich gerade noch einmal aus, und nach der Kuppe führte der Weg wieder in eine der sanften grünen Mulden hinunter, die zusammen mit den bereits erwähnten seichten Flusstälern, den Wasserfällen und den schwarzen wuchtigen Granitfelsen den besonderen Reiz der Gegend ausmachen. Dann noch einmal eine Mulde, kleine Siedlerhütten, da ein Maniokfeld, dort eine Bananenpflanzung, dann ein über den Weg huschender Leguan – und schließlich die Ankunft in Tirol.

Von meinem Reiseziel kannte ich damals nur einen einzigen Namen: Camilo Thomas. Zu seiner Behausung hatte ich mich bald durchgefragt.

Kaffee

Ich fand sie in einer kleinen und etwas höher gelegenen Mulde. Das heute Alto Tirol genannte Areal war über weite Strecken aufgegraben, die durch die Erdbewegungen zutage getretene rote Erde wirkte wie eine große, offene Wunde in der Landschaft. Es gab deutliche Hinweise auf Veränderung, von einer optimistischen Aufbruchstimmung war jedoch nichts zu bemerken.

    Den Teich gab es schon, und an seinem Ufer die kleine Lagerhalle der Agrargenossenschaft, rechts daneben die „Dr.-Karl-Ilg-Schule" mit dem „Kulturzentrum" und dem kleinen Glockenturm. Doch für den Deutschunterricht, den Camilo dort halten sollte, gab es gerade wieder einmal keine ernsthaften Interessenten, und auch die Genossenschaft funktionierte nicht so, wie man sich das vorgestellt hatte. Ganz rechts ein Zaun mit einem Gatter, dahinter ein paar Hühner und eine Plane, auf der trotz des regnerischen Wetters Kaffeebohnen zum Trocknen ausgelegt waren. Dahinter an dem sanft ansteigenden Hang und schon halb im Wald das kleine Häuschen Camilos.

    Ich traf auf einen etwas übermittelgroßen Mann in meinem Alter, barfuß, mit rundem Gesicht und schütterem Haar. Von meinem Besuch wusste er nichts, und im ersten Moment spürte ich ein gewisses Misstrauen, während mir Tarcizio, sein Sohn, freundlich und offen begegnete. Die Söhne Valerio und Geraldo weilten gerade in Österreich – sie waren die Ersten überhaupt, denen man das ermöglicht hatte. Olga, Camilos Frau, zeigte sich wortkarg und wirkte kränklich. Über meine Unterbringung wurde kaum ein Wort verloren. Es war klar, dass ich nur dort bleiben konnte, denn ein Gasthaus gab es noch nicht. Man wies mir die eine Hälfte der Hütte zu. Alda, Tarcizios Frau, richtete mir eine Bettstatt her, wobei sie die einzigen beiden Decken verbrauchte, die sie in der Nachbarschaft auftreiben konnte. Indessen begann Olga zu kochen – schwarze Bohnen, Maniok und ein paar Eier waren schließlich immer in der Nähe. Olgas Kochkunst und Improvisationstalent waren beeindruckend. Deshalb sollte es bald auch an Fleisch und grünem Gemüse nicht fehlen – auch nicht an Kaffee. Wenn Alda die schwarze Röstpfanne über dem offenen Feuer schwang, verzauberte sie mit dem dabei entstehenden Duft die kleine Hofstatt am Rand des Urwalds. Es war Camilos Bergkaffee, der seiner Vollendung entgegengeschüttelt wurde. Nie wieder

Bananen mit Blütenstand

habe ich irgendwo einen derart köstlichen Kaffee Arabica genießen dürfen, bis heute nicht. Hin und wieder schaute Penha vorbei, die schöne, dunkle Brasilianerin, eine Freundin der Familie, die als Lehrerin eine kleine Schule in der Sektion California betreute. Von solchen kleinen Aufhellungen abgesehen, wirkte die Stimmung aber eher gedämpft. Ähnlich war es bei vielen anderen Tirolern, die ich in den nächsten zweieinhalb Wochen treffen sollte. Überall klagte man über ausgelaugte Ackerböden, die ohne Düngung nicht ertragreich wären. Da kaum Viehhaltung betrieben wurde, war man auf Kunstdünger angewiesen, den man sich aber nicht leisten konnte.

Die Siedlung verfügte über kein Ortszentrum, und ich bemerkte auf den weit verstreut liegenden Einzelhöfen neben der Zufriedenheit der Anspruchslosen auch tiefe Resignation. Mein Aufenthalt fiel in die erste Septemberhälfte und damit in die kältere Jahreszeit – und ausgerechnet in dieser Zeit war ich bei Familien zu Gast, die in zugigen Behausungen mit unverglasten Fensteröffnungen herumhockten; draußen regnete es, man fror und fühlte sich erbärmlich. Wärmere Kleidung oder Decken konnte man sich nicht leisten, man kauerte zitternd im kalten Haus und schwieg grübelnd vor sich hin. An manchen Siedlern beobachtete ich Depressivität,

Melancholie und Antriebslosigkeit. Anna Schöpf und ihr Bruder waren an Lepra erkrankt. Den wenigen anfallenden Mist schleppte man in Plastiksäcken eigenhändig zum Pflanzland, weil man die Esel, die man früher besessen hatte, zur Beschaffung von Bargeld längst verkaufen hatte müssen und seither nie wieder imstande gewesen war, neue Tragtiere zu erwerben. In dieser trostlosen Situation wurden vor allem die fragwürdigen Zukunftsaussichten der Kinder als bedrückend empfunden. Und so setzte man seine Hoffnungen auf irgendein erfolgreiches Projekt – oder einfach nur auf ein Wunder.

Mini-Kokos

Altes Haus im Zentrum der Colônia Tirol

Ein Jaca-Baum   *Olga Thomas beim Aufbrechen einer Jaca-Frucht*

DIE COLÔNIA TIROL IM JAHR 2006

Als ich mich am 8. Februar 2006 einer österreichischen Kältewelle entziehe und am darauf folgenden Tag um die Mittagszeit in Vitória aus dem Flughafengebäude ins Freie trete, überfällt mich die sengende Hitze des brasilianischen Hochsommers. Beim Gang über den betonierten Platz zu jener fernen Ecke, wo Hubert Thöny seinen alten amerikanischen Kombi geparkt hat, bestehe ich die erste klimatische Bewährungsprobe. Von Vitória sind es etwa 70 Kilometer bis zu Thönys Pousada (Gasthaus). Vom Küstenstreifen weg fahren wir dem Bergland zu. Bald geht es bergauf, und allmählich kommen wir vom „Warmen" ins sogenannte „Kalte Land", das zu diesem Zeitpunkt aber nicht daran denkt, seinem Namen gerecht zu werden. Die Wege werden schmäler und steiler, und je steiler sie werden, desto ausgewaschener sind sie. „Manchmal muss es hier ja doch regnen", schließe ich daraus. Kurz vor unserem Ziel kommen wir an einer besonders steilen Stelle mit durchdrehenden Antriebsrädern nicht mehr vorwärts. Hubert lässt das Auto bis zu einer flacheren Stelle zurückrollen, und wir bewältigen die Stelle mit Anlauf. „Das passiert einem also nicht nur, wenn's regnet", denke ich. Nach der Steilstelle mit den tiefen Auswaschungen erreichen wir den von Hubert gepachteten Gasthof Tirol. Den hat es bei meinem ersten Aufenthalt in der Kolonie noch nicht gegeben, und auch manches andere hat sich seitdem verändert. Ich weiß natürlich, dass sich kurz nach meinem ersten Aufenthalt tatsächlich ein kleines Wunder ereignete: Im Oktober 1993 besuchte der Tiroler Landeshauptmann Alois Partl, der ursprünglich nur zum 60-jährigen Gründungsjubiläum nach Dreizehnlinden reisen wollte, mit Norbert Hölzl vom ORF-Landesstudio Tirol auch das brasilianische Tirol. Die von Hölzl gedrehten Fernsehberichte, das spontane Engagement für das Dorf Tirol vonseiten des Südtiroler Landeshauptmanns Luis Durnwalder und die spannenden Vorträge von Alois Partl lösten eine Spendentätigkeit aus, die zu einer beeindruckenden Wiederbelebung der Colônia Tirol im fernen Brasilien führte.

In der bungalowartigen Pousada am Ufer des Teichs fühle ich mich auf Anhieb wohl, doch ich freue mich auch darauf, an meine vormaligen ersten Begegnungen anzuknüpfen. Camilo Thomas lebt nicht mehr; er ist vor fünf Monaten gestorben. Olga wohnt in dem neuen Haus, das Sohn Geraldo gegenüber der Pousada von dem Geld erbaut hat, das er und seine Frau Edinete bei einem Arbeitsaufenthalt in Österreich verdient und gespart hatten. Äußerlich hat sich die knapp 60-jährige Olga nicht sehr verändert, doch ihre Lebensumstände sind inzwischen völlig andere geworden. Das neue Haus liegt am Fuß des Hangs, und das von frischer Luft durchströmte großzügige Wohnzimmer bietet von der etwas erhöhten Stelle aus einen

Das Haus der Familie Nagel im Jahr 2006

Das Haus von Antonio Nagel 1937, 1944 und um 1960 (von oben); im Vordergrund Olga und Lourdes Nagel

wunderbaren Blick über den Teich. Ein kleiner Einschnitt im Gelände erlaubt sogar eine schmale Aussicht bis zu den fernen Bergen am Horizont.

Olga erwartet den Besuch ihres Sohnes Geraldo, der in Santa Leopoldina wohnt. Penha hat das Kochen übernommen; während sie in der Küche werkt, unterhalte ich mich mit Camilos Witwe. Bald langen wir bei ihrer Kindheit an. Sie erzählt von ihrem Elternhaus, das in der Nähe liegt, gerade einmal eine Dreiviertelstunde den Weg hinunter. Ihr Vater, der 1909 geborene Antonio Nagel, baute das Haus ein paar Mal völlig um. Die Entwicklung der Wohnstätte ist fotografisch gut dokumentiert, denn Olgas Mutter, die 1909 geborene Martha Giesen, war nicht nur eine Heilkundige und eine Deutschlehrerin, sondern auch eine Fotografin. Großvater Wilhelm Giesen war 1877 in Deutschland geboren und 1896 nach Brasilien ausgewandert, sein Bruder Arnold hatte in Aachen eine Musikschule geführt und von 1925 bis 1926 als Pianist in Südamerika eine Tournee bestritten. Trotz der ungewöhnlichen Familiengeschichte spricht Olga den tirolerischen Dialekt der Gegend. Auch Camilo sprach zeit seines Lebens diese Mundart, denn seine Mutter war eine geborene Schöpf. Ihr Vater sei Landwirt gewesen, habe aber auch als Tropeiro gearbeitet, erzählt Olga. Mit der Tropa, den Maultieren von der Vende (port. *venda*, Kaufladen), habe er die Feldfrüch-

Martha Giesen und Antonio Nagel mit Kindern (8. März 1952)

te der Bauern hinunter zum Port und im Gegenzug die beim Händler in Santa Leopoldina gekauften Waren für die Vende geliefert. Der Rückweg zur Vende habe ihn in einiger Entfernung am eigenen Haus vorbeigeführt, und sie habe wegen der Schellen die sich nähernde Tropa immer schon von weitem gehört. Die Schellen seien notwendig gewesen wegen der vielen unübersichtlichen, steilen und engen Passagen des Weges nach Santa Leopoldina, auf denen einem eine andere Tropa hätte entgegenkommen können. Wenn sie die Schellen hörte, habe sie gewusst, gleich würde das „Priggile", die Holzbrücke über den kleinen Bach, erreicht sein, auf der man das zierliche Getrappel der Hufe gut hörte. Der Vater habe immer einen Abstecher zum Haus hinauf gemacht und jedes Mal für die Kinder etwas mitgebracht. „Schian gwesn", fasst Olga ihre Kindheitserinnerungen in eine knappe Formel zusammen – „schön gewesen".

Olgas Stimme und der im Lauf von 150 Jahren vom musikalischen Klang des Brasilianischen geschmeidig und weich gewordene Tiroler Dialekt fesseln meine Aufmerksamkeit. Tausende Kilometer von Österreich entfernt, fühle ich mich an meine eigene Kindheit erinnert. Die wenigen brasilianischen Ausdrücke, die Olga verwendet, fallen kaum auf, man versteht jedes Wort. Ähnlich – wenn auch ohne brasilianische Entlehnungen – haben die Leute im westlichen Kärnten gesprochen, wo ich aufgewachsen bin, und wo man Südbairisch spricht wie in Tirol.

Man versteht, dass viele Tiroler in Österreich ihr Tirol in Brasilien wie die eigene Heimat lieben. In den letzten zehn Jahren hat mancher Tiroler das brasilianische Tirol wiederentdeckt, und es wurde viel getan für die Entwicklung von Tirol in Übersee. Und doch sind alle Äußerungen Olgas deutlich von etwas Düsterem überschattet. Das schöne neue Haus – sie will es verlassen, will weg, möglichst weit weg. Über den Grund dafür will sie nicht sprechen. Zu frisch noch ist die Erinnerung an all das Leid, das sie in den letzten Jahren erleben hat müssen.

Die Colônia Tirol im Jahr 2008

Im März 2008 besuchte ich die Colônia Tirol ein weiteres Mal: Mein Flug nach Brasilien am 6. März 2008 verlief nicht glatt. In São Paulo verpasste ich den Anschlussflug nach Vitória, wo aber bereits Geraldo Thomas auf mich wartete. Trotz meiner Verspätung harrte Geraldo auf dem Flughafen aus, und bald fuhren wir mit seinem 22 Jahre alten knallroten ‚Fusca' [VW-Käfer] über Mangaraí nach Tirol hinauf, wo ich bei Olga Thomas, Geraldos Mutter, Quartier bezog. In vielen Gesprächen mit ihr erfuhr ich, wie sie und Camilo in den letzten Jahren vor seinem Tod gelebt hatten. Von den aktuellen Ereignissen während meines Aufenthalts waren Olgas Geburtstag und Ostern für mich die interessantesten.

Ostern in der Colônia Tirol

Früher veranstaltete Camilo Thomas während der Karwoche in der Martinskapelle kleine Feiern. Doch dann wurde das kleine Kirchlein von niemandem mehr beachtet. Auch die drei von Elfi Stecher gespendeten Hinterglasbilder waren nicht vorhanden. Ich fand sie schließlich in der Küche von Florian Thomas. Camilo hatte sie kurz vor seinem Tod seinem Bruder zur Verwahrung übergeben.

Prozession am Palmsonntag in der Colônia Tirol

Osterfeier in der Kirche von Santa Leopoldina; vom Gründonnerstag bis Ostermontag ist die „Nossa Senhora da Penha" (am linken Seitenaltar) zu Gast.

Die Karwoche ist in der Colônia Tirol noch immer von erhöhter kirchlicher Aktivität gekennzeichnet. Am „Pålmasunntåg" (Palmsonntag) hält man Prozession, einen Rundgang mit Palmenzweigen auf dem Platz vor der Kirche. Anschließend erfolgt in der Kirche die Weihe der Zweige. Eine Speisenweihe gibt es nicht. Am Gründonnerstag findet in der Kirche in Tirol die Fußwaschung statt. In Santa Leopoldina feiert man am Abend die Ankunft von „Nossa Senhora da Penha", die in der Karwoche auf einem Lastkraftwagen von ihrer Stammkirche in Vitória aus eine Rundreise über Santa Teresa und Santa Maria de Jetibá nach Santa Leopoldina antritt, wo die Statue am Gründonnerstag mit einem Feuerwerk begrüßt wird. Bei der Abendmesse mit Fußwaschung in Santa Leopoldina steht sie schon in der Kirche. Am Schluss des Gottesdienstes kündigt Pater Carlos für den Ostermontag die Rückkehr der Muttergottes nach Vitória an und wirbt um zahlreiche Begleitung. Zu diesem Zeitpunkt waren im Jahr 2008 bereits vier Autobusse mit Wallfahrern nach Vitória ausgebucht.

Am Karfreitag werden die Kirchenglocken mit Tüchern verhängt. Am Vormittag richtet man in der Kirche von Tirol ein großes Kruzifix in waagrechter Lage her. Jeder Gläubige kann die Wundmale des „liegenden Jesus" berühren. Am frühen Nachmittag fahren einige Gläubige aus Tirol auf einem Lastwagen nach Santa Leopoldina, um in der Kirche bei der „Senhora da Penha" den Rosenkranz zu beten und den Gottesdienst mitzufeiern. Im Jahr 2008 waren es 13 Tiroler, denen P. Carlos für ihr Kommen dankte. Sie

Ostersonntag in California. Die Predigten von P. Carlos sind bei den Gläubigen sehr beliebt.

waren die einzigen „Auswärtigen", alle anderen Kirchgänger kamen aus Leopoldina selbst. Unter den Tiroler Teilnehmern befand sich auch Florian Thomas. Er war um etwa halb acht Uhr abends wieder daheim.

Am Ostersonntag gibt es, sofern sich ein Pater angekündigt hat, eine Messe. Sonst halten Laienprediger vormittags einen Culto. Prozession findet am Ostersonntag keine statt, nach dem Culto geht jeder nach Hause. Im Jahr 2008 hatte Pater Carlos für zwei Uhr nachmittags sein Kommen angesagt, jedoch nicht in Tirol, sondern in California. Mit Florian Thomas wanderte ich den schmalen Weg durch den dichten Wald in die Nachbarkolonie. Viele andere Gläubige aus Tirol kamen zur Messe in die einfache winzige Kirche von California. Der Gemeindegesang kam mir etwas anders vor als in der Messe mit demselben Pater am Donnerstagabend in Santa Leopoldina: Das dort übliche aktionistische Singen mit Klatschen und weit ausholenden Gesten scheint in California nicht üblich. Das Verhalten der bäuerlichen Kolonisten ist anders als jenes der Städter. Trotzdem war der Gemeindegesang auch in California engagiert und kräftig, vor allem bei Frauen und Kindern.

Am Abend des Karsamstags werden Eier gefärbt und jeweils drei, vier Stück für die Kinder in „Neschtln" (Nestlein) im Haus oder auch außerhalb versteckt. Am Morgen des Ostersonntags gehen die Kinder auf die Nestersuche. Andere Ostergeschenke sind nicht üblich, in den Geschäften

Nach dem Gottesdienst macht man sich zu Fuß auf den Heimweg.

in der Stadt kann man jedoch eine Art Osterbaum aus Schokolade kaufen. Zum Färben der Ostereier wickelt man „Zwieflschelfn" (Zwiebelschalen) und ein Tuch um die Eier und kocht sie. Danach zeigen die Eier eine gelb-braun-rötliche Marmorierung. Olga, meine Gastgeberin, färbte auch für mich ein paar Eier. Der in Österreich verbreitete Brauch des „Eierpeckens" ist unbekannt. Auch fehlt ein traditionelles Ostergebäck, wie etwa in Kärnten der „Reindling" eines ist. Die traditionelle Fastenspeise ist die „Palmitostorte" (portug. *torta de palmito*), die aus dem Mark einer Palme zubereitet wird. Dafür wird der ganze Baum gefällt und am unteren Ende ein etwa 80 Zentimeter langes Stück herausgeschnitten. Das Fällen einer Palme für den Eigenbedarf ist auch heute noch erlaubt. Es gibt süße und bittere „Palmiten". Die „Torte" wird vor allem am Karfreitag als einziges Gericht gegessen. In manchen Familien serviert man auch Fisch, in erster Linie Taínja (portug. *tainha*, Quappe). Dazu gibt es köstlichen Suco de Limão (Limonensaft). Am Ostersonntag kommt Rindfleisch auf den Tisch. Am frühen Morgen des Ostersamstags schlachteten sowohl Avelino als auch Albertin Krüger, beide Inhaber einer Vende, je einen Stier.

Für Geraldo Thomas zählte die „Auferstehung" zum Schönsten, was die Karwoche zu bieten hatte: Am Abend des Karsamstags entzündete sein Vater Camilo etwa zwei Stunden nach Sonnenuntergang vor der Kirche in Tirol ein Feuer – nur mit Feuersteinen und trockenen Fetzen. Mit dem

Die traditionelle Fastenspeise zu Ostern: die aus Palmenmark hergestellte Palmitostorte

mühsam entfachten Feuer wurden die Kerzen der Kirchenbesucher angezündet, ein anderes Licht gab es nicht bei diesem festlichen Ereignis. Die „Auferstehung" vom Entzünden des Feuers bis zum Segen am Ende des Gottesdienstes dauerte etwa zwei Stunden. Auch Viviania Thomas zählt die „Auferstehung" zu ihren schönsten Kindheitserinnerungen.

Erlebt Tirol eine neue wirtschaftliche Flaute?

Die wirtschaftliche Lage in Tirol-California zeigte im März 2008 keine einheitliche Entwicklung: Während in California so etwas wie Aufbruchstimmung herrschte, ließen die Verhältnisse in Tirol eher wirtschaftliche Orientierungslosigkeit erkennen. Die Situation erinnerte an jene im Jahr 1992, als manche Pflanzer ihre Hoffnungen auf ein herbeigesehntes Wunder zu setzen schienen.

Durch die Unterstützung vonseiten des Landes Tirol habe sich die Lage auch in Tirol wesentlich verbessert, stellte Geraldo Thomas fest, doch sei bei den Leuten die Einstellung von ehedem langsam wieder zurückgekehrt. Man müsse bedenken, dass die meisten von denen, die sich aktiv für ein besseres Leben einzusetzen verstanden, die Kolonie längst verlassen hätten. Er erinnerte an das Jahr 1974, als Gerhard Renzler das erste Mal nach Tirol do Brasil kam: Im Kirchenrat von Tirol seien damals die besten, mittlerweile nach Vitória oder Santa Leopoldina verzogenen Leute gesessen. Die Landflucht habe ihre Gründe gehabt, und einer der wesentlichsten sei gewesen, dass das Land in Tirol für den Anbau viel weniger geeignet sei als in California.

Von den Sillers ist nur Eduardo in Tirol geblieben. Er besaß früher eine Vende, die gut lief. Er hatte ein Auto, einen Lastkraftwagen und ein Motorrad. Als Erster in der Gegend leistete er sich den Luxus eines Fernsehers. Florian Siller führte einen großen Betrieb mit 40 Rindern. Die Brüder Florian, „Waschtl" (Sebastian) und Eduardo Siller unterhielten ein kleines Elektrizitätswerk. Als Florian und Sebastian wegzogen, nahm alles ein Ende, Eduardo verkaufte den Lastwagen und gab das Geschäft auf. Dann begann er, Land zu veräußern und von den Erlösen zu leben. Sein ältester Sohn ging nach Vitória, die beiden jüngeren Kinder leben heute in Österreich.

Heute ist Oskar Endringer der einzige markante Geschäftsinhaber auf der Tiroler Seite. Die verbliebenen Tirolstämmigen sind alte Leute geworden, wie Eduardo Siller oder Florian Thomas. Und da gibt es noch die anderen Kolonisten auf der Tiroler Seite, die kaum auffallen und von denen man nicht viel hört, zumindest nichts Negatives, die aber gut wirtschaften – wie Armindo Flegler oder Martin Gröner. Sie sind keine Tirolstämmigen – ihre Vorfahren sind aus dem Rheinland und Baden zugewanderte Protestanten – und haben eine andere Mentalität bewahrt als die katholischen Tiroler. Fritz Gröner, ein längst verstorbener kluger „Pommer", soll einmal gesagt haben, etliche von den Tirolern seien vor lauter Beten gestorben; sie hätten nicht mehr gearbeitet und nur noch gebetet, und vor lauter Beten hätten sie aufs Essen vergessen und seien verhungert, während die Pommern stets fleißige Arbeiter gewesen seien. – Solche Argumente mögen überspitzt klingen, es wurde aber auch anderswo beobachtet, dass das in solchen Zusammenhängen oft zitierte „protestantische Arbeitsethos" wesentlich zur Bewältigung des Alltags beitragen kann.

In der Vende von Oskar Endringer

In California sind die Geländeverhältnisse besser. Dort wurde Ende der 1980er Jahre der etwa 100 Hektar große Sumpf drainagiert, wodurch eine ebene Anbaufläche mit unverbrauchtem Boden gewonnen wurde. Auf der Tiroler Seite wirkt sich die Steilheit des Geländes vor allem beim Anbau von Maniok nachteilig aus, weil durch das Ernten der Maniokknollen bei geöffnetem Boden die Regen-Erosion begünstigt wird. Auch die geringere Landflucht der Bewohner von California lässt sich auf die dortigen besseren Ackerbaubedingungen zurückführen.

Camilo Thomas' späte Jahre

Camilo Thomas, der als Präsident der Agritical in der Colônia Tirol „alles regierte", trat 1994 bei seinem ersten Besuch in Österreich – so Gerhard Renzler – wie ein Staatsmann auf. Sein Name bleibt mit dem zwischenzeitlichen Wirtschaftsaufschwung der Colônia Tirol untrennbar verbunden, obwohl er die letzten Jahre seines Lebens zurückgezogen zubrachte. Als Präsident der Genossenschaft trat er 1997 zurück, im Jahr 2000 wurde er nicht mehr zum Kirchenvorsteher gewählt. Thomas, der sich zeit seines Lebens mit Hingabe für die Kirche eingesetzt hatte, fühlte sich von dieser „verstoßen". Nach den Turbulenzen im Zusammenhang mit dem Jubiläumsfest 1997 ging auch im Land Tirol mancher auf Distanz zu Camilo Thomas: „Im Herbst 1997 hat Camilo den Tiroler Adler an die Brust geheftet bekommen, im Frühjahr 1998 ließ man ihn fallen", erinnert sich Gerhard Renzler. Für Camilo Thomas habe so etwas wie eine Buchhaltung nicht existiert. Für Spendengelder, die ihm übermittelt wurden, bedankte er sich weder schriftlich, noch machte er transparent, wie und wozu er sie verwendet hatte. Auf schriftliche Anfragen bezüglich der Projektfinanzierungen reagierte er selten. Das brachte viele Beteiligte in Österreich gegen ihn auf – dort weiß man eben nicht, dass das Nicht-Beantworten von Briefen und E-Mails eine brasilianische „Spezialität" ist. Das erfährt früher oder später aber fast jeder, der mit brasilianischen Partnern häufiger zusammenarbeitet. Die „Dorftiroler" in Brasilien dürfen eben nicht undifferenziert als „echte" Tiroler vereinnahmt werden. Ein Mann aus Dreizehnlinden, der wesentlich jüngeren Tiroler Sprachinsel in Brasilien, bemerkte einmal etwas abwertend, die „Dorftiroler" wären schon „Kabokler" geworden (portug. *caboclos*, Halbblutindianer; Landarbeiter). Die Gleichstellung der Dorftiroler mit eingeborenen Brasilianern lässt darauf schließen, dass man es bei dem beschriebenen Verhaltensmuster mit einer eher allgemeinen Mentalitätsfrage zu tun hat. Auf keinen Fall aber hätte man Camilo Thomas wegen seiner nicht sehr sorgfältigen Buchführung böse Absicht unterstellen dürfen. Dazu kam, dass er sich oft selbst nicht mehr an die Verwendung von Geldern erinnerte. Gerhard Renzler, der in der Ilg-Schule einen Stapel von Papieren, darunter die von Camilo Thomas vergessenen Belege, fand, ist überzeugt, dass sich dieser niemals persönlich bereicherte. Dafür spreche auch, dass er nie ein neues Haus gebaut und sich die Ausgaben für dringend benötigte ärztliche Spezialbehandlungen nicht geleistet habe.

Nach der Mordtat an seinem Sohn Tarcizio Thomas im September 2003 wuchsen die Spannungen zwischen Camilo Thomas und seinem unmittelbaren Nachbarn Hubert Thöny. Thomas war überzeugt, dass der Pächter der Pousada und dessen Frau mit der Tat zu tun hätten. Die zwischen den beiden ausgetragenen Grabenkämpfe überschatteten Camilos letzte Lebenszeit in tragischer Weise. Der Streit eskalierte, und Camilo Thomas soll sein Haus nie mehr ohne seine kurzstielige „Foiße" (port. *foiça*, Sichel zum Roden von Unterholz) verlassen haben.

Im September 2005 hielten sich die Wiener Lateinamerikanisten Christian Cwik und Verena Muth in Tirol do Brasil auf. Sie zeigten sich vor allem an der Geschichte der Kolonie interessiert. Ein zufälliges Zusammentreffen mit Gerhard Renzler brachte sie zu Camilo Thomas, und mit ihm machten sie am 11. September 2005 in dessen Haus eine Tonaufnahme. Sie blieben fast bis Mitternacht. Camilo Thomas erzählte überlegt von allen wichtigen Stationen seines Lebens und von allem, was er über die Geschichte von Tirol und der ganzen Region wusste – verbales Vermächtnis eines großen „Tirolers", denn zwölf Tage später war Camilo Thomas tot.

Familie Thomas: Olga und Camilo (†) Thomas mit den Söhnen Tarcizio (†), Geraldo und Valerio

Olga Thomas

Olga Thomas wohnt in dem neuen Haus, das Geraldo Thomas im Jahr 2003 nach dem Drohanruf, dass es ihm ergehen werde wie seinem Bruder Tarcizio, verließ – er zog nach Santa Teresa und lebt heute in Santa Leopoldina. Neben dem Eingang zu Olgas Wohnung steht eine Figur der heiligen „Nossa Senhora Aparecida", der „schwarzen Muttergottes" von São Paulo. Die meisten Tiroler beten zu ihr, behauptet Olga Thomas. Viele machen ein Promeso (Gelübde), wenn sie krank sind zum Beispiel, und wenn sie gesund werden, danken sie mit einer Wallfahrt nach São Paulo. Olga Thomas besitzt eine weitere Aparecida, ein winziges Figürchen, das sie überallhin mitnimmt. Auch als sie sich vor zehn Jahren in Österreich einem schweren chirurgischen Eingriff unterzog, habe sie zu ihr gebetet, gesteht Olga. Sie betet auf Portugiesisch.

Am 10. März 2008 feierte Olga ihren Geburtstag. Am Morgen rief Valerio an, um der Mutter zu gratulieren. Der Anruf kam aus Österreich, Valerio ist dort verheiratet. Wenig später ein weiterer Anruf: Sohn Geraldo, Schwiegertochter Edinete und Enkelsohn Raphael aus Santa Leopoldina brachten der Jubilarin ein Ständchen, was man „Parabene-Singen" nennt (nach portug. *parabéns*, Glückwunsch). Glücklicherweise funktionierte Olgas Handy-Verbindung an diesem schwülen Vormittag. Zwischen vereinzeltem Donnergrollen vernahm man aus dem nahen Wald die beinah unheimlichen Laute der schreienden Affen. „Wenn man die Affen schreien hört, kommt Regen", sagte Olga. Gegen drei Uhr, als Olgas Schwester Lourdes Siller mit der zehn Jahre alten Enkelin Laecy zu Besuch ist, begann es stark zu regnen. Und am Abend kam Alda, die geschiedene Frau von Olgas ermordetem Sohn. Sie lebt von dem Land, das er ihr hinterlassen hat. Fabio, Aldas und Tarcizios Sohn, war gerade das erste Mal „drüben" in Österreich. Alda wohnt mit ihrer 17-jährigen Tochter Fatima und der neunjährigen Sayara im Erdgeschoss des Hauses. Fatima, die Tarcizio ähnlich sieht, brachte ihren Freund mit, den Pommerano Geraldo Holz Filho.

Der Alltag in Alto Tirol war einsam geworden für Olga, der Gasthof Tirol längst geschlossen, auch bei der Genossenschaft Agritical wurde kaum noch gearbeitet. Still war es rund um die „Entwicklungsruinen". Die Krankenstation – zwar noch in Betrieb – wirkte für den tatsächlichen Bedarf viel zu groß. Nun dachte man auch daran, den Schulbetrieb im Gebäude der ursprünglichen Creche (Kindergarten) nach California zu verlegen. Immerhin war Luiz Fuck in die Kolonie zurückgekommen – ihm gehört das Haus am See neben der Pousada. Dicht am Weg nach California war sogar ein neues kleines Haus, ein Wochenendhäuschen, gebaut worden von zwei Frauen aus Vitória, einer stets lustigen älteren Dame und ihrer fröhlichen Tochter. Schauen die beiden Brasilianerinnen bei ihr vorbei, überwindet

Olga für Augenblicke ihre tiefe Schwermut. Wenn die beiden herzlich-lauten Freundinnen weg sind, holt sie das schwere Los, das ihr die letzten Jahre beschieden haben, wieder ein.

Auf dem äußeren Sims des Küchenfensters steht eine winzige Figur – der heilige Antonius schaut von Olgas Wohnung direkt auf die Zufahrt zum Haus hinunter. Wenn man etwas verloren hat, betet man zum Heiligen Antonius, war Olga überzeugt, dann würde man das Verlorene wieder finden. „I hån dås schon oft gmåcht", gestand sie. Angeblich bringt Antonius manchmal sogar einen „verloren gegangenen" Menschen zurück. Olgas neuer Begleiter war ein kleiner Hund, ein Chihuahua. Der Bub des Verkäufers hatte ihn nach dem großen schwarzen Mann aus einer Telenovela (Fernsehserie) „Foguinho" genannt, das bedeutet so viel wie „Feuerchen". Vor einem Monat kämpfte Foguinho beim alten Haus von Camilo gegen einen Lagarto. Damals waren Valerio und seine Frau aus Österreich gerade zu Besuch bei Olga. Die beiden nannten die Echse nicht Lagarto, sondern Eidechse. Jetzt kennt jeder in Tirol dieses Wort. Sogar der Hund, der völlig außer sich gerät, sobald er etwas hört, das wie Eidechse klingt. „Wo i hingeah, isch er dabei", stellt Olga fest und fügt nachdenklich hinzu: „Wenn i dås Huntl nit hatt – i woaß nid ..." (Wenn ich das Hündchen nicht hätte, ich weiß nicht ...).

Die Einsamkeit rund um Olgas Haus hat auch ihre schönen Momente. Wie an jenem Samstagabend, als Ruhe über Alto Tirol lag, nur die Frösche hörte man und in der Ferne leises Donnergrollen. Im Wasser des Teichs spiegelte sich das schwache Licht aus Luiz Fucks Fenster. Er lebte allein in dem weitläufigen Haus. Als er auf seiner Ziehharmonika zu spielen begann, fielen sacht die ersten Regentropfen.

Olga und ihr Hund Foguinho beim Hühnerfüttern

Die Kolonie der Tiroler heute

Wichtige Daten

Espírito Santo liegt im Südosten Brasiliens und ist einer der kleinsten der 26 brasilianischen Bundesstaaten. Espírito Santo zählt 3,464.285 Einwohner (Stand 2006) und hat eine Fläche von 46.077,519 km².

Santa Leopoldina ist eines der 79 Munizipien (Bezirke) von Espírito Santo und hat 13.303 Einwohner (Stand 2005) und eine Fläche von 716,44 Quadratkilometer. (Zum Vergleich: Vorarlberg ist 2.601,48 m² groß). – Nachbarbezirke von Santa Leopoldina sind Santa Maria de Jetibá, Santa Teresa, Domingos Martins, Itaguaçu, Itarana. Diese gehören zur Região Serrana (Bergregion). Andere, wie Cariacica, Viana, Vitória, Vila Velha, gehören zur Região Metropolitana (städtische Region).

Der Bezirk Santa Leopoldina gliedert sich in die Comunidades (Gemeinden) Sede (Stadtbezirk), Mangaraí und Djalma Coutinho. Tirol gehört zur Gemeinde Mangaraí, die unter anderem aus den Streusiedlungen Barra de Mangaraí, Rio do Meio, Boquerão do Santilho, Fumaça, Holanda, Meia Légua, Pau Amarelo, Boquerão do Thomas, California und Tirol besteht. Einen Bürgermeister hat nur Santa Leopoldina als Munizipium. Die einzelnen Comunidades haben keine eigene politische Vertretung. Es gibt auch keine Regelung für die herkunftsmäßige Zusammensetzung des Gemeinderats in Santa Leopoldina. Die Gemeindevertreter könnten zum Beispiel alle von Tirol sein. Für viele Bewohner wäre eine Zusammensetzung des Gemeinderats in Abhängigkeit von der Bevölkerungszahl in einem Distrikt aber wünschenswert.

Tirol

Der Bezirk Santa Leopoldina liegt auf rund 20 Grad südlicher Breite und damit noch innerhalb des Tropengürtels. Das Siedlungsgebiet der Tiroler liegt im südlichen Teil des Bezirks und gehört zur Gemeinde Mangaraí. Es ist bergig und durch eine weite Streulage der Hofstellen gekennzeichnet, die auf Höhen zwischen etwa 600 und 800 Meter über dem Meeresspiegel liegen. Das Bodenrelief des etwa zehn mal sieben Kilometer großen Areals ist stark gefurcht und von weiten, wannenartigen Mulden, seichten Tälern, Schluchten mit malerischen Wasserfällen und wuchtigen Granitfelsen gekennzeichnet. Diese Höhenlagen gehören zum sogenannten „Kalten Land", das sich klimatisch wesentlich vom „Warmen Land" um das nur wenige Kilometer entfernte Santa Leopoldina unterscheidet.

Für die Colônia Tirol hat sich in Österreich trotz der isolierten Lage der Höfe die Bezeichnung „Dorf Tirol" eingebürgert. Die Bewohner selbst sprachen aber immer nur von „Tirol" und meinten damit in erster Linie den Platz, wo die Kirche steht. Diese von den Tiroler Einwanderern erbaute Kirche ist dem „Divino Espírito Santo" geweiht und war früher einmal die katholische Hauptkirche des Bezirks. Heute gibt es hier nur noch einmal im Monat eine Sonntagsmesse, die von einem Pater aus Santa Leopoldina gelesen wird. An den übrigen Sonntagen werden die Gläubigen von geschulten Diakonen und Katechetinnen betreut, die auch zum Spenden der Kommunion befugt sind. Kirchensprache ist das Portugiesische.

Aussicht vom „Faulen Fisch" über die Colônia Tirol

California

California bildet den südlichen Teil der Colônia Tirol. Der Name ist eine Anspielung auf den kalifornischen Goldrausch, der 1848 begann und sechs Jahre später schon wieder zu Ende war. Der 1896 geschriebene Bericht des Steyler Missionars Franz Dold klingt denn auch etwas ironisch: „Auf der Grenze zwischen Santa Isabel und Leopoldina liegt Californien, so genannt, weil man dort vor einigen Jahren am Goldsuchen war. Die Resultate waren aber keine Großartigen, und so ist in diesem Punkt wieder unter allen Wipfeln Ruhe." Freilich währte diese Ruhe nicht lang, zumindest nicht in dem ebenen und früher sumpfigen Gelände unterhalb des heutigen Rinderbetriebs „Sitio California".

José Schaeffer, Jahrgang 1952, erinnert sich daran, dass man sich in dieser Gegend dem Goldwaschen hingab. Im sumpfigen Gelände wurden Gruben ausgehoben, bis man in einer Tiefe von drei bis vier Metern auf goldhaltigen Sand stieß, der dann ausgewaschen wurde. Auch Bauern aus Tirol sollen dort gearbeitet haben.

Eduardo Siller, 1937 geboren, erzählt, dass sein Vater zu Anfang der 1940er Jahre etwa 15 Männer beschäftigte, die für ihn als Goldwäscher arbeiteten. Das Land gehörte einem gewissen Costa. In welcher Weise der am Geschäft beteiligt war, ist nicht bekannt. Jeweils am Samstag verkaufte Eduardos ältester Bruder das Gold und entlohnte die Arbeiter. Sebastião „Waschtl" Siller lebte damals mit seiner Familie noch in California. Durch das Goldgeschäft kam er schneller zu Geld als durch die Feldarbeit, bei der man stets ein Jahr bis zur nächsten Ernte warten musste. Vom Golderlös kaufte „Waschtl" Siller in Tirol zwei „Kolonien" zu je 30 Hektar, die er zusätzlich zu seinem Land in California bearbeitete. Eduardo besuchte in California zwei Jahre lang die Schule. Nachdem die Familie den Wohnsitz nach Tirol verlegt hatte, ging er nicht mehr zur Schule. Er wohnt bis heute

Eduardo Siller

auf einem Teil des Landes, das sein Vater aus dem Goldgeschäft einst gekauft hat.

Wie aus dem Lageplan der Kolonien von 1872 ersichtlich ist, war der Name „California" schon zur Einwanderungszeit üblich. Camilo Thomas erzählte einmal, dass dort ursprünglich drei aus Kalifornien zugezogene Brüder gewohnt hätten. Vielleicht waren sie nach dem Ende des Goldrausches um 1854 nach Brasilien gekommen. Da auch die umliegenden Siedlungsgebiete Suiça, Luxemburgo, Holanda und Tirol nach den Herkunftsländern ihrer Bewohner benannt sind, scheint diese Namensdeutung nicht unwahrscheinlich. Auch das Gebiet zwischen Tirol und dem „Schwarzen Felsen", wo sich die ersten Pommern niederließen, trug ursprünglich den Namen „Pomerania". California gehört ohne Zweifel zum ursprünglichen Einwanderungsgebiet der Tiroler und somit zur „Colônia Tirol". Zu den ersten Siedlern in California zählten Ingenuin und Ignaz Helmer, die sich 1859 und 1861 mit ihren Familien dort niedergelassen hatten. Heute leben in Tirol-California ca. 650 Menschen, von denen etwa 360 eine deutschsprachige Familientradition haben. Bis auf die wenigen in Tirol-California siedelnden protestantischen Pommern haben alle diese Familien ihre Wurzeln in Tirol, doch fast alle zählen neben Tirolern auch Rheinländer, Luxemburger oder Westfalen zu ihren Ahnen. Die meisten Angehörigen dieser Gruppen waren katholisch, sodass es zwischen ihnen und den ebenfalls katholischen Tirolern von Anfang an zu Mischehen kam, während sich der konfessionelle Unterschied zwischen den Tirolern und den protestantischen Pommern lange als Heiratsbarriere auswirkte.

Vom Leben in der alten Colônia Tirol

Paul Holzreiter aus München ist Schriftsteller, Fotograf, Drehbuchautor und technischer Designer. Er lebte Mitte der 1980er Jahre in der Colônia Tirol, zu einer Zeit also, als es dort weder einen Gasthof noch elektrisches Licht gab und die entwicklungspolitischen Kontakte mit Österreich noch nicht voll eingesetzt hatten. Holzreiter wohnte während seines Aufenthalts bei Luiz Nagel und dessen Familie; Nagel litt an einer durch einen Schlangenbiss verursachten Wunde am Fuß, die nicht verheilte. Im Dezember 1994 wurde er in Zams operiert, 1997 musste ihm im selben Krankenhaus der Fuß amputiert werden. Ein Jahr später starb er in der Colônia Tirol im Alter von 55 Jahren – einen Tag nach der Hochzeit seiner Tochter Dulcineia, die am 28. November 1998 in der Kirche von Dorf Tirol den Österreicher Hans Wechner geheiratet hat und seitdem in Österreich lebt.

Die lyrisch gehaltene Erzählung von Paul Holzreiter eröffnet dem Leser tiefe Einblicke in die Lebens- und Vorstellungswelt der alten Siedler. Sie zeigt darüber hinaus deutlich, dass man vor der Intensivierung der Kontakte mit Österreich nur eine sehr vage geografische Vorstellung von den europäischen Herkunftsländern der alten Kolonisten hatte. Dieser Umstand veranlasste einen Redakteur der „Tiroler Tageszeitung", die Tiroler der Colônia Tirol als „Menschen ohne Identität" zu charakterisieren. – Als literarisches Werk entspricht Paul Holzreiters novellenhafte Prosa selbstverständlich nicht in allen Einzelheiten der Wirklichkeit an seinem ehemaligen Aufenthaltsort.

„Wo Deitschland anfangt"
Es ist Nacht. Es regnet. Wenn es regnet, schweigt der Wald. Dann ist da nur das Prasseln auf den Blättern. Die Brüllaffen schweigen, die Hunde nehmen keine Witterung auf, die Gürteltiere und die Stachelschweine dürfen herumlaufen und sich ihres Lebens freuen. Die Schlangen legen sich nicht auf die Trampelpfade der Menschen. Die Menschen tragen ihre Schirme in der einen und die Taschenlampen in der anderen Hand.

Es ist kalt im Haus des Luiz Nagel. In dicken Strömen rauscht der Regen durch die Dachrinne. Die Männer sitzen noch am Tisch. Die Frauen drängen sich in der Dunkelheit um den Herd. Sie haben ihre schwarzen Bohnen noch nicht fertiggegessen und ihr Maniokmehl, das sie Farinha nennen. Da stehen sie, Teller in der einen und Gabel in der anderen Hand, stets ein Aug bei den Männern, ob es denen an nichts fehlt. Schwarze Bohnen und Farinha, immer das gleiche. „Es is ebbsch, des eim net ieber wird." Die Sprache ist einfach. Sie hat einen altertümlichen Klang. „Es ist etwas, das einem nicht über wird." Der Luiz steckt seine Maisstrohgedrehte an. Er setzt dazu seinen zerschlissenen Strohhut scharf in den Nacken, damit er mit der Kerosinfunzel nicht auch noch die Krempe seines Huts in Brand setzt. Die Söhne müssen sitzen bleiben, bis der Vater sie gehen läßt.

„Franz", sagt er auf einmal, da ich gerade meine Taschenlampe vom Fensterbrett nehmen und gehen will, und alles horcht auf, denn er spricht nicht oft bei Tisch. „Franz", sagt er zu mir, „was ich dich immer schon mal fragen wollte, das ist wegen die Wahlen am Samstag."

Der Hausherr hat gesprochen. Sodann stellt er mit ruhiger Hand und einer an Andacht grenzenden Behutsamkeit die Funzel zurück auf die Blechbüchse in der Mitte des Tisches, während er sich im Geist wahrscheinlich seine Fragen an mich zurechtlegt. Er hat seine Schnäpse schon intus, der Luiz, heute wohl wegen der Kälte und dem abscheulichen Regenwetter. An anderen Tagen gibt es andere Gründe. Ich lege die Taschenlampe zurück auf das Fensterbrett. Ein Tischgespräch gibt es hier nicht alle Tage. Die Frauen kommen aus dem Dunkel des Herds und räumen den Tisch ab, die Frau des Luiz Nagel, die eine geborene Schöpf ist, und seine Töchter.

Das Kalte Land ist gebirgig. Die Leute sind arm. Sie haben keine Maschinen. Sie pflanzen ihre Bohnen mit der Hand. Sie verfluchen die Alten, weil die sich das schlechteste Stück Land weit und breit ausgesucht haben. Die Alten wollten mit dem flachen Land nichts zu tun haben. Sie kamen aus Tirol.

Dies hier ist das kleine Seitental der Nagels. Sie bauen auch Maniok an, Bananen und Kaffee. Der Luiz hat sechs Kinder. Alle müssen mithelfen, aber sie schaffen gemeinsam nicht einmal so viel, wie der brasilianische Staat als Mindestlohn für einen einzelnen Arbeiter festgelegt hat, den Salário Mínimo.

Die Wahlen am Samstag werden die ersten seit zwanzig Jahren mit richtigen Parteien sein. Die Militärs in Brasilia haben aufgegeben. Das Land hat 100 Milliarden Dollar Auslandsschulden, der Cruzeiro drei seiner Nullen abgelegt und heißt jetzt Cruzado. Ich bewohne das winzige Häuschen, das noch der alte Wastl Siller gebaut hat, der Großvater des Luiz Nagel mütterlicherseits. Mit meiner Schreibmaschine klappere ich hinaus ins Tal der Nagels, wenn ich mich nicht gerade zurücklehne und den Wald betrachte. Ich zahle den Nagels für Kost und Logis. Schon hat das Tal einen kleinen Aufschwung genommen. Die Kinder tragen Plastiksandalen, wenn sie am Sonntag in die Kirche gehen. Der Luiz hat seinen Regenschirm nicht noch einmal repariert, sondern einen neuen gekauft.

„Mit der Wahl, Franz, das wollt ich dich immer schon fragen, wie das mit der Wahl ist und ob du auch zum Wählen gehst, das wollt ich dich fragen."

Die Funzel ist so eingestellt, daß ihr Licht gerade bis an den Rand des Tisches reicht. Wenn Gäste kommen, wird der Docht ein bißchen weiter herausgezogen. „Ich bin kein Brasilianer, Luiz, ich kann in Brasilien nicht zur Wahl gehen."

„Und in Deitschland? Ich hab gedacht, daß du vielleicht nach Deitschland zum Wählen gehst."

Es kommen nicht viele Leute ins Kalte Land, aber es hat doch den einen oder anderen Gescheiten darunter gegeben, und der Docht wurde ganz weit für ihn herausgezogen oder sogar eine zweite Funzel auf den Tisch gestellt. Mit diesen Leuten habe ich heftig darüber gestritten, ob man nun ganz genau bei der Wahrheit bleiben müsse, wenn es um den Luiz Nagel geht, oder ob ihm nicht mit einer einfacheren Form besser gedient wäre.

„Ich bin Österreicher", sage ich und weiß, daß ich damit nichts erkläre, sondern alles nur komplizierter mache. „Ich kann nur in Österreich zur Wahl gehen." Der Luiz denkt nach. Derweil stelle ich ein paar akademische Betrachtungen an über den Wert der Demokratie und über das Analphabetentum in Brasilien. „Ich versteh", sagt der Luiz schließlich enttäuscht, obwohl es ihm nicht neu sein kann, daß das mit meinem Land nicht so einfach ist, „und in diesem Land von dir …?"

Er wird den Namen meines Landes niemals aussprechen. Wo ich doch deutsch spreche, warum sollte ich nicht aus Deutschland kommen? Und Tirol, von wo die Alten sind? Es soll auch in diesem Land liegen? „Aber mir sein doch Deitsche, wo mir doch deitsch reden!" Peinliche Geographie. „Aber dort, wo du herkommst, Franz, dort in deinem Land, gibt's da keine Wahlen?"

„In Österreich? In Österreich gibt es auch Wahlen, aber nicht am Samstag. Die Wahlen am Samstag sind nur für Brasilien."

„Und in Deitschland, sind da Wahlen?"

„Aber Papai", mischt sich ein ungeduldiger junger Nagel ein, der schon etwas rascher denkt als sein begriffsstutziger Vater. „Wo der Franz doch schon sagt, daß er nicht von Deitschland kommt!"

„Nein", sage ich, „die Wahlen am Samstag sind nur für Brasilien. In Deutschland sind die Wahlen erst nächstes Jahr."

Der Regen rauscht. Die Frauen klappern mit den Tellern. Der Luiz muß seinen Glimmstengel wiederanstecken, bevor es weitergehen kann. Der ist inzwischen gefährlich kurz geworden. Er schiebt seinen Strohhut scharf in den Nacken. „Ja", sagt er dann, die rußende Funzel noch in der Hand, „ich versteh jetzt, wie's ist, Franz. Die Wahlen sind nur für Brasilien. Dort, wo Brasilien aus ist, ich mein, wo Brasilien zu End ist, da ist Schluß. Da, wo Deitschland anfangt, da ist was anderes. Ich versteh jetzt, wie's ist."

Er nickt bedächtig. Er ist mit sich zufrieden. Behutsam stellt er die Funzel zurück auf die Büchse in der Mitte des Tisches. Ich nehme meine Lampe vom Fensterbrett. Die Söhne dürfen gehen.

„Gute Nacht", sage ich.

„Gute Nacht", sagt der Chor der Nagels.

Links der Schirm und rechts die Taschenlampe. Der Regen prasselt. Der Weg zu meinem Häuschen ist nicht weit. Ich bin müde. Die Lampe ist schon schwach. Wenn es regnet, legen sich die Schlangen nicht auf die Trampelpfade der Menschen, hat der Luiz mir gesagt.

Aussteiger und Übersiedler in der Colônia Tirol

Seit 1993 haben sich die österreichisch-brasilianischen Kontakte in der Colônia Tirol intensiviert, sei es im Rahmen von Wirtschaftshilfeprojekten oder auf touristischer Ebene. Einige der Besucher haben in der Colônia Tirol Haus- und Grundbesitz erworben, den sie von Zeit zu Zeit in Anspruch nehmen. Von solchen Personen abgesehen, gibt es zwei Österreicher, die seit vielen Jahren ständig in der Kolonie leben. Sie sind unabhängig von irgendwelchen Projekten gekommen, um sich in Brasilien eine neue Existenz aufzubauen. Die zwei Männer sind beide mittleren Alters und ungefähr zur gleichen Zeit nach Brasilien eingereist. Das ist aber schon alles, was die ansonsten grundverschiedenen Charaktere miteinander verbindet.

Adolf Braun

Adolf Braun, Jahrgang 1962, lebt seit September 1995 in der Colônia Tirol. „Adolf Braun" ist nicht sein richtiger Name. Offenbar hat er sich das

Pseudonym als Ausdruck einer gewissen Nazi-Nostalgie zugelegt. Trotz seines provokanten Rufnamens wirkt der Mann auf mich friedfertig und harmlos. Bevor er nach Brasilien kam, hatte er in Tirol als Kutscher gearbeitet. Er mag Tiere und kann gut mit ihnen umgehen. Als er seinen Pferden „Pooh-Bags" an den Hinterteil binden sollte, hatte er genug von diesem Job. Auf der Suche nach einer freieren Welt kam er in die Colônia Tirol, wo er als kleiner Kaffee- und Bananenpflanzer ein einfaches Leben führen wollte. Die Tatsache, dass es dort deutschsprachige Siedler gibt, spielte bei der Entscheidung keine unwesentliche Rolle. Da die vom Land Tirol geförderte jüngste Entwicklung der Kolonie aber auch ihre Schattenseiten hat, fühlt sich Adolf Braun inzwischen gedrängt, „irgendwo in Südamerika eine neue und bessere Heimat zu suchen. Arbeit, Schweiß und Gottes Segen haben anscheinend nur mehr geringen Wert", stellt er enttäuscht fest.

Obwohl Braun in der kleinen Hütte, die er gekauft hat, „so ziemlich alles neu gemacht" und sogar WC und Dusche eingebaut hat, sind die Wohnverhältnisse äußerst bescheiden. Er ist von einer fast unbegreiflichen materiellen Anspruchslosigkeit. In dieser Hinsicht und auch wegen seiner religiösen Einstellung passt er zu den Siedlern alten Typs in der Kolonie. Der Wohnraum seines kleinen Häuschens war anfangs bis zum Dachgebälk offen. Als er einmal auf dem Bett lag und nach oben schaute, erblickte er über sich eine Schlange, was ihn sehr erschreckte. Auch die Schlange erschrak und begann zu rasseln. Sie war etwa zwei Meter lang, dick und von gelber Farbe mit schwarzer Zeichnung. Es war eine Carinana, die wie Klapperschlangen mit einer Schwanzrassel ausgestattet, aber nicht giftig ist. Trotzdem mied Adolf sein Bett tagelang.

Die folgenden Zeilen sind einem Gespräch entnommen, das ich im Februar 2006 mit Adolf Braun im Haus von Florian Thomas in der Colônia Tirol führte:

Schabus: Florian, bist du zufrieden mit deinem Nachbarn Adolf?
Thomas: Ja. Öfter redet er wie der Papa. Der hat immer geredet, wenn er allein gewesen ist. Der Adolf redet auch öfter mit sich allein. Überhaupt, wenn es schlecht geht. Beim „Foißen" [Roden] oder wenn die Sonne zu heiß ist. Aber er ist gut als Arbeiter, der Adolf.
Schabus: Adolf, machst du alles allein? Hast du keine Helfer?
Braun: Ganz, ganz selten.
Schabus: Verkaufst du auch etwas?
Braun: Naja, hin und wieder.
Schabus: Kannst du davon leben?
Braun: Schwach, schwach.
Schabus: Bist du ein Aussteiger?
Braun: Ja. Sozusagen.
Schabus: Bist du in Unfrieden geschieden aus deiner alten Heimat?

Adolf Braun vor seinem Hasenstall …

Braun (zögernd): Teilweise. Also: Ja, ja. Aber das hat hauptsächlich familiäre Gründe.
Schabus: Du kommst aus dem Burgenland?
Braun: Ja.
Schabus: Wie ist das mit deiner Aufenthaltsgenehmigung?
Braun: Ich bin als Tourist gekommen. Normalerweise kümmert sich niemand darum. Nach sieben Jahren habe ich einmal ein Problem gehabt, und da bin ich hinübergeflogen, und acht, neun Monate später bin ich wieder zurückgekommen. Das war zweitausendzwei/zweitausenddrei.
Schabus: Du bist aber jetzt wieder illegal?
Braun: Jaja.
Schabus: Du hast jetzt zehn Jahre lang eher unauffällig gelebt.
Braun: Ja. Zurückgezogen, ja. Ja, es kann sein, dass ich einmal heiraten tät'. Wenn ich verheiratet wär', dann könnt' ich das legalisieren, dann wär' das kein Problem.
Schabus: Du möchtest also eine Brasilianerin heiraten?
Braun: Ja. In dem Fall wäre das Legalisieren kein Problem.
Schabus: Wie sind die Aussichten hier?

… hinter seinem Häuschen

Florian Thomas (links) und Adolf Braun (rechts) in der Vende von Albertin Krüger in California

Braun: Naja, eher schwach.
Schabus: Wie alt soll sie sein?
Braun: Naja, zu alt wär auch nicht …
Schabus: Möchtest du Kinder haben?
Braun: Ja. Unter Umständen ja.
Schabus: Wie alt bist du?
Braun: Ich bin jetzt dreiundvierzig worden.
Schabus: Die Veränderung ist schon radikal. Allein vom Klima her.
Braun: Ja.
Schabus: Was waren die Dinge, an die du dich hier eher schwer gewöhnt hast?
Braun: Mh, könnt' ich jetzt nimmer so sagen. Vor Schlangen hab' ich halt ein bissl Angst gehabt. Hab' ich jetzt noch, aber nicht so. – Ja, es ist manchmal schon extrem hart, um die Mittagszeit muss man sich halt ein bissl verkriechen, ein paar Stunden. Weil es ist oft nicht zum Aushalten in den warmen Zeiten. Aber sonst … Man muss oft Geduld haben, weil es eine andere Mentalität ist, von den Leuten her. Ist halt alles irgendwie anders, die Arbeitsweise und alles.
Schabus: Was stört dich in Europa am meisten?
Braun: Na, es ist so beengend dort drüben, und so kleinkariert. Die Zukunft Europas schaut auch nicht rosig aus, wenn man bedenkt: Wir sind

aufgewachsen in diesem Kalten Krieg, in der Ost-West-Spannung, und man hat geglaubt, der Kommunismus ist für Europa eine gefährliche Bedrohung, aber jetzt, in den letzten Jahren sind viele draufgekommen … Und auch in der Kirchenzeitung liest man solche Ängste heraus. Das ist immer schon so gewesen, dass der westliche Kapitalismus, Materialismus, Liberalismus viel Zerstörungskraft hat. – Aber die islamische Bedrohung für Europa ist das, was das Ganze sehr gefährdet, das alte, christlich-abendländische Europa, ganz gleich, ob es sich um die Deutschen oder Franzosen oder sonst wen handelt. Aber Nordafrika und der Orient, der Kinderreichtum, den die Leute haben, und die Renaissance vom Islam. Und in Europa bei den vielen Kirchenaustritten und der Kinderarmut und nichts als Drogenmissbrauch und Sektenunwesen und lauter solchen Verrücktheiten, die Masseneinwanderung von den islamischen Ländern, das kann nicht gut gehen. Und drum denk' ich, in Europa – eine rosige Zukunft haben sie nicht dort drüben.

Schabus: Hier gibt es dafür die Bedrohung durch verwilderte Sitten. Mord- und Totschlag sind nicht gerade selten, es gibt Einbrüche, Raubüberfälle und so weiter.

Braun: Ja, aber es ist hier nicht so beengend wie in Europa.

Schabus: Hast du keine Angst vor einem Einbruch?

Braun: Nein. Vielleicht, wenn ich besser situiert wär'. Aber bei mir gibt's nichts Großartiges zu klauen.

Hubert Thöny

Hubert Thöny, Jahrgang 1957, stammt aus Nassereith in Tirol. Er war 1988 in Brasilien unterwegs und lernte in Rio de Janeiro Sueli kennen. Im Jahr darauf haben sie in Ingolstadt geheiratet. Neben seinem Beruf als Schweißer bei MAN in Ingolstadt war Thöny ein sehr erfolgreicher Schmetterlingssammler. Er hat damit schon als Kind in Nassereith begonnen und seine Sammeltätigkeit später auf ganz Europa und Teile Asiens ausgedehnt. Wegen der Schmetterlinge kam er 1996 mit seiner Frau für ständig nach Südamerika. Er sei nach Brasilien nur „übersiedelt" sagt er, denn „auswandern" wäre angesichts der heutigen globalen Mobilität nicht mehr der passende Ausdruck. Für die folgenden fünf Jahre wurde Suelis Heimatort Poté im Nordosten des brasilianischen Bundesstaates Minas Gerais zu Huberts ständigem Wohnsitz.

Von Poté aus entfaltete Hubert Thöny eine intensive Sammeltätigkeit in weiten Teilen Brasiliens, nicht zuletzt auch in der Colônia Tirol und deren Umgebung. Inzwischen ist er Urheber der weltweit größten Sammlung von Eulenfaltern und als Spezialist für Noctituden – so die wissenschaftliche Bezeichnung dieser Gattung – international bekannt. Das werde man bei der relativ kleinen Forschergemeinde in diesem Fach aber fast von selber, meint er bescheiden. Der größte Teil seiner Kollektion ist heute im Museum Witt in München untergebracht.

Von Poté aus fuhr Hubert viele Male die etwa 500 Straßenkilometer in die Colônia Tirol, wo Adolf Braun und Valdemiro Siller für ihn Schmetterlinge sammelten und in Kühldosen aufbewahrten. Sie machten Jagd auf alle Nachtfalter, weshalb Hubert alle fünf bis sieben Wochen zum Aussortieren in die Kolonie kommen musste. Bei diesen Aufenthalten logierte er stets in der Pousada, bis er den Gastbetrieb mit 20 Betten im Jänner 2001 pachtete und sich mitsamt der Familie in der Colônia Tirol niederließ, zumal seine Abnehmer inzwischen mit allen in der Gegend vorkommenden Schmetterlingsarten versorgt waren. Ende 2006 kündigte er den Pachtvertrag und führt seither mit Sueli die von österreichischen Freunden errichtete Pousada der „Fazenda Ecologica do Tirol". Das Haus hat angenehme Zimmer, eine geräumige Veranda, einen großen Fischteich, und Sueli hat zu Recht den Ruf einer ausgezeichneten Köchin.

Das Dorf Tirol hatte Hubert Thöny schon im ersten Jahr seines Brasilienaufenthalts besucht. Dabei war ihm aufgefallen, dass die Natur dort „trotz allem" in einem guten Zustand war. Das merke ein Schmetterlingssammler daran, dass es in der Gegend tausende von verschiedenen Schmetterlingsarten gibt. Thöny war begeistert. Außerdem konnte er in Dorf Tirol mit vielen Leuten Deutsch reden, denn damals war sein Portugiesisch noch nicht so weit wie heute. Mit Camilo Thomas, Geraldo Thomas, Tarcizio Thomas oder Valdemiro Siller sprach er wie selbstverständlich in seinem gewohnten Tiroler Dialekt.

Als Hubert Thöny ab 1996 immer wieder als Gast in die Pousada kam, stand der aus Mitteln der Wirtschaftshilfe des Landes Tirol errichtete Gasthof im Eigentum der Agritical, der damals einzigen Genossenschaft in der Colônia Tirol. Zur Führung des Gastbetriebs bestellte die Genossenschaft einen Pächter; Geraldo Thomas war der erste. Nach ihm wurden in wenigen Jahren vier oder fünf weitere Pächter „verbraucht", die im Gegensatz zu Geraldo Thomas nur mäßig erfolgreich waren. Im Dezember 2000 trug die Genossenschaft Hubert Thöny die Führung der Pousada an. Bei der Wiedereröffnung bemerkte man eine gewisse Aufbruchstimmung, die Mitglieder der Agritical waren zuversichtlich, dass der welterfahrene und eloquente Thöny, der sozusagen fast ein Landsmann von ihnen war, den Betrieb wieder in Schwung bringen werde. Auch schätzte man, dass Thöny aus Österreich kam und in Tirol einflussreiche Leute kannte. Thöny verhandelte für seinen Pachtvertrag eine Laufzeit von zehn Jahren aus. Da die Pousada über keine Wohnung verfügte, verlangte er das Wohnrecht im Obergeschoss der von der Reuttener „Hilfsorganisation Dorf Tirol" neu

Hubert Thöny und seine Frau Suelí

errichteten Krankenstation. Auch diese Forderung musste der Vorstand akzeptieren, denn die Reuttener hatten sich bei der Übergabe der Krankenstation an die Agritical das Recht vorbehalten, Mitglieder der Hilfsorganisation oder Personen, die die Hilfsorganisation namhaft macht, dort gratis unterzubringen.

Hubert Thöny ist von ideologieferner, unverkrampfter Art. Als Gesprächspartner ist er witzig und versteht es, die Dinge pfeilgerade auf den Punkt zu bringen. Vorurteilsfreies, pragmatisches Denken und schnelle Auffassungsgabe lassen ihn als Geschäftsmann rasch erkennen, wo für beide Partner Vorteile zu lukrieren sind. Mit diesen Eigenschaften und einer gewissen Härte im Auslegen von gesetzlichen Rahmenbedingungen irritierte er jedoch bald manchen in der Colônia Tirol. Wegen des wachsenden gegenseitigen Misstrauens wurde in der Folge manches vernünftige Projekt blockiert. So waren sich beispielsweise die Agritical als Eigentümer der Pousada, Hubert Thöny als deren Pächter und das Land Tirol als Geldgeber einig, den Gasthof um einen Zweibettzimmertrakt zu erweitern, weil der bestehende Bau nur vier Räume (mit jeweils vier bis fünf Betten) bot, die ursprünglich als großzügig bemessene Doppelzimmer geplant waren und bei Bedarf mit vier oder fünf Personen belegt werden konnten. Inzwischen waren Reisegruppen mit bis zu 25 Gästen aber keine Seltenheit mehr, sodass der Ausbau der Pousada unumgänglich schien. Thöny wollte 50 Betten zusätzlich. Mit dem Land Tirol, das den Bau eines „Hotels" ablehnte, einigte man sich schließlich auf eine Erweiterung um acht Doppel- und zwei Einzelzimmer. Baumeister Michael Perfler aus Zirl in Tirol, der schon die bestehende Pousada unentgeltlich geplant hatte, entwarf den Zubau, und Gerhard Renzler sollte der Bauleiter sein. Thöny erfuhr dies von Renzler persönlich, als dieser in der Karwoche 2002 mit einer Reisegruppe Dorf Tirol besuchte. Damals verkaufte Geraldo Thomas das Areal mit dem „See" vor der Pousada, der nach Thönys Meinung für den geplanten Ausbau des Gasthofs jedoch von wesentlicher Bedeutung war. Ursprünglich hätte er unter der Bezeichnung „Achensee" als Freibad adaptiert werden sollen, an seinem Ufer waren ein Kinderspielplatz und andere Freizeiteinrichtungen geplant.

Die von Hubert Thöny geführte Pousada auf der Fazenda Ecológica do Tirol

Nach dem Verkauf des Sees war Thöny am Ausbau des Gasthofs nicht mehr interessiert, weil er keine Möglichkeit sah, ein größeres Haus unter den gegebenen Umständen mit Gästen zu füllen – was Thöny den Vorwurf einbrachte, er würde den Geldfluss aus Tirol zum Schaden der Genossenschaft und auf Kosten der touristischen Entwicklungschancen der Region unterbinden. Unter solchen Voraussetzungen musste die Zusammenarbeit zwischen Hubert Thöny und der Genossenschaft Agritical früher oder später scheitern. Thöny bedauert, dass die Tiroler als Geldgeber (im Gegensatz zu den Reuttenern) den von ihnen errichteten Gasthof in das Eigentum der Agritical übertragen hätten, ohne mit der Genossenschaft ein Mitspracherecht bei Führung und Gestaltung des Tourismusbetriebs zu vereinbaren. Gerhard Renzler erinnert jedoch daran, dass ursprünglich ausgehandelt worden war, das Gasthaus wie ein Haus des Österreichischen Alpenvereins zu führen – demnach hätten die Einnahmen aus der Vermietung der Schlafplätze an die Agritical, der Reinerlös aus dem Betrieb des Gasthauses an den Pächter fallen sollen. Erst der von der Agritical mit Hubert Thöny geschlossene Zehnjahres-Pachtvertrag habe ein Abgehen von den ursprünglich getroffenen Vereinbarungen bedeutet.

Hubert Thöny und seine 8.000 Kaffeesetzlinge

Gesundheitswesen

Landwirte werden in Brasilien gratis behandelt, es werden keine Beiträge eingehoben; Medikamente müssen hingegen privat bezahlt werden. Das nächste Krankenhaus befindet sich in Santa Leopoldina. Für europäische Begriffe handelt es sich dabei mehr um eine Art Erste-Hilfe-Station, denn für schwerere Krankheitsfälle ist man auf die Krankenhäuser in Vitória angewiesen. In Dorf Tirol gibt es seit 1996 die von der Reuttener „Hilfsorganisation Dorf Tirol" errichtete Krankenstation, die im Rahmen des Programms „Saúde Familiar" (Gesundheit für alle) genutzt wird. Die Gemeinde Santa Leopoldina beschäftigt mehrere Agentes de Saúde (Gesundheitsbeauftragte); sie besuchen die Familien, um festzustellen, wer ärztliche Hilfe braucht. Der Siedlung Tirol-California ist eine Gesundheitsbeauftragte zugeteilt, die ihre Sprechtage in der Krankenstation abhält. In regelmäßigen Abständen wird die Krankenstation tageweise von einem Allgemeinmediziner oder einer Krankenschwester besucht. Auch Zahnbehandlungen werden durchgeführt.

Die medizinische Grundversorgung ist somit gegeben, eine chronische Erkrankung kann im Rahmen dieser Mindestversorgung jedoch nicht finanziert werden. Da den Leuten das Geld für Behandlungen durch Spezialisten und für teure Medikamente fehlt, kommt es vor, dass Ärzte manchmal Patienten gratis behandeln. Sehr oft ist es aber so, dass ein Kolonist, der einem erkrankten Familienmitglied die aussichtsreichste medizinische Versorgung ermöglichen möchte, sehr schnell in die Schuldenfalle gerät. Beispiele für in Eigenregie organisierte Selbsthilfe im Gesundheitsbereich sind der „Schlangendoktor" und die „Schlangenkasse".

Im brasilianischen Gesundheitswesen wurden in den letzten Jahrzehnten spürbare Fortschritte erzielt. Auch angehende Mütter werden heutzutage von einer Agente de Saúde (Gesundheitsbeauftragten) betreut, und es gibt eine Mütterberatung. Trotzdem kann sich eine medizinische Notfallsituation immer noch dramatisch gestalten, sogar dann, wenn sie nicht völlig unvorhergesehen über die Leute hereinbricht. Oft sind es die immer noch völlig unzulänglichen Verkehrswege, die in Verbindung mit einem plötzlich eintretenden tropischen Starkregen die Menschen vor große Probleme stellen können. Die nach wie vor ungelöste Problematik der Krankentransporte zeigt das Beispiel von Bernardino Helmer, Jahrgang 1935, der an Darmkrebs erkrankte. „Weah hån i khuan ghåp", erinnert er sich, „i hån ploß ånkfonk auspluäte, net. Gråd wiä man so Durchfåll håt, net. Bis sie mich zun Doktor geprink håbm – da war i schun ganz auspluät, und då håbm sie schon gsågt, der Bernhard kommt bloß heim mit dem Sarg." [Schmerzen hatte ich keine. Ich habe bloß angefangen zu bluten, als hätte ich Durchfall. Bis man mich zum Arzt gebracht hat, war ich

Die Krankenstation Dona Martha Giesen Nagel

fast verblutet, und alle haben befürchtet, der Bernardino kommt im Sarg wieder.] Trotz des hohen Blutverlusts während des langen Transports hat Bernardino überlebt. Trotz des künstlichen Darmausgangs hilft er wieder beim „Culto-Machen" in der Kirche. Doch jetzt hat Helmer einen Tumor an der Leber, und „die Doktorei, das nimmt ja kein Ende. Alle Monat muss ich gehen, sonst kommt die Krankheit schneller zurück", erläutert er. Jedes Mal, wenn er zum „Kimi-Machen" [zur Chemotherapie] nach Vitória muss, bringt ihn einer seiner Söhne mit dem Motorrad zu der Stelle, an der er in einen LKW „umsteigt", der ihn bis Santa Leopoldina mitnimmt; von dort geht es in zwei Etappen mit dem Autobus „bis zum Doktorhaus" im Stadtteil Maroipe. Im „Albergue Martin Luther" kann Helmer kostenlos logieren, wenn er eine ärztliche Verschreibung für Untersuchungen oder Therapien bekommt. „Da bleiben die Leute alle, wo krank sind. Da tun sie mir gut behandle, die Frau, die kocht gutes Essen, da ist Milach, Kaffee da den ganzen Tag, da sein Früchte." In diesem oft mit Patienten überfüllten protestantischen „Pommerhaus" fühlt sich der Katholik mit Tiroler Wurzeln „gråd wi dahuam".

Manchmal, wenn er auf die Untersuchungsergebnisse lange warten müsste, zahlt sich Helmer den „Isámi" (portug. *exame*, Untersuchung) lieber selbst. Da weiß er schneller, wie er dran ist. „Sonst nimmt die Krankheit überhand", fürchtet er. Auch für die Fahrtkosten muss Bernardino Helmer selbst aufkommen. Seine Pension betrug im Februar 2006 die damals als

„Posentát" (portug. *aposentado*, im Ruhestand sein) üblichen 300 Reais, umgerechnet karge 120 Euro. Damit könnte er sich die Behandlungen nicht leisten. Andere finanzielle Unterstützungen erhält er keine, sogar für die Mitnahme auf dem Motorrad muss er Benzingeld zahlen. Deshalb arbeitet Bernardino Helmer immer noch selbst auf dem Feld. – Selbst in dieser prekären Situation kommt für ihn ein Landverkauf nicht in Frage: „Ich könnte Land verkaufen, aber ich tu es nicht. Mein Großpapa hat es nicht verkauft, und mein Papa auch nicht."

Fürsorge

Wenn Kinder zu Waisen wurden oder aus problematischen Verhältnissen stammten, wurden sie zumeist von Verwandten aufgenommen. Camilo Thomas zum Beispiel hat bald nach seiner Heirat einen Buben aufgenommen – Camilos ältestes Kind, Geraldo, war sieben Jahre jünger als dieser Arnaldo, der Sohn von Camilos Halbschwester und deren erstem Mann. Arnaldo war Bettnässer, weshalb man ihn ins Wasser werfen wollte, was man für ein probates Mittel gegen dieses Problem zu halten schien. Arnaldo verstarb schließlich mit 19 Jahren an einem Nierenversagen.

In der Dr.-Alois-Partl-Schule

In einem anderen Fall war die leibliche Mutter des aufgenommenen Kindes zugleich dessen Halbschwester oder Tante, so genau weiß man das nicht. Jedenfalls war sie „kripplig und blind", also stark behindert. Der Vater und die Brüder hatten sie pflegen müssen, und davon war sie schwanger geworden. Der zuständige Kirchenvorsteher bemühte sich in der Folge um eine Unterbringung des Kindes, und der Sohn kam zu einer in ärmlichen Verhältnissen lebenden Tirolerin.

Ein weiteres Beispiel für private Fürsorge ist Florian Rofner, der von Rosa Erlacher aufgezogen wurde. Deren Mann, der Brasilianer Alfonso Corrêa Santana, hat neun Kinder mit in die Ehe gebracht und mit Rosa Erlacher weitere neun Kinder gezeugt. Dazu hat Rosa Erlacher vier fremde Kinder aufgezogen, von denen eines Florian Rofner ist. Von den 18 eigenen Kindern leben heute noch zehn, eines davon ist Lourdes, die Frau von José Schaeffer.

Schule und Erwachsenenbildung

Wegen des weiten Schulwegs und weil die meisten Eltern auf die Mithilfe der Kinder auf dem Pflanzland angewiesen waren, besuchte Florian Thomas (Jahrgang 1946) nur an drei Tagen in der Woche die Schule – und das nur drei Jahre lang. In anderen Familien, wie etwa in der von Valdemiro Siller (Jahrgang 1941) oder Lisbet Helmer Walcher (Jahrgang 1952), wurde unter solchen Umständen auf den Schulbesuch überhaupt verzichtet. Die in den 1920er Jahren Geborenen erfuhren, sofern sie zur Schule gingen, den Unterricht noch auf Deutsch und lernten deutsch lesen und schreiben. Florians Vater las deutsche Kalender, die er sich von den Geistlichen auslieh, und Florians Mutter, eine geborene Schöpf, benützte eine deutsche Bibelausgabe.

Noch im Jahr 1992 war bei der Landbevölkerung der Besuch einer Oberstufe nicht üblich, denn in der „região serrana" (Bergregion) gab es keine gesetzliche achtjährige Schulpflicht. Deshalb beendeten die meisten Kinder mit zehn Jahren die Schulausbildung und mussten ihren Eltern bei der Feldarbeit helfen. Seit zwölf Jahren besteht in Brasilien jedoch eine generelle achtjährige Schulpflicht. In Dorf Tirol gibt es im Ortsteil Alto Tirol eine Grundschule für Sechs- bis Zehnjährige und eine weitere neben der Kirche (Partl-Schule). Eine Oberstufe wird in Tirol-California nicht geführt. Die nächste Schule für Zehn- bis 14-Jährige befindet sich in Holanda. Während es bis vor kurzem die Möglichkeit gab, die Oberstufe nur jeden Samstag zu besuchen und in der übrigen Zeit den von der Schule vorgegebenen Stoff zu Hause selbstständig zu lernen, ist der tägliche Vormittagsunterricht jetzt für alle acht Schuljahre verpflichtend. Eine weiterführende Schule (Segundo Grau) gibt es in Domingos Martins und Holanda. Diese Ausbildung kann auch im Abendunterricht absolviert werden.

Deutschunterricht

Bis vor einigen Jahren gab es Deutschunterricht nur an der „Dr.-Karl-Ilg-Schule" in Alto Tirol. Dort nahmen zu Beginn des Sommerhalbjahrs 2006 noch acht bis zwölf Schüler im Alter von etwa zwölf bis 20 Jahren teil. Der Unterricht fand jeweils am Samstagabend statt und wurde von Kindern und Erwachsenen gleichzeitig besucht. Seit einigen Jahren wird auch in der „Dr.-Alois-Partl-Schule" genannten Volksschule neben der Kirche von Tirol Deutsch unterrichtet. Im Februar 2006 waren in dieser Schule etwa 40 Schüler mit unterschiedlichen Vorkenntnissen angemeldet. Samstagnachmittags wird in derselben Schule Deutsch für Erwachsene unterrichtet. Um die schulbehördliche Anerkennung des Deutschunterrichts in Dorf Tirol hat sich Frau Dr. Doris Kloimstein aus St. Pölten Verdienste erworben.

Den Deutschunterricht hält seit 1997 der einheimische Lehrer José Martins Siller Schaeffer aus Recanto do Tirol (Tirol-Winkel). Bei seiner schwierigen Aufgabe wird er fallweise von Lehrkräften aus Österreich unterstützt, im Jahr 2006 zum Beispiel von Gerald Pfleger aus Niederösterreich. „Deutsch unterrichten tut man sehr gern, und man tut, was man kann, gell. Perfekt is niemand, es ist immer jemand, was besser kann, sagt man, aber was man kann, versuch ich." Schaeffers Resümee klingt bescheiden und fast entschuldigend, obwohl er in Dorf Tirol zweifellos die geeignetste Person für dieses Geschäft ist.

„Grupo Tirol"

Camilo Thomas übte als Deutschlehrer und Theatergruppenleiter mit seinen Zöglingen gern auch Lieder ein. Mit viel Idealismus widmete sich in den 1990er Jahren auch die Innsbrucker Lehrerin Elisabeth Pendl der Musikerziehung im Dorf Tirol. Bei ihren zwei Reisen in die Kolonie hat sie ein Keyboard und Flöten mitgebracht. Das Engagement des Innsbrucker Ehepaars Elfi und Heinz Stecher für Gesang und Volkstanz in der Colônia Tirol verdient ebenfalls hohe Anerkennung. Unter der Leitung des Vilser Entwicklungshelfers Klaus Lanser ließ das gemeinsame Singen schließlich eine auch öffentlich auftretende Singgruppe entstehen, den „Grupo Tirol". Klaus Lanser brachte im Sommer 1995 seine Gitarre und selbst zusammengestellte Liederbücher in die Colônia Tirol. Geraldo Thomas, dessen Frau Edinete, Vital Thomas, Camilo Thomas und er hätten begonnen, wöchentlich zusammen zu singen – auch viele Junge hätten regelmäßig teilgenommen. Man habe Tiroler Lieder gesungen, aber auch von alten Schlagern seien alle begeistert gewesen, erinnert er sich. „Camilo sorgte dafür, dass wir bei Festen in der Umgebung auftraten. Auch in der Hauptstadt Vitória sangen wir, im Einkaufszentrum zum Beispiel und in einer großen brasilianischen Schule vor 300 bis 400 Schülern. Der Governeur unterbrach sogar eine Sitzung mit Bankleuten, damit wir in Tracht und Dirndln ihnen drei Tiroler Lieder zum Besten gaben. Auch wenn Besuchergruppen aus Österreich die Colônia Tirol besuchten, sangen wir unsere Lieder. Zum Schluss hatten wir ein großes Repertoire. Begleitet wurden die Lieder meist von Gitarren, die Vital und ich spielten, sowie von Naldi Giesen, der auf seiner ‚Steirischen' [Ziehharmonika] dazu spielte. Interessant war, dass Naldi keine Noten kannte und alles nach Gehör einstudierte."

Nach Klaus Lanser übernahm Hubert Thöny die Leitung des „Grupo Tirol", für den die Singgruppe ein wichtiges Werbeinstrument für den von ihm gepachteten „Gasthof Tirol" gewesen wäre – Streitigkeiten führten jedoch zur Auflösung des „Grupo Tirol".

Trachtengruppe mit Lehrerin Penha

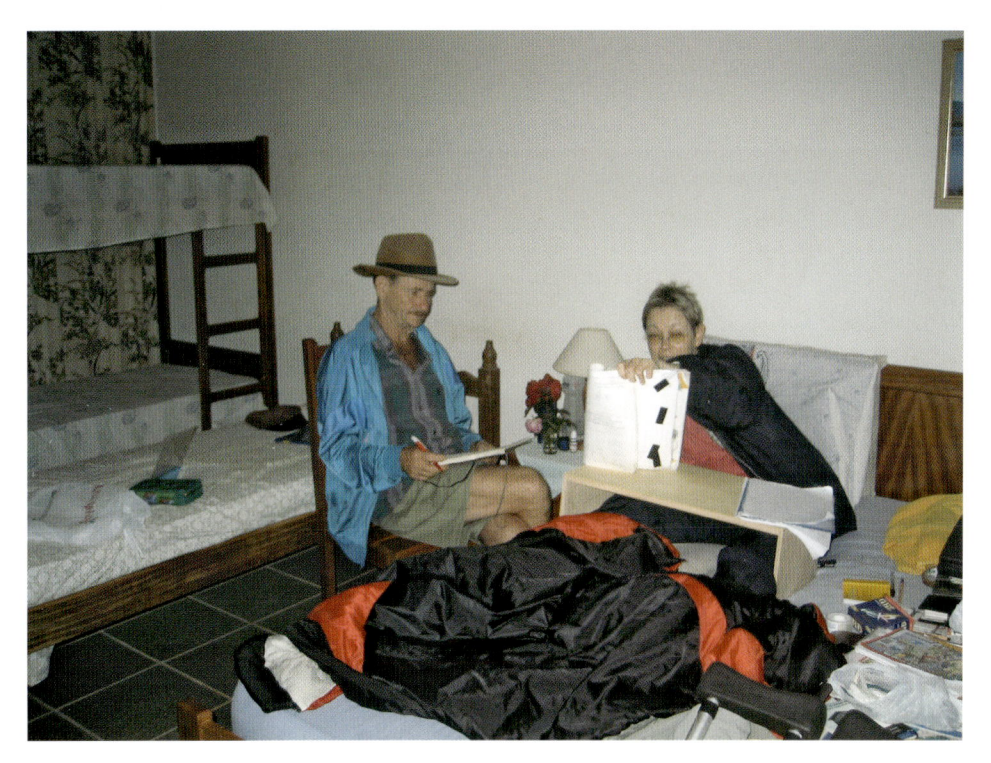

Doris Kloimstein unterrichtet Valdemiro Siller vom Krankenbett in Deutsch.

Auch der Niederösterreicherin Doris Kloimstein war während ihrer Aufenthalte in der Colônia Tirol neben dem Deutschunterricht das Singen stets ein wichtiges Anliegen. Dabei wurden vor allem österreichische und Tiroler Volkslieder einstudiert. Ein besonders günstiger und aktueller Anlass für das Abhalten von Singkursen ergab sich durch die im Jahr 2007 anstehenden Feiern zum 150-jährigen Gründungsjubiläum der Kolonie. Im Juli 2007 leitete Doris Kloimstein einen Kurs für Erwachsene in Leopoldina und zwei Kurse für Kinder und Jugendliche in der Partl-Schule. Das Einüben der Lieder unterstützte die österreichische Pianistin Lieselotte Theiner auf einem Keyboard.

Als Saisonniers in Österreich

Engagierte Deutschlehrer und Erwachsenenbildnerinnen wollen verständlicherweise mehr als nur eine dürftige mündliche Sprachkompetenz vermitteln. Erfolgreich fühlen sie sich erst, wenn ihre Schüler Freude daran zeigen, sich auch schriftlich mitzuteilen, und über den Sprachunterricht ein allgemeines Interesse an Bildung und die Neugierde für eine andere Kultur entwickeln.

In der Colônia Tirol gibt es viele junge Leute, die nach Österreich reisen möchten, um dort zu arbeiten und etwas Geld anzusparen. Da der Verein „Tirol-Brasil" nur Personen mit Deutschkenntnissen an österreichische Betriebe vermittelt, besuchen die „Österreich-Anwärter" vor der Abreise den Deutschunterricht, in Österreich erwerben sie sich dann im Umgang mit den Einheimischen in kurzer Zeit eine erstaunliche Dialektkompetenz. Doris Kloimstein stellte fest, dass die aus Österreich zurückgekehrten Saisonarbeiter zu Hause wieder mehr Tirolerisch sprechen. Die intensiven Kontakte, die das Dorf Tirol auf wirtschaftlicher und touristischer Ebene mit Österreich unterhält, erfordern jedoch auch in Brasilien eine Kommunikation in Schriftform. Weshalb es in der Agritical jemanden geben sollte, der den notwendigen Schriftverkehr auf Deutsch zu bewältigen in der Lage ist.

Sie arbeiteten als Saisonniers in Tirol: Vanderlei Siller, Vanirio und Valerio Helmer (oben, von links), Vilmar Lichtenheld und Viviania Thomas (Mitte), Geraldo Holz Filho und Fatima Thomas sowie Sonia Siller und Augusto Elias (unten, von links).

Tirolisch-brasilianische Zeitgeschichte

Geraldo Thomas

Geraldo Thomas, Olgas ältester Sohn, lebt mit seiner Frau Edinete und dem zwölfjährigen Sohn Raphael in Santa Leopoldina. Das Tirolerische der Colônia Tirol ist die Muttersprache des wortgewandten jungen Mannes. Daneben spricht er fließend Hochdeutsch, Portugiesisch sowieso. Vor Jahren hat er in Santa Leopoldina Deutsch und in Holanda Englisch unterrichtet. Er ist weit gereist, kennt Wien, Vorarlberg und natürlich Tirol. Er ist 1967 in Alto Tirol geboren worden, in dem kleinen Häuschen seines Vaters am Rand des Urwalds. Dort ist Geraldo aufgewachsen, in dieser eher kleinen, grünen Mulde, hinter der sich zahllose andere kleine und größere bewaldete Mulden in den Weiten des riesigen Landes verlieren. Für das Kind endete die Welt an den Kämmen der die eigene kleine Vertiefung umgebenden Hügelketten. Und das Kind fragte sich oft, wie es hinter diesen Hügeln wohl aussehen mochte, ob dahinter andere Menschen lebten und wie diese aussehen könnten. Eines Tages sei der inzwischen verstorbene „Bruder" zu Besuch gekommen, erzählt Geraldo. Dieser sei ein Cousin gewesen, doch sie hätten immer nur vom Bruder gesprochen. Geraldo habe ihn gefragt, wo er herkomme. Er sei beim Nachbarn gewesen, gab der zur Antwort – das war dort, wo heute Valdemiro Siller wohnt. Das interessierte den kleinen Geraldo besonders: „Wiä schaugn denn diä aus?", wollte er wissen. „Wiä legn sik denn diä un?" Heute wissen die Kinder, wie die Nachbarn aussehen und wie sich diese anziehen, denn heute führt zu jedem Hof ein Weg, die Leute sind mobiler geworden, viele besitzen ein Motorrad. Doch Valdemiro Siller ist in Richtung California immer noch der nächste Nachbar Olgas. Zu Fuß braucht man eine halbe Stunde bis zu ihm.

Geraldo meint, dass die Leute sehr misstrauisch gewesen seien. So habe seine Großmutter Martha Giesen eine Figur gebastelt, die einem Menschen täuschend ähnlich sah, der Figur einen Hut aufgestülpt und diesen „Mann" auf die Veranda gesetzt. Habe man festgestellt, dass sich trotzdem jemand dem Hause näherte, habe man zunächst einmal nur durch einen Spalt hinausgeschaut. Stand der Fremde schließlich vor dem Haus, habe jeweils nur einer aus der Familie und natürlich aus der Deckung des Inneren des Hauses heraus Kontakt mit ihm aufgenommen. Erst wenn dieser eine aus der Familie aus dem Haus getreten sei und mit dem Fremden freundlich geplaudert habe, hätten sich auch alle anderen aus der Behausung gewagt, von denen der Besucher zuvor nicht das Geringste zu sehen oder zu hören bekommen habe.

Während Geraldo spricht, kommt mir die weite Streusiedlung in den Sinn, durch die ich gekommen bin, die nach außen abgeschirmten Geländevertiefungen, die isolierten Lagen der Hofstellen, und ich erinnere mich an manches von dem, was mir Geraldos Vater Camilo vor Jahren berichtete. Es waren überlieferte Geschichten, die da erzählt wurden und die das oft extreme Verhalten zum Inhalt hatten, das von manchen Siedlern an den Tag gelegt wurde.

Nach Südamerika auszuwandern, war in den 1850er Jahren für arme Leute ein extremer, nicht umkehrbarer Schritt. Unter den Auswanderern mag auch manch eigenwilliger Charakter gewesen sein; und in der weiten Streusiedlung konnten sich auch problematische Anlagen frei entfalten. Die Polizei war weit weg, lange fehlte in der Kolonie auch die geistliche Autorität eines Seelsorgers. Es gab keine unmittelbaren Nachbarn, damit keine soziale Kontrolle und für manchen daher wohl auch keine Schranken und keine Hemmungen. „In seinem Reich ist der Kolonist Alleinherrscher", stellte 1938 auch der deutsche Autor Siegfried von Vegesack fest. In der eigenen Familie konnten auch fragwürdige Charakteranlagen fast ungehindert ins Kraut schießen und die bizarrsten Auswüchse zeitigen. Die Berichte über solche Fälle gehören seit jeher zum Standardrepertoire der Tiroler Erzähltradition. Inzwischen hat sich dieses Repertoire um einige spektakuläre Fälle erweitert.

Viele Morde geschehen in Brasilien aus Eifersucht. Auch ein junger Entwicklungshelfer aus Österreich erhielt Morddrohungen, nur weil er mit einem Mädchen geflirtet hatte. Vor dem Hintergrund des historisch bedingten Frauenmangels in einem Einwanderungsgebiet sind solche Fälle aber geradezu „verständlich". Von einem ganz anderen Kaliber ist der Kriminalfall, der sich 2002 ereignete. Da wurde eine ganze Familie ausgerottet: Großeltern, Eltern und die zwei Töchter im Alter von 16 und 18 Jahren. Man sagt, der Bürgermeister des Munizipiums, ein Deutschstämmiger, sei in den Fall verwickelt gewesen. Er habe die Stadt Santa Leopoldina in die Richtung hin, wo die Straße nach Santa Teresa führt, ausbauen wollen, und just dort sei eine „Fazenda" dem Projekt im Weg gestanden. Deren Besitzer, ein Pommer, habe sein Land an die Gemeinde verkaufen wollen, auf dem jedoch eine von ihm beschäftigte Arbeiterfamilie lebte, und diese Leute hätten Anspruch auf eine Abfindung beziehungsweise auf die Nachzahlung von Sozialabgaben gehabt. Die Familie habe 30.000 Reais gefordert, der Grundbesitzer aber nur 5.000 geboten. Drei überführte Täter sind angeblich zu je 30 Jahren Haft verurteilt worden. Der ehemalige Bürgermeister als mutmaßlicher Mittäter soll in einem anderen Ort unter Hausarrest leben.

In all den Fällen, von denen man erzählte, kam bis dahin kein Tiroler vor. Diese scheinen erst seit 2003 in der Kriminalstatistik auf, und das gleich in ziemlich spektakulärer Weise – jedoch nicht als Täter, sondern als Opfer. Das Opfer war Tarcizio Eduardo Thomas, der am 21. September 2003, einem Sonntag, im Dorf Tirol ermordet wurde. Er war der mittlere Sohn Olgas und der um eineinhalb Jahre jüngere Bruder Geraldos. Tarcizio war damals Präsident der Agrargenossenschaft Agrical und richtete in der Funktion des Gastgebers das Ingwerfest aus. Das Fest fand in Alto Tirol statt, auf dem Platz vor dem Haus, in dem Olga heute noch wohnt. Tarcizio lebte im alten Haus von Florian Thomas, das etwa 150 Meter unterhalb des Festplatzes liegt. Dort hatte er für sich und Viviania eine Wohnung hergerichtet, denn er und Alda hatten sich auseinandergelebt. Er und Viví hatten beim Ingwerfest viel zu tun und verließen den Platz, bevor die letzten Besucher gegangen waren.

Es war kurz vor halb zwölf, als Tarcizio mit dem Motorrad, Viví auf dem Rücksitz, nach Hause fuhr. Beim Zaungatter vor Florians Hof musste Tarcizio anhalten. Da fielen plötzlich zwei Schüsse aus dem Hinterhalt, von denen schon der erste tödlich gewesen sein muss. Trotzdem wurde dem Sterbenden mit einem dritten Schuss aus nächster Nähe in den Kopf geschossen. „Es war eine Hinrichtung", stellt Geraldo, der bei der Obduktion dabei sein musste, fest.

Nach Tarcizios Tod war Vater Camilo – zeit seines Lebens ein lustiger Mensch, der die Angewohnheit gehabt hatte, mit schalkhaftem Lächeln alle Leute, auch Brasilianer, zunächst auf Deutsch anzureden – wie ausgewechselt. Nach dem Mord verspürte er keine Freude mehr am Leben. „Es gibt nichts mehr zu feiern", sagte er oft. Er wurde schwer krank und starb am 23. September 2005, fast auf den Tag genau zwei Jahre nach Tarcizios Tod. Auch für Hubert Thöny, den Wirt von Alto Tirol, ist seit damals nichts mehr, wie es einmal war. Thöny arbeitete in der Pousada und wohnte im Obergeschoss der Krankenstation. Zu ihm flüchtete sich in der Mordnacht die am ganzen Leib zitternde Viví, denn bei Thöny gab es ein Telefon.

Zu Gast in der Pousada

Zu Jahresbeginn 2006 war eine neue Bluttat geschehen – in Melgáço im Nachbarbezirk Domingos Martins. Zwei junge Männer hätten tagsüber mit der Motorsäge gearbeitet und anschließend in der Vende getrunken, wurde erzählt. Dann habe der eine den anderen mit dem Motorrad nach Hause gebracht, diesen vor den Augen der Eltern erschossen und ihm mit dem Buschmesser den Schädel zertrümmert. Auch viele Einbrüche in Häuser gab es, seit die Wege etwas besser geworden waren. Über die Hintergründe von Tarcizios Ermordung kursierten wilde Gerüchte. Darin spielten angeblich sogar Macumba-Riten eine Rolle.

Inzwischen ist es wieder Abend geworden. Ich bin der einzige Gast in der Pousada und sitze auf dem Balkon vor meinem Zimmer am Teich. Zikaden, der Lockruf eines Ochsenfrosches, tausendfaches unergründliches Leben ringsum. Ich erinnere mich an die Schlange, die ich am Vormittag ganz in der Nähe gesehen habe. Ich ziehe mich ins Zimmer zurück und schließe die leichte, luftige Tür. Ein Gecko huscht über die Wand. Hubert, seine Frau Sueli und Töchterchen Vitalina haben ihre Arbeitsstätte längst verlassen und sich in das Gebäude der Krankenstation auf der anderen Seite des Teichs zurückgezogen, wo sie im Obergeschoss eine Wohnung haben. Irgendwo quält sich ein Motorrad über einen holprigen Weg. Langsam verliert sich das Tuckern in der Ferne. Jetzt bin ich ganz allein mit den geheimnisvollen Stimmen einer brasilianischen Sommernacht.

Camilo Thomas

Camilo Thomas, nach Aussagen seines Sohnes Geraldo früher ein auffallend schlanker, gut aussehender und immerzu lustiger Mann, erwarb sich große Verdienste um die Gemeinschaft in Dorf Tirol. Er rückte bei jenen das geografische Weltbild zurecht, die glaubten, das alte Tirol sei eine Gegend irgendwo in Deutschland. Viele wussten nicht, dass Deutschland ein Staat ist wie Brasilien und Österreich ebenso und Tirol ein Teil Österreichs. Am Sonntag feierte Camilo Thomas in der Kirche den Kulto (port. *culto*, Gottesdienst) und wirkte als Laienprediger. Weil Geraldo Angst hatte, allein in der Kinderbank sitzen zu müssen, holte sein Vater aus der Sakristei einen Sessel und setzte ihn so, dass Geraldo den Vater immer sehen konnte – damit war das Problem gelöst.

Der Sonntag war Camilo Thomas' einziger freier Tag. An den übrigen Tagen der Woche arbeitete er als Bauer auf seinem Pflanzland oder war in einer seiner vielen Funktionen tätig, die er sonst noch hatte. Auch die Lourdes-Grotte bei der Kirche baute er – mit Pater José Hieblinger. Während der Woche hatte er daher kaum Zeit für die Familie, da werkte und schuftete er meist außer Haus. Sonntag aber war „Familientag" und Tag des Herrn in einem – da kehrten sie regelmäßig erst nach Sonnenuntergang nach Hause zurück, weil Camilo eine zweite Kirche betreute. „Einmal", erzählt Sohn Geraldo, „bin ich so müde gewesen, dass ich nicht mehr gehen konnte. Ich jammerte, da nahm mich Vater auf die Schultern und trug mich nach Hause." Er sei stolz auf den Vater gewesen, stolz auf dessen selbstlosen Einsatz für die Gemeinde. Wie der Vater habe auch er werden wollen.

Die Mutter sei viel krank gewesen. Oft habe sie sich nicht in der Lage gesehen, die Hausarbeiten zu machen. Weithin habe man das schwere Keuchen der asthmakranken Frau gehört. Er und sein Bruder Tarcizio hätten früh selbstständig sein müssen. Wenn sie von der Schule nach Hause kamen, habe im Herd oft kein Feuer gebrannt, habe es kein Essen gegeben. Dann hätten sie Hühnernester ausgenommen und die Eier gegessen. Früh hätten sie gelernt zu jagen, Fallen zu stellen, die Tiere auszunehmen und zuzubereiten. Bei einem Lagarto (Leguan) sei das nicht einfach gewesen, denn ein Lagarto fresse angeblich auch Schlangen und werde dadurch giftig. Also habe man aufpassen und einen silbernen Ring ins Fleisch des Leguan pressen müssen. Wenn sich dieser schwarz verfärbe, sei das Fleisch vergiftet. Freilich hätten sie keinen silbernen Ring gehabt. „Vielleicht ist das ganze aber auch nur ein Volksglaube gewesen", meint Geraldo.

Camilo Thomas, 1943 geboren, war ein wissbegieriges Kind. Wie ein Schwamm sog er die Geschichten in sein Gedächtnis auf, die die Alten erzählten. Noch dazu hatte er das Glück, eine alte, ledig gebliebene Großtante zu haben, die 99 Jahre alt wurde und viel von vergangenen Zeiten zu berichten wusste. Sie beschäftigte sich viel mit dem Kind. Als junger Mann wusste er daher über die Geschichte der Tiroler Einwanderer mehr als alle anderen und fühlte sich für die Geschicke der Gemeinschaft mitverantwortlich. Außerdem sprach er gut Deutsch. Das alles machte ihn zum idealen Ansprechpartner für jeden potenziellen Besucher aus Tirol. Der erste Forscher, der die Tiroler Kolonie in Brasilien besuchte, war der aus Vorarlberg stammende Innsbrucker Universitätsprofessor Karl Ilg, der für sich beanspruchte, die Kolonie „entdeckt" zu haben. Und das war so: 1966 wandte sich Ilg zunächst an die Pfarre von Santa Leopoldina, wo Anton Böhmer als Seelsorger wirkte. Dieser begleitete den Forscher aus Österreich persönlich zur Colônia Tirol hinauf. Böhmer war ein Missionar aus Österreich, was den „Entdecker"-Anspruch Ilgs vielleicht etwas relativieren mag. Ilg gründete die „Dr.-Karl-Ilg-Schule" und erwirkte vom Land Tirol die Spende einer Glocke für den Schulplatz („Wallnöfer-Glocke"). Später kam Ilg noch einige Male in „seinem" Dorf Tirol vorbei, und jedes Mal ermahnte er Camilo, der selbst nie einen regulären Deutschunterricht besuchen konnte, den angestammten tirolerischen Dialekt zu meiden und nur „richtiges" Hochdeutsch zu sprechen. „Dem Professor selbst kam nie ein Dialektwort über die Lippen, und er war dabei sehr streng", erinnert sich Camilo Thomas. Unbestritten war es Ilg, der in Vorträgen und Publikationen „seinem" Dorf Tirol zu mehr Bekanntheit in Österreich verhalf.

Im brasilianischen Tirol sinnierte indessen Camilo Thomas darüber nach, wie das im österreichischen Tirol gesprochene Tirolisch wohl klingen mochte. Acht Jahre später erfuhr er es, am späten Abend des 10. Jänner 1974. Er lag bereits im Bett – man sei immer „mit die Hennen schlåfn gången", denn eine zum Lesen taugliche Beleuchtung gab es nicht. Eben habe er wieder von dem Tiroler Dialekt zu träumen begonnen – „so um zehne in die Nåcht" –, als plötzlich jemand rief: „Kchamillo!", drang es von draußen an sein Ohr. Camilo fuhr auf und glaubte, geträumt zu haben. Doch da war es schon wieder, jetzt gab es keinen Zweifel mehr: „Kchamillo!", rief jemand deutlich in der Finsternis. Und dann kam der schier unglaubliche Nachsatz: „Mir sein Tiroler aus Öschterreich!" Es war Siegfried Wieser aus Tulfes in Tirol, der da rief. Er war mit vier Freunden nach Brasilien auf Urlaub gekommen. Einer von ihnen war Gerhard Renzler, der später das Schicksal der Colônia Tirol entscheidend mitbestimmen sollte.

Für Camilo Sebastião Thomas war es die wahrscheinlich folgenreichste Begegnung in seinem Leben. Denn in der Folge intensivierten sich die Kontakte mit der Heimat der Vorfahren auch auf wirtschaftlicher Ebene, Camilo wurde zur zentralen Anlaufstelle für alle Wirtschaftshilfemaßnahmen. Mit der vonseiten des Landes Tirol geförderten Agrargenossenschaft Agrítical wuchs die Bedeutung der Familie Thomas in Tirol-Califórnia, was jedoch nicht nur mit Wohlwollen registriert wurde. Die Betroffenen empfanden ihre zunehmende Bedeutung allerdings nicht so sehr als Gewinn von Macht, sondern vielmehr als Belastung. Zu Camilos Engagement für die Kirche kamen ungezählte weitere Verpflichtungen hinzu.

„Camilo war der Dorfhäuptling", fasst José Schaeffer zusammen. „Er war Deutschlehrer und Kirchenvorsteher. Er hatte viel Stress, denn ständig kam jemand und wollte etwas von ihm." Camilo war Präsident der Genossenschaft und Comisario für die Jugend bei Gericht und Friedensrichter. Der Bischof weihte ihn zum Ministro de eucaristía, was ihn zum Laienprediger und Kommunionhelfer machte. Er hielt jeden Sonntag den Gottesdienst. In der Kirche sei es mit ihm schöner gewesen als mit einem Priester, denn Camilo habe gut predigen können, erinnert sich Schaeffer. Und die Menschen mochten ihn. Wenn er verkündete, fünf Männer für Arbeiten an der Kirche zu brauchen, kamen oft 30 und mehr. Camilo Thomas nahm auch Beerdigungen vor. Angeblich gab es sogar Brasilianer, die von ihm begraben werden wollten.

Der Sonntagsgottesdienst in Tirol fand stets von zehn bis elf statt. Danach pflegte Camilo Thomas beim Haus von José Schaeffer vorbeizukommen, denn da war er zu Fuß nach Leopoldina unterwegs, ins Sindicato, dessen Präsident er war. Das „Sindicato dos Trabalhadores Rurais" (Gewerkschaft der Landarbeiter) war von außerordentlicher Wichtigkeit für die Bauern: „Wenn man einen Kredit beantragt, muss man als Erstes zum Sindicato. Dort bekommt man eine Bestätigung, dass man Landwirt ist. Auch wenn man als Landarbeiter ungerecht behandelt wird, geht man zum Sindicato, denn dieses stellt einen Gratis-Anwalt. Und wenn man schließlich Rentner wird, muss man auch wieder hingehen, wegen der Pension", fasst Schaeffer die Gründe zusammen.

Bei all den wichtigen Funktionen blieb Camilo Thomas in persönlichen Ansprüchen äußerst bescheiden. Das Haus, in dem seine Witwe heute wohnt, baute Sohn Geraldo für sich und die Familie, nachdem er und seine Frau Edinete in Österreich fleißig gearbeitet und gespart hatten. Camilo bewohnte mit seiner Frau Olga bis wenige Jahre vor seinem Tod das alte, kleine, blau gestrichene Holzhäuschen nebenan, das er als junger Mann errichtet hatte. Etliche Leute erinnern sich, dass er dem einen oder anderen Bedürftigen, der ihm sein Leid klagte, spontan etwas Geld schenkte. Als sich eines Tages herausstellte, dass er dringend am Herzen operiert werden sollte, musste Camilo den Eingriff drei Jahre hinauszögern, weil ihm das Geld dafür fehlte.

Bei den vielen wichtigen Funktionen, die Camilo Thomas bekleidete, blieb nicht aus, dass sich jemand benachteiligt fühlte, was Camilo auch zu spüren bekam: „Compadre, du weißt gar nicht, was ich hier alles schlucken muss!", soll er einmal resigniert zu José Schaeffer gesagt haben. Auf ungeteilte Zustimmung, ja Bewunderung, stieß seine Arbeit hingegen in Tirol, das er am 1. April 1994, inzwischen 51 Jahre alt, für drei Monate das erste Mal besuchte. Drei Jahre später beschloss die Tiroler Landesregierung „in ihrer Sitzung vom 30. September 1997, Herrn Präsident Camilo Thomas, Colônia Tirol, Santa Leopoldina/Brasil, den Tiroler Adler-Orden in Gold zu verleihen". Am 26. Oktober nahm Camilo im Gasthof von „Tirol do Brasil" Orden und Urkunde entgegen. Überreicht wurde ihm die hohe Auszeichnung vom Kufsteiner Alt-Bezirkshauptmann Walter Philipp, der mit anderen Tirolern das „Dorf Tirol" in Brasilien besuchte.

Tarcizio Thomas, der Präsident

Camilos Sohn Tarcizio war, als er nach dem Ingwerfest im September 2003 erschossen wurde, Präsident der Genossenschaft Agritical. Viele glauben, dass er noch leben würde, hätte er diese Funktion nicht innegehabt. Für Oktober 2003 hatte sich eine Schuhplattlergruppe aus Tirol angesagt, und man dachte zunächst daran, den Termin wegen des Todesfalls abzusagen. Doch Tarcizio hatte bereits eine Bühne errichtet, und man wusste, dass er sich auf das Kommen der Gruppe gefreut hatte. Geraldo, Tarcizios Bruder, meinte, dass es eher im Sinn des Verstorbenen sei, die Aufgaben der Familie planmäßig weiterzuführen und die Kontakte mit Tirol aufrechtzuerhalten: Tarcizio soll bei der Erfüllung seiner Pflichten nicht umsonst „gefallen" sein. Bald nachdem dieser Entschluss bekannt geworden war, erhielt auch Geraldo Morddrohungen. Er verließ die Colônia Tirol noch am selben Tag. Heute lebt er mit seiner Familie in Santa Leopoldina.

Ich erinnere mich an Tarcizio als einen gutmütigen, äußerst hilfsbereiten Mann, und viele andere haben ihn ebenso in Erinnerung. Als Präsident der Genossenschaft fühlte er sich anscheinend aber nicht nur für die unmittelbaren agrartechnischen Interessen der Mitglieder verantwortlich. Es scheint vielmehr, als hätte er darüber hinaus den Ehrgeiz gehabt, „sein" Tirol-California zu einer Art Musterkolonie zu formen. Unbestritten ist, dass er viel mit der Polizei zusammenarbeitete und mit deren Hilfe die kleineren und gröberen Verstöße gegen die Regeln eines gedeihlichen Miteinander bekämpfen wollte. Selbst das Fahren mit unangemeldeten Motorrädern versuchte er angeblich zu unterbinden. Es müssen aber auch schwerwiegende Angelegenheiten gewesen sein, denen Tarcizio Einhalt gebieten wollte, wie sonst hätte Geraldo die Aussage „Er soll nicht umsonst ‚gefallen' sein" verwenden können. Eine solche Sache könnte die Geschichte mit der „Maconja" (port. *maconha*, Cannabis) gewesen sein. In California war nämlich inmitten einer Bananenpflanzung ein gut getarntes Hanffeld entdeckt worden. Beim darauf folgenden Polizeieinsatz wurde der Lastwagen der Agritical requiriert, Tarcizio musste – unter reger Beteiligung von Medien und Öffentlichkeit – als Chauffeur die riesige Ladung „Maconha" nach Santa Leopoldina bringen. Auch in dieser Sache bezog Tarcizio eine exponierte Stellung.

Ein Mann aus California erklärte, nicht allzu sehr überrascht gewesen zu sein, als er von dem Mord erfahren hatte. Es habe vorher Drohungen gegeben. Er habe Tarcizio, der gutmütig und hilfsbereit gewesen sei, gut leiden können. Aber es seien gefährliche Vorgänge gewesen, in die er hineingegriffen habe – und das wahrscheinlich nicht aus eigenem Antrieb, sondern vielleicht auf Drängen anderer. Er hätte sich nicht einmischen, sondern sich besser heraushalten sollen – eine Agrargenossenschaft habe die Aufgabe, ihre Mitglieder in der landwirtschaftlichen Arbeit zu unterstützen und zu fördern. Dabei hätte es Tarcizio als Präsident bewenden lassen sollen. Mit Hilfe der Genossenschaft gleich die ganze Welt in Ordnung zu bringen, könne nicht funktionieren, schon gar nicht in Brasilien.

Gerüchte und andere Meinungen

Über die Hintergründe, die zum Mord an Tarcizio Thomas führten, kursieren bis heute Gerüchte und Spekulationen. Sogar Macumba-Riten sollen eine Rolle gespielt haben. Vicente Souza ist einer der beiden Männer, die wegen des Mordes zu je 17 Jahren Haft verurteilt wurden. Souza und seine Frau sind sogenannte „Braune", das heißt dunkle Brasilianer, die vor etwa 18 Jahren nach Tirol gekommen sind. In der Zeit vor dem Mordfall sei Vicente mit seiner Frau und anderen Leuten oft bis spät in die Nacht in der Pousada (port. *pousada*, Gasthaus) von Hubert Thöny zusammengesessen, dessen Frau Suelí ebenfalls eine „Braune" ist. Dann sei da noch „der Coronel" gewesen, ein pensionierter brasilianischer Polizeioffizier, der den Vicente in die Kolonie gebracht habe. Eine finstere Verschwörung sei das gewesen, mutmaßt jetzt so mancher.

Im März 2008 suchte ich in Begleitung von Luiz Fuck Maria José Silva de Souza, die „Frau vom Vicente", auf. Sie versicherte, dass Tarcizio und ihr Mann, der jetzt als angeblicher Mörder im Gefängnis sitzt, die besten Freunde gewesen seien. Auch die Kinder beider Familien seien viel zusammen gewesen. „Vicente war nicht der Mörder!", beteuerte sie. Auch Luiz Fuck glaubt es nicht: „Vicente hatte kein Motiv, jedenfalls kein persönliches." Dass es ein Auftragsmord war, könne er sich allerdings vorstellen. Ob aber Vicente den Auftrag ausführte, sei eine andere Frage.

Maria Silva mutmaßt, dass der Haschisch-Pflanzer den Auftrag gegeben habe. Nach der Entdeckung des Feldes mit der „Maconha" kamen Leute vom Fernsehen, und die Polizei beauftragte Tarcizio, die „Ernte" mit dem Lastwagen der Genossenschaft fortzuschaffen. Luiz Fuck hätte sich an Tarcizios Stelle geweigert, diesen Auftrag auszuführen: „Tarcizio aber war stolz auf seinen Camion und den Auftrag, den er gern erledigte. Damit dürfte er sich erbitterte Feinde gemacht haben, denn von da an erhielt Tarcizio immer wieder Morddrohungen." – „Eines Tages", erzählte Maria Silva, „hielt Tarcizio mit seinem Camion [Lastwagen] vor unserem Haus. Er wirkte verstört und bat Vicente um Rat, denn die Morddrohungen würden nicht aufhören. Auch am Tag des Ingwer-Festes erhielt Tarcizio einen Anruf. Der Anrufer sagte, dass dies Tarcizios letzter Tag sein werde. Tarcizio eröffnete Fatima, seiner Tochter, dass sie sich auf Schlimmes gefasst machen müsse."

Tarcizio Thomas, Camilo Thomas und Alda, die Frau von Tarcizio (von vorn)

Die Geschichte von Tarcizios Rauschgiftfuhre kannte ich schon; Hubert Thöny hat sie mir erzählt. Mir fiel auf, dass sowohl Thöny als auch Maria Silva de Souza die Maconha-Geschichte so darstellten, dass sie der Zuhörer in einen unmittelbaren kausalen Zusammenhang zum Mord an Tarcizio bringen musste. Zwischen den beiden Ereignissen klaffte jedoch ein Zeitraum von fast zwei Jahren: Am 20. Dezember 2001 hatte Tarcizio unter Aufsehen erregenden Umständen das Marihuana weggeschafft, am 21. September 2003 wurde er ermordet.

Einer der wenigen Unbeteiligten, die mit mir über den Mordfall zu sprechen bereit waren, hatte über die möglichen Hintergründe eine vollkommen andere Meinung. Tarcizio Thomas sei einer „Mafia" zum Opfer gefallen – es habe ja nicht nur den einen Marihuana-Anbauer gegeben, sondern noch zwei weitere. Sie und ihre Leute hätten gestohlene und behördlich nicht gemeldete Motorräder gefahren, und Tarcizio Thomas habe jedes Vergehen angezeigt. Er und sein Vater Camilo Thomas seien bestrebt gewesen, Besuchern aus Tirol das brasilianische Tirol als eine Art Musterkolonie zu präsentieren, schließlich sei viel Geld für die Agritical aus Österreich gekommen. So habe sich der Präsident der Genossenschaft über die Jahre die wachsende Feindschaft dieser „Mafia" zugezogen.

Andere Unbeteiligte sind bis heute zu keinem logischen Urteil fähig. Werden sie zu den schlimmen Ereignissen gefragt, zeigen sie eine geradezu irrationale Angst, wie die Feststellung eines namentlich nicht genannten Tirolers erkennen lässt: „Não, då sein kuane schlimme Leit, i kånn nix sågn då!" [Nein, hier gibt es keine bösen Menschen, ich kann dazu nichts sagen.] Dass es eine Art Mafia gebe, „des kånn möglich sein, åber i kånns nid wissn, wege i woåß nix, ne!" [das kann möglich sein, aber ich kann es nicht wissen, weil ich nichts weiß!].

Der Pächter

Seit 1996 kennt Hubert Thöny aus Nassereith in Tirol die Colônia Tirol in Brasilien, wohin ihn seine Geschäfte als Eulenfalter-Sammler oft führten. Stets logierte er in der 1995 eröffneten Pousada. Der Gasthof, aus Mitteln der Wirtschaftshilfe des Landes Tirol errichtet, befand sich stets im Eigentum der Agritical, die einen Pächter mit der Führung des Gastbetriebs betraute. Nach einer Reihe von nur mäßig erfolgreichen Wirten bot die Genossenschaft die Führung der Pousada Hubert Thöny an, der sich nach einigem Zögern dazu „überreden" ließ.

Ein Pachtvertrag wurde ausgehandelt, das Vertragsverhältnis begann mit 15. Mai 2001. Bald stellte sich heraus, dass einige Punkte in dem sozusagen unter Freunden geschlossenen Vertrag nur unzureichend geregelt waren. Außerdem mussten die Pachtgeber zu ihrer Überraschung feststellen, dass Thöny auch ihnen gegenüber wie ein Geschäftsmann agierte und seine Betriebskosten möglichst niedrig halten wollte; es kam zu Meinungsverschiedenheiten. Nach Thönys Darstellung kam es wegen eines geradezu lächerlich geringen Streitwerts von 35 Reais – die Hälfte der Kosten für die Reparatur des Kühlschranks – zu Differenzen. Thöny vertrat die Meinung, dass ein funktionierender Kühlschrank ein wichtiges Funktionselement eines gastgewerblichen Betriebs darstelle, dessen Reparatur oder allfälliger Ersatz zulasten der Agrtical gehe. Für die Agrtical hingegen war der Kühlschrank ein Verschleißteil, für dessen Ersatz der Pächter aufzukommen habe.

In einem Schlichtungsversuch vor dem Staatsanwalt verständigten sich beide Seiten darauf, die Kosten für die Reparatur – 70 Reais – zu gleichen Teilen zu tragen. Da Thöny die Reparatur bereits beglichen hatte, behielt er vom nächsten Pachtzins 35 Reais ein, was zu neuen Irritationen führte. Tarcizio Thomas eröffnete dem Pächter, dass die Genossenschaft mit der getroffenen Regelung nicht einverstanden sei. Thöny forderte jedoch die Erfüllung der getroffenen Vereinbarung, worauf ihn die Genossenschaft wegen Nichteinhaltung des Pachtvertrags klagte.

Die Causa wurde abermals in Santa Leopoldina verhandelt, wo es zwischen den Streitparteien zu zwei weiteren Orientierungsgesprächen unter juristischer Beratung kam. Im Juli 2003 folgte – unter richterlicher Leitung – die Vorverhandlung. Die Verpächterseite zeigte sich entschlossen, den Pachtvertrag mit Thöny nicht zu verlängern, worauf der Richter die Vereinbarung einer Kündigungsfrist vorschlug, was Thomas akzeptierte. Schlussendlich einigte man sich, nach dem Ingwer-Fest ein reguläres Gerichtsverfahren zur Kündigung des Pachtvertrags durchzuführen. Diesen Termin sollte Tarcizio Thomas nicht mehr erleben. Die Verhandlung fand schließlich im Mai 2004 statt – zwischen Hubert Thöny auf der einen und Antonio „Toninho" Thomas, dem Nachfolger Tarcizios als Präsident der Agrtical, auf der anderen Seite. Das Verfahren endete damit, dass die Agrtical die Klage zurückzog. Tarcizio Thomas soll überzeugt gewesen sein, Thöny aus der Pousada hinausprozessieren zu können. Sein Nachfolger Toninho Thomas habe sich hingegen auf keinen langen und kostspieligen Prozess mit ungewissem Ausgang einlassen wollen – pragmatische Begründung: Der Zehnjahres-Vertrag sei nicht von ihm ausgehandelt worden.

Wirtschaftshilfe

Schon mehrmals war die Rede von der Agrical. Es handelt sich dabei um eine Genossenschaft, um einen Verband, wie sie auch in den Nachbarregionen entstanden und den dortigen Produktions- und Eigentumsverhältnissen angemessen sind. Die Agrical wurde in den 1980er Jahren gegründet, ohne Unterstützung durch das Land Tirol. Mit Tirol in Österreich in Kontakt zu sein, ist heute für alle Bewohner von Tirol do Brasil das Natürlichste von der Welt. Auch die protestantischen Pommern in Tirol-California sehen die Kontakte positiv, weil es diesbezüglich keine Konfessionsschranken mehr gibt. Aus den Förderungsmaßnahmen zieht inzwischen jeder einen Nutzen: Wer mit seinen Pflanzungen mehr Erfolg hat, schätzt den Versuchsgarten; wer ein Kind in der Partl-Schule hat, freut sich über das neue Schulhaus; wer für medizinische Betreuung keine weiten Fahrten machen will, ist froh über die Krankenstation. Und alle zusammen freuen sich über das (elektrische) Licht, das vor etwa 15 Jahren in den Häusern installiert worden ist. Und beim geplanten Ausbau der Wege ist allen in der Region bis hin zu den brasilianischen Landespolitikern die finanzielle Beteiligung von Tiroler und Südtiroler Seite willkommen.

Eine grundsätzliche Kritik am Instrument „Wirtschaftshilfe" würde bei den Menschen in Tirol do Brasil auf Unverständnis stoßen, und es gibt keine Identitätskonflikte oder nationalen Ideologien, die zu Berührungsängsten gegenüber Tirol oder Österreich führen könnten – auch nicht bei jenen, die keine Tiroler in ihrem Stammbaum haben. Das mag mit der nationalen Vielfalt zu tun haben, die seit Beginn der Einwanderung bestand. Denn Santa Leopoldina und die angrenzenden Landkreise stellen zusammen ein echtes Einwanderungsgebiet dar. Überdies hat sich in Santa Leopoldina kein herkunftsspezifisches soziales Ungleichgewicht entwickelt: Entweder es ging allen zusammen gleich gut, oder es ging allen zusammen gleich schlecht.

In anderen Sprachinseln ist manchmal ein gewisses „Identitätsmanagement von außen" zu beobachten. Diesbezüglich ist zu bedenken, dass Tirol-California von Haus aus eine im weitesten Sinn „europäische" Einwanderergesellschaft darstellt, was auch die dortigen Brasilianer ohne Migrationshintergrund so sehen. Dadurch ist das Potenzial für Identitätskonflikte bei der Berührung mit Tiroler Kultur und Symbolen von vornherein gering. Die auch bei der mittleren Generation im Durchschnitt gute Kenntnis des Tiroler Dialekts trägt entscheidend dazu bei, im Kontakt mit

Tirolern aus Österreich rasch ein gut fundiertes, gemeinsames „Wir-Gefühl" entstehen zu lassen.

Die Bereitschaft, sich mit dem „Tirolertum" zu identifizieren, ist bei vielen Leuten in der Colônia Tirol sehr ausgeprägt. Ein Beispiel dafür ist Geraldo Thomas. Als er 1992 im Alter von 24 Jahren das erste Mal nach Österreich kam, hielt er sich zunächst in Vorarlberg auf, wo sein jüngerer Bruder Valerio lebte und arbeitete. An einem Wochenende fuhren die Brüder über den Arlberg. Plötzlich – so die Erzählung von Geraldo – hielt Valerio an und wandte sich an ihn mit den Worten: „Schau, jetzt kommen wir in das heilige Land Tirol!" Wahrscheinlich um zu unterstreichen, wie ergriffen er in jenem Moment war, stellte er die folgende Überlegung an: Wenn er heute einen Wunsch frei hätte, würde er sich nicht so sehr die österreichische Staatsbürgerschaft wünschen, nein, die nicht unbedingt, aber die „Staatsbürgerschaft von Tirol", oh ja, die würde ihm über alles gehen. Geraldo war den Tränen nahe, als er dies sagte.

Entwicklungsprojekte sollten stets im Einvernehmen mit der Bevölkerung geplant werden und sich nicht zu Prestigeprojekten der jeweiligen Spender entwickeln. Als Kenner der örtlichen Verhältnisse wissen die „Beschenkten" aber oft schon im Vorhinein, dass sich die eine oder die andere Einrichtung in der Praxis nicht bewähren wird, was sie den „Helfern" aber nicht sagen, weil man nicht für undankbar gehalten werden möchte; andererseits sehen die „Beschenkten" ihre eigenen Wünsche zu wenig berücksichtigt. Deshalb hat ein Geber in Tirol-California zu hören bekommen: „Ihr habt uns ja nicht gefragt, ob wir das auch wollen." Eine vom Verein „Tirol-Brasil" in der Colônia Tirol unter dem Vorsitz von Friedl Ludescher neuerdings eingerichtete Arbeitsgruppe hat es sich zur Aufgabe gemacht, im ständigen Dialog mit den Siedlern Konzepte zur Verbesserung der bestehenden Verhältnisse auszuarbeiten. Dies scheint eine sehr wichtige Maßnahme zu sein.

Die Entwicklung der Colônia Tirol in den letzten 35 Jahren ist wesentlich mit dem Namen Renzler verknüpft. Ing. Gerhard Renzler, Jahrgang 1946, kam mit vier anderen Österreichern im Jahr 1974 das erste Mal ins Dorf Tirol. Er erinnert sich noch gut an das Fest, das man zu Ehren der jungen Tiroler veranstaltete. Es fand beim Widum neben der Kirche statt. Die drei „Siller-Brüder" spielten Akkordeon, es wurde getanzt und gesungen. Vorher hatte Camilo Thomas in deutscher Sprache einen Gottesdienst gehalten.

Gerhard Renzler und zwei seiner Freunde waren nach Brasilien gekommen, um mit Fallschirmen von einem Flugzeug punktgenau auf den Gipfel des Zuckerhuts zu springen. Das passte dem brasilianischen Militär nicht, und die drei fragten den österreichischen Generalkonsul Nikolaus Horn, was man sonst noch erleben könne in diesem Land – es müsse aber schon

„etwas Besonderes" sein, betonten die drei. Von Horn bekamen sie den Hinweis auf eine Tiroler Siedlung, die es in der Gegend von Santa Leopoldina gebe. Horn hatte sein Wissen vermutlich von Karl Ilg, der acht Jahre zuvor „sein" Dorf Tirol „entdeckt" hatte.

Renzler hielt als Einziger aus der Gruppe den Kontakt zur Colônia Tirol aufrecht. Er kam 1975 und 1978 wieder. Im Jahr 1985 stand bereits das „Kulturzentrum" bei Camilos kleinem Häuschen. Damals konnte Renzler das erste Mal mit einem Taxi über Luxemburgo nach Tirol hinauf fahren. Es war seine vorläufig letzte Reise ins Dorf Tirol. Acht Jahre später, Mitte März 1993, läutete bei Renzler zu Hause in Hall das Telefon: „Sind Sie der Gerhard Renzler?", hörte er einen Mann am anderen Ende der Leitung fragen. „Und waren Sie schon einmal in Brasilien?", forschte die Stimme weiter. „Auch im Dorf Tirol?" – „Ja", rief Gerhard, „und du bist der Geraldo!"

Geraldo Thomas hielt sich damals mit seiner Frau Edinete in Egg in Vorarlberg auf, wo Geraldos jüngerer Bruder arbeitete. Geraldo erzählte Renzler, dass er verständigt worden sei, der Doktor Hölzl vom ORF Tirol wolle einen Film über die Siedlung machen, und darin würden auch Geraldo und Valerio zu sehen sein, die Ersten aus Tirol do Brasil, die das Land ihrer Vorfahren besucht hätten.

Geraldo Thomas kam nach Hall, wo Norbert Hölzl mit ihm und Gerhard Renzler Aufnahmen machte. Hölzl war Anfang 1993 in Brasilien gewesen, um für einen Film über die Habsburgerprinzessin Leopoldine zu recherchieren. Dabei war er auf Santa Leopoldina und das Dorf Tirol gestoßen. Im September 1993 war er ein weiteres Mal in Brasilien. Diesmal ging es um das Jubiläum „60 Jahre Dreizehnlinden", zu dem man den Tiroler Landeshauptmann Alois Partl eingeladen hatte. Mit Partl besuchte Hölzl im Anschluss an Dreizehnlinden das Dorf Tirol zum zweiten Mal.

Der Besuch von Alois Partl im Dorf Tirol markiert den Beginn einer nachhaltigen wirtschaftlichen Förderung der Siedlung durch das Land Tirol. Man suchte einen Entwicklungshelfer für das brasilianische Tirol und stieß dabei auf Gerhard Renzler. Renzler war von den für eine solche Aufgabe in Frage kommenden Personen der Einzige, der das Dorf Tirol bereits kannte, und man wusste, dass ihm die Leute dort vertrauten. Als Nachrichtentechniker hatte er einen technischen Beruf, was für den Einsatz ebenfalls wichtig war. Außerdem lehrte er als Fachlehrer an einer Höheren Technischen Lehranstalt in Innsbruck, was eine berufliche Karenzierung für die Zeit seines Einsatzes erleichterte. All diese Gründe bewogen das Land Tirol, Gerhard Renzler als Entwicklungshelfer einzusetzen und ihn mit einem ausreichenden Budget auszustatten. „Tu was!", forderte der auch für Entwicklungshilfe zuständige spätere Landesamtsdirektor Hermann Arnold und wünschte Renzler für die schwierigen Aufgaben viel Glück. „Tu was!", bat auch Altlandeshauptmann Alois Partl, der seinen Tirolern in Brasilien stets gewogen blieb.

Am 25. Dezember 1993 brach Renzler zu seinem ersten Kurzeinsatz nach Brasilien auf. Zu seinen ersten Entwicklungshilfemaßnahmen gehörte die Besorgung eines LKW. Renzler holte in Brasilien Offerte für das Fahrzeug ein, welches dann vom Land Tirol über die Österreichische Handelsdelegation in Rio de Janeiro bestellt und bezahlt wurde. Im Februar 1994 hatte die Colônia Tirol den ersten eigenen Lastkraftwagen. Das österreichische Konsulat in Rio de Janeiro leitete Generalkonsul Emanuel Helige, mit den Agenden um das Dorf Tirol war der aus dem Tiroler Lechtal stammende Vizekonsul Franz Wechner betraut. Als besonders wichtig für Renzler erwies sich der Kontakt zur österreichischen Handelsdelegation in Rio. Der Weg dorthin wurde ihm vom gebürtigen Tiroler und Lateinamerika-Spezialisten Siegfried Hittmair geöffnet. Mit Franz Dorn, dem damaligen Leiter der Delegation, und den Mitarbeiterinnen Christina und Terezina ergab sich für Renzler eine gut funktionierende Zusammenarbeit.

Zu den ersten und wichtigsten Maßnahmen in der Colônia Tirol gehörte die Förderung der Stromversorgung. Erst wenige Häuser hatten elektrische Energie, obwohl schon 1990 von brasilianischer Seite die Hauptleitungen gespannt worden waren – den Anschluss mussten die Abnehmer nämlich selbst bezahlen. Und der war teuer, weil wegen der Streulage jedes Haus einen eigenen Transformator benötigte. José Schaeffer war der Erste, der vom Land Tirol einen Trafo bekam. Die dritte Maßnahme, die Renzler in den 14 Tagen seines ersten Einsatzes setzte, kam den ärmsten Familien zugute. Für sie wurden Hilfspakete zusammengestellt, die Reis, Mehl, Salz, Trockenfleisch, Waschpulver, Klopapier, Seife und andere Dinge enthielten.

Am 1. April 1994 kam Camilo Thomas das erste Mal nach Österreich. Das Flugticket hatte Karl Ilg besorgt. Thomas blieb drei Monate und wurde herumgereicht wie ein Staatsgast. Er war beim Bundespräsidenten, bei Landeshauptmann Wendelin Weingartner, beim Südtiroler Landeshauptmann Luis Durnwalder, bei Bischof Reinhold Stecher, in der Fernsehsendung „Tirol heute" und so weiter und so fort. „Er hat sich wie ein Staatsmann verkauft", zeigt sich Gerhard Renzler noch heute fasziniert. Zuletzt durfte Camilo bei Hermann Arnold, der im Land Tirol für Entwicklungshilfe zuständig war, eine Wunschliste für das Dorf Tirol deponieren: Darauf waren ein Gästehaus, ein Telefon für das Gästehaus, ein VW-Bus, um Gäste zum Gästehaus zu bringen, und der weitere Ausbau der Elektrifizierung notiert.

Im August 1994 begann Gerhard Renzler mit dem Bau des Gästehauses (heute „Gasthof Tirol" bzw. „Pousada") und des ersten öffentlichen Telefons. Bis dahin musste man für jedes Telefongespräch nach Santa Leopoldina hinunter. Als Entwicklungshelfer-Fahrzeug stand Renzler ein VW Saveiro Pickup zur Verfügung, den die Jenbacher Werke gespendet hatten.

Den VW-Bus für die Gäste holte er im September von Rio. In diese Zeit fiel auch die Versorgung von ganz Tirol-California mit elektrischem Strom. Das Großprojekt wurde von der zuständigen brasilianischen Gesellschaft durchgeführt und zur Gänze vom Land Tirol finanziert. Alle Transaktionen liefen über die Österreichische Handelsdelegation in Rio, weder Renzler noch Camilo Thomas bekamen für die Projekte jemals Bargeld in die Hand.

Neben den Großprojekten vergaß Renzler nicht auf die individuelle Förderung der Bedürftigsten. Nach erfolgter Stromversorgung wurden an ausgesuchte Familien Kühlschränke, Wachmaschinen oder elektrische Nähmaschinen vergeben. Viele Familien erhielten sanitäre Einrichtungen, das Gästehaus eine Kläranlage. Für die allerärmsten Leute wurden neue Häuser gebaut – so für Elias Schneider und Penha Callot. Das neue Haus von Maria Ferrara, der Schwester von Camilo Thomas, finanzierte die Gruppe Walter Philipp aus Kufstein, die Schützenkompanie Kitzbühel schuf das neue Heim für die Familie Flegler. José Schaeffers und Valdemiro Sillers alte Behausungen ließ Gerhard Renzler teilrenovieren und mit sanitären Einrichtungen ausstatten. Sillers neues Haus finanzierte der bekannte Schweizer Autor Rudolf Passian. Seit einigen Jahren bemüht sich auch der Österreicher Rudolf Rainer um die Schaffung von neuem Wohnraum für arme Familien.

Gemäß der bei der Wirtschaftshilfe vereinbarten Aufgabenteilung widmete sich die „Hilfsorganisation Dorf Tirol" mit Sitz in Reutte dem Gesundheitsbereich. Sie stellte 1996 die aus Spendeneinnahmen finanzierte Krankenstation fertig. Die Zusammenarbeit der Reuttener mit Gerhard Renzler und dem Präsidenten der Genossenschaft, Camilo Thomas, verlief allerdings nicht in ungetrübter Harmonie. Die eindeutig feindselige Haltung der Reuttener gegenüber den genannten Personen resultierte aus der ablehnenden Einstellung des Landes Tirol gegenüber ihren eigenen Projekten. So hätten sich die Reuttener von der Entwicklungshilfe des Landes Tirol die Übernahme der Kosten für den Transport der von ihnen gesammelten Kleiderspenden in die Colônia Tirol erwartet. Landesamtsdirektor Hermann Arnold stellte die Sinnhaftigkeit eines Lufttransports von in Österreich üblichen Gewändern in ein tropisches Land grundsätzlich in Frage und lehnte eine Beteiligung des Landes an dem Kleiderprojekt ab. Abgelehnt wurde aus rechtlichen Gründen auch die Übernahme der Flugtickets für in Brasilien nicht approbierte österreichische Ärzte.

Die gradlinige Argumentation des Landesamtsdirektors führte beim Reuttener Projektleiter offensichtlich zu nachhaltiger Frustration, was wohl dessen ablehnende Haltung gegenüber dem offiziellen Entwicklungshelfer Gerhard Renzler erklärt – obwohl Renzler und Camilo Thomas keine Mühe gescheut hatten, der Gruppe aus dem Außerfern den Aufenthalt so angenehm wie möglich zu machen. In Renzler und im Präsidenten der Genossenschaft, über die die Projekte abgewickelt wurden, sahen der Reuttener Projektleiter und einige andere aus seiner Gruppe aber nur die Repräsentanten des Landes Tirol, von dem sie sich ungerecht behandelt fühlten. Mit dem diffamierenden Urteil „Der Renzler tut nur betonieren, wir tun aber etwas für die Leute!", versuchte man, die Ausgewogenheit von Renzlers Maßnahmen in Frage zu stellen. Dazu ist zu sagen, dass Renzler mit großer Tatkraft genau jene Dinge in Angriff nahm, die getan werden mussten. Mit den von ihm betriebenen Maßnahmen bereitete er den Boden für andere Projekte und erleichterte damit den nachkommenden Entwicklungshelfern das Leben wesentlich.

Nachdem im Frühjahr 1995 in Dorf Tirol die Telefonstation eingeschaltet worden war, erfuhr Renzler durch Hans Wechner aus Häselgehr die bis dahin einzige Anerkennung vonseiten der Reuttener Gruppe: „Ich muss dich loben", soll Wechner gesagt haben, „du hast hier viel für die Leute gemacht." Das mussten letzten Endes auch andere von der elf Personen starken Gruppe zugeben, die das erste Mal im September 1994 in Begleitung von nicht weniger als drei Medienvertretern (ORF Tirol, Tiroler Tageszeitung, Bezirksblatt Innsbruck) angereist war und wegen der vor Ort bereits bestehenden Wirtschaftshilfe ihren medialen Aufmerksamkeitserfolg teilen musste. Jene, die 1994 am heftigsten gegen Renzler polemisiert hatten, besuchten die Kolonie nie wieder. Als sich im Jänner 1996 Gerhard Renzler und der „Reuttener" Klaus Lanser ein weiteres Mal zugleich in der Colônia Tirol aufhielten, verlief die Zusammenarbeit zwischen ihnen laut Renzler „normal und gut".

In der Domäne „Kultur" war die Renovierung der Kirche von Tirol ohne Zweifel eine der wichtigsten Maßnahmen. Sie wurde auf Initiative der Schützenkompanie von Schlanders in Südtirol unter Hauptmann Karl Pfitscher 1996 in Angriff genommen. Im Bereich der Landwirtschaft konnte 1995 mit der Anlage des Versuchsgartens unter der Leitung von Dr. Hermann Oberhofer († 2007) vom „Südtiroler Beratungsring für Obst- und Weinbau" ein wichtiger Meilenstein gesetzt werden. Im Rahmen dieser wertvollen Einrichtung organisierte der Entwicklungshelfer Klaus Lanser aus Vils auch Lehrfahrten zu Betrieben in der Region und machte meteorologische Aufzeichnungen für die Klimaforschung. „Das waren schon auch tolle Sachen!", stellt Gerhard Renzler anerkennend fest.

Im März 1995 kehrte Renzler nach Österreich zurück, weitere Kurzeinsätze in den Jahren 1996, 1997 und 2004 folgten. Er fungierte als Trauzeuge von Bernardino Helmers Tochter Marcia, und seine Frau ist ihre Firmpatin. Von 2002 bis 2005 organisierte und begleitete Renzler für das Tiroler Landesreisebüro Gruppenreisen nach Brasilien – dabei stand stets auch ein Abstecher in die Colônia Tirol auf dem Programm.

Landwirtschaft

Auf dem Agrarsektor hört man heute die gleichen Klagen, wie sie in den verschiedenen Berichten schon seit mehr als 100 Jahren überliefert sind. Grundsätzlich ist festzustellen, dass das höher gelegene „Kalte Land" den Anbau des wertvollen Arabica-Kaffees begünstigt, was bis in die 1920er Jahre ein wichtiger Aspekt war. Bei fast allen anderen Produkten ist das subtropische „Kalte Land" mit seinen heißen Tagen und kühlen Nächten aber gegenüber dem tiefer gelegenen tropischen „Warmen Land" benachteiligt. So hat man im kalten Land mit dem Maniok eineinhalb bis zwei Jahre Arbeit, ehe man das erste Mal ernten und pro Busch drei bis fünf Kilo Maniokknollen gewinnen kann. Im warmen Land sind hingegen Erträge bis 20 Kilo pro Busch erzielbar, und es braucht nur etwa zehn Monate bis zur Ernte.

In der Colônia Tirol überwiegen die Hanglagen bei weitem; in den steileren Hängen ist der Einsatz von Traktoren nicht möglich. Vor allem in den Hängen ist der Boden ausgelaugt und bringt ohne den Einsatz von Düngemitteln keine Erträge. Darauf weist José Schaeffer hin, dessen Angaben im Folgenden inhaltlich zusammengefasst werden: Als Dünger kommt vorwiegend der von entfernten Großfarmen angelieferte „Hennenmischt" (Hühnermist) zum Einsatz. Eine Tonne davon kostet 140 bis 150 Reais (etwa 55 Euro), bis vor wenigen Jahren lag der Preis nicht über 80 Reais. Im Gegensatz dazu konnten für einen Kilo Ingwer 90 bis 95 Centavos erzielt werden, heute nur mehr 30 bis 40 Centavos. Diesen Einkünften stehen die Ausgaben für den Dünger und zusätzlich für „Maschinstunden" und andere Fremdarbeit gegenüber.

Auf der Tiroler Seite sind die Böden besonders schlecht, weil man dort früher neben etwas Kaffee, Bohnen und Mais hauptsächlich Maniok anbaute. Beim Ernten der Knollen muss der Boden geöffnet werden, was in den Hanglagen die Erosion durch Regen begünstigt und in weiterer Folge den Ackerboden nachhaltig schwächt. Früher wurde „Mandjók" (portug. *mandioca*, Maniok) nach einer aufwendigen Vorbehandlung zu „Farien" (Maniokmehl, zu portug. *farinha*, Mehl) vermahlen. Der Preis für das Mehl war gut, und man konnte bis 500 Säcke Maniokmehl verkaufen. Heute ist der Preis im Keller, weil das Maniokmehl als Indianernahrung gilt und nicht mehr sonderlich gefragt ist.

In California und Boquerão wurde hingegen nicht so viel Maniok angebaut, weshalb der Ackerboden dort heute nicht so schwach ist wie jener in

Tirol. Außerdem verfügt California über größere ebene Flächen, die auch für den Anbau von Ingwer geeignet sind – und damit lässt sich trotz aller Rückschläge, die es immer wieder gab, letzten Endes doch ein wenig verdienen. In California erleichtert der eigene Tobáto (Motorpflug) vielen Bauern die Arbeit – vor zehn Jahren gab es in ganz Tirol-California lediglich zwei von diesen Geräten: Eines besaß die Genossenschaft, das andere Oscar Endringer.

Tirol-California stellt kein landwirtschaftliches Produkt her, das geeignet wäre, der Siedlung eine Monopolstellung zu verschaffen. Was in Tirol-California gepflanzt wird, baut man auch in der näheren und weiteren Umgebung an – etwa in der Pommernsiedlung Santa Maria. Da wie dort gedeihen Kaffee, Bananen, Ingwer, „Jammus" (Yamms, brasilianisch auch *Cará* genannt, botanisch Dioscorea),

Martin Gröner beim Mahlen von Maniokknollen; Maniokmühle bei Vava in der Colônia Tirol (unten)

Süßkartoffeln, Mais, Maniok, Bohnen, Aipi, Gurken und anderes Gemüse. Die Bauern von Santa Maria sind wegen der großen ebenen Flächen und guten Straßen entscheidend im Vorteil. Fast jeder von ihnen verfügt über einen eigenen Traktor, und viele transportieren ihre Produkte mit dem eigenen Lastkraftwagen zu den Abnehmern. In Tirol hingegen stehen nur zwei Traktoren im Einsatz, die laut José Schaeffer voll ausgelastet sind, vor allem auf den Ingwer- und Yammspflanzungen. Und auf den steilen Hängen muss ohnehin alles mit der Hacke gemacht werden.

Zum Anbau von Ingwer hat in Tirol – so Schaeffer – nur etwa jeder fünfte Bauer die geeigneten Voraussetzungen. Ohne Bewässerung und Traktor sei der Anbau nicht möglich. Es habe schon Zeiten gegeben, in denen der Ingwer gute Verdienste gebracht habe. Nach so einem Jahr würden die Großgrundbesitzer in anderen Gegenden, etwa in Santa Maria oder Domingos Martins, mehr von dem erfolgreichen Produkt auf den Markt bringen, sodass der Preis wieder unter Druck gerate. Dergleichen kann den Pflanzern allerdings mit jedem Produkt passieren, egal ob es sich um Kaffee, Yamms oder eben um Ingwer handelt. Vor zwei Jahren sei der Marktpreis für Ingwer besonders gut gewesen, weil die Plantagen der Hauptproduzenten in São Paulo von einer Krankheit betroffen waren und deshalb nur mindere Qualität geerntet werden konnte. Derartige Missernten seien für die Großgrundbesitzer jedoch nicht existenzbedrohend, weil sie niemals nur auf ein einziges Produkt setzen müssten, sondern stets auf eine gewisse Streuung des Ertragsrisikos achten könnten.

Schon am ersten Tag nach meiner Ankunft in Tirol do Brasil im Februar 2006 suchte ich das Anwesen von Florian Thomas auf. Florian Thomas, Jahrgang 1946, ist der Bruder von Camilo Thomas. Sein markantes altes Holzhaus steht zwar noch, doch wurde davor ein neuer Bungalow aus Ziegeln errichtet. Es ist niemand im Haus, als ich dort ankomme. Ich folge einem schmalen Steig, der mich am alten Haus vorbei tief in die „Capoeira" (Sekundärwald) führt. Im Schatten der Bäume bemerke ich hunderte auffallend kleine Blumentöpfe aus schwarzem Plastik. In jedem dieser Behältnisse befindet sich ein winziges, junges Pflänzchen, alle sorgfältig mit Wasser versorgt. Von Florian keine Spur. Ich gehe den Pfad weiter in Richtung auf den gerodeten, sanft ansteigenden Hang im Hintergrund bis zu dem kleinen Bach, über den ein schmaler Holzbalken ans andere Ufer führt. Von dem in malerischen Windungen dahinplätschernden Bächlein nehme ich kaum Notiz, weil ich meine ganze Aufmerksamkeit auf den mit Gras verwachsenen Steig konzentriere und mit meinen Blicken auch schon die Fortsetzung des Wegs jenseits des schmalen Stegs sondiere. Plötzlich macht mich etwas stutzig, und ich blicke nach rechts. Dort steht stumm und völlig regungslos Florian, der mich schon die ganze Zeit über beobachtet haben muss. Ich grüße auf Deutsch und erkläre ihm, warum ich ihn nicht schon früher bemerkt habe, dass ich mich voll und ganz auf den schmalen Pfad konzentriert hätte – wegen der Schlangen, mit denen man auf solchen Wegstrecken rechnen müsse. Ich wisse nämlich, dass nicht alle Schlangen flüchten, wenn man sich ihnen nähert, und dass ich schon selbst erlebt hätte, wie sich eine Schlange nicht vom Fleck rührte, sondern in angriffsbereiter Haltung abwartete. Tatsächlich kann man in solchen Situationen in einem Abstand von nur wenigen Zentimetern an einer Schlange vorbeigehen, ohne dass man diese bemerkt und ohne dass man gebissen wird. Doch in dem Moment, da man das Biest auch nur mit einer Faser seines Hosenbeins berührt, beißt es erbarmungslos zu.

Florian bestätigt, dass sich Schlangen so verhalten können. Und auch, dass es zu Unfällen mit Schlangen am häufigsten bei der Feldarbeit komme. Er selbst sei auch schon gebissen worden, einmal bei der Kaffee-Ernte, das andere Mal direkt vor seinem Haus. Damals sei es schon finster gewesen, und er hätte keine Taschenlampe bei sich gehabt. Dann erzählt er mir von der Schlangenkasse, deren Mitglied er sei, und vom Schlangendoktor.

Der Bauer und seine Bank

Die Pflänzchen in den unzähligen Töpfchen sind Ingwerpflänzchen. Seit einigen Jahren baut man in der Hoffnung auf ein gutes Einkommen viel Ingwer an. Ingwer „gibt im Boden", erläutert Florian Thomas, es werden die im Boden liegenden Sprossen geerntet. Solche Feldfrüchte müssten nach dem Vollmond gepflanzt werden, ist Florian überzeugt. Für alles, „was oben gibt" – Kaffee zum Beispiel –, sei die Zeit zwischen Neu- und Vollmond die richtige. Offensichtlich haben die Erkenntnisse aus dem Versuchsgarten noch keinen Anlass gegeben, die Gültigkeit der alten Regeln zu hinterfragen. Auch mit dem Anlegen von Eukalyptusplantagen wird experimentiert.

Florian Thomas über die heutigen Wirtschaftsbedingungen (zusammengefasst): Wer in Tirol-California heute Ackerbau nicht nur für den unmittelbaren Eigenbedarf betreibt, braucht die Hilfe der Bank. Ganz besonders gilt das für die beiden „neuen" Produkte Ingwer und Eukalyptus. Früher waren die Familien größer, und die Kinder halfen nach Beendigung der Pflichtschulzeit, die nur vier Jahre betrug, in der Wirtschaft der Eltern mit. Deshalb brauchte man früher für den Anbau der meisten traditionellen Feldfrüchte keine Kamerádes, wie man die Tagelöhner nennt. Wenn früher ein Sohn, der dem Vater jahrelang als billige Arbeitskraft zur Verfügung stand, heiratete, war der Vater normalerweise imstande, ihm eine „Kolonie" von 30 Hektar zu kaufen, von der er dann mit seiner Familie leben konnte. Waren mehrere Söhne vorhanden, reichten die angesparten Mittel auch noch für eine zweite und eine dritte Kolonie. Aufgrund der geänderten wirtschaftlichen Rahmenbedingungen können sich die Landwirte ein solches Versorgungssystem aber schon lange nicht mehr leisten. Trotzdem wollte mancher Bauer weiterhin die Arbeitskraft seiner Kinder einfordern, obwohl er wusste, dass er ihnen dafür nie etwas würde geben können. Heute besteht auch für die Kinder auf dem Land die achtjährige Schulpflicht, man muss sie „studieren lassen". Nach dem „Studieren" scheint den meisten Schülern ein Leben auf dem Pflanzland nicht mehr attraktiv.

Die den Landwirten von der Bank für den Anbau von Ingwer, Yammswurz oder Eukalyptus gewährten Kredite stellen ein Förderungsinstrument dar und haben ein entsprechend niedriges Zinsniveau. Wegen der klimatischen und marktpolitischen Unwägbarkeiten, denen jeder Produktionszyklus ausgesetzt ist, können sich aber diese nominell „günstigen" Kredite für die Bauern als echte Schuldenfallen erweisen. Pflanzt man zum Beispiel Ingwer an, ist der Kredit so bemessen, dass neben den Ausgaben für die Pflanzen, den Dünger und den Anbau noch etwas Kapital für die laufende Pflege der Plantage übrig bleibt. Die Exportfirma GAIA garantiert die Abnahme einer bestimmten Menge von Ingwer, der allerdings von bester Qualität sein muss. Eine Preisgarantie gibt es hingegen nicht. Wird der Ingwer im Februar oder im März geerntet, holt die Firma den Ingwer ab, wobei aber nur der beste angenommen wird. Zu diesem Zeitpunkt weiß man noch nicht, wie viel man für die Ernte bekommen wird. Auch muss man manchmal bis 45 Tage auf das Geld warten, die Erntehelfer wollen ihr Geld aber sofort. So weiß man erst sechs Wochen nach der Ernte, ob man Gewinn oder Verlust gemacht hat.

Wer keinen Nettogewinn macht, ist erst recht auf die weitere Zusammenarbeit mit der Bank angewiesen. So werden mit dem Erlös aus der Ernte zunächst die Kreditschulden beglichen. 48 Stunden später wird einem die Zahlung wieder auf das Konto gutgeschrieben – als neues Pflanzgeld. Dieser Kreislauf wiederholt sich ständig, und alle fünf Jahre muss man die Erklärung unterschreiben, mit den Kreditkonditionen einverstanden zu sein.

Der Kredit für Ingwer oder Yammswurz ist mit dreieinhalb Prozent jährlich günstig, die Kreditsumme allerdings relativ niedrig, weil für Pflanzungen dieser Art nicht so viel Kapital nötig ist. Diese Kreditform hat die Bezeichnung „Pronáf". Für die Pflanzung von Eukalyptusbäumen ist der Kapitalbedarf höher. Dafür kommt die Kreditform „Projér" mit etwa achtdreiviertel Prozent Zinsen jährlich zur Anwendung. Dieser Kredit wird ab dem fünften Jahr zurückgezahlt, am Ende des sechsten Jahres muss man mit der Tilgung fertig sein. Eukalyptusbäume können zwar frühestens nach sechs Jahren gefällt werden, der beste Ertrag lässt sich allerdings erst nach 15 Jahren erzielen.

FOTOGALERIE GEORG LEMBERGH

Foto des Jahres 1995: Johanna Schultz in der Küche (Foto Lembergh, 1995)

Noch einmal: Johanna Schultz in der Küche (Foto Lembergh, 1995)

Großmutter Kempin hält die Bohnenaussaat in den Händen. (Foto Lembergh, 1995)

Barfuß bei der Arbeit. Das Universalgerät ist die Foice. (Foto Lembergh, 1995)

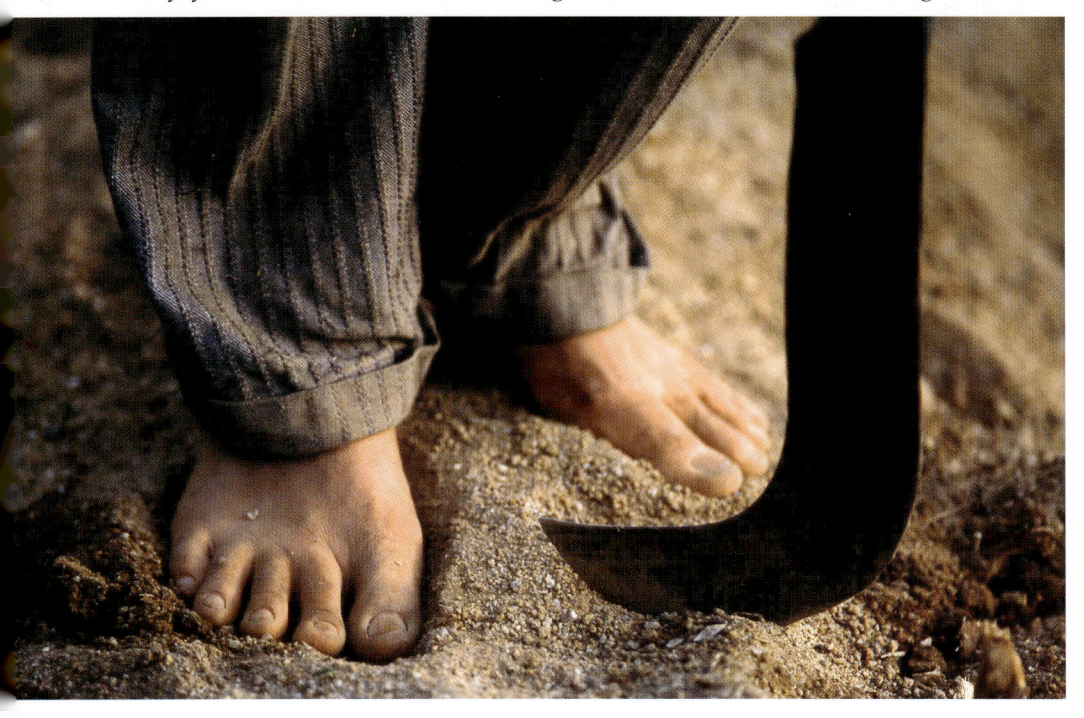

Oben und rechts: Bittprozessionen um Regen (Fotos Lembergh, 1995)

Antonio Helmer spielt vor seinem Haus Ziehharmonika. (Foto Lembergh, 1995)

Das Grab des inzwischen verstorbenen Antonio Helmer (Foto Ludescher, 2009)

Vaquiria Flegler in der Schule (Foto Lembergh, 1995)

Vaquiria Flegler Ponath, Gattin von Armindo Ponath (Foto Ludescher, 2009)

Oskar Endringer in seiner Vende
(Foto Lembergh, 1995)

Oskar Endringer in seiner Vende
(Foto Ludescher, 2009)

Viviania und Valeria Thomas in Tiroler Tracht vor dem alten Haus ihres Vaters, Florian Thomas (Lembergh, 1995)

Florian Thomas mit den Töchtern Viviania und Valeria vor seinem neuen Haus (Ludescher, 2009)

Der Dorfschmied Oskar Lichtenheld, Jahrgang 1918, ... (Foto Lembergh, 1995)

... ist auch im hohen Alter aktiv (Foto Ludescher, 2009)

Lucia Helmer mit Tochter Angelina und Sohn David (Foto Lembergh, 1995)

David Helmer in seinem geliebten Wohnzimmer (Ludescher, 2009)

Alvino Bürschner bei der Feldarbeit im Jahr 1995 ... (Foto Lembergh)

... und im Jahr 2009 (Foto Ludescher)

Die Zwillinge Vanirio und Vanisio Helmer (Foto Lembergh, 1995)

Die Familie Bernardino Helmer mit den Söhnen Vanirio und Vanisio (li) sowie Valerio (re) mit Frauen und Kindern (Foto: Ludescher, 2009)

Michelli Siller mit Lieblingspuppe und Großvater Kempin vor dem Haus (Foto Lembergh, 1995)

Großvater Kempin mit Enkelin Michelli (Foto Ludescher, 2009)

Cecilia Siller beim Brotbacken im Jahr 1995 ... (Foto Lembergh)

... und im Jahr 2009 in ihrer modernen Küche (Foto Ludescher)

Marlene Siller mit der Foice im Reisfeld (Foto Lembergh, 1995)

Marlene Siller mit ihren drei Kindern (Foto Ludescher, 2009)

Der Wintersturm hat das Dach des Hauses von Catharina Siller Walcher abgedeckt. (Foto Lembergh, 1995)

Catharina Siller Walcher, 14 Jahre später mit dem acht Monate alten Carlos Heinrich, dem jüngsten ihrer drei Kinder (Foto Ludescher, 2009)

Eloi Schäfer spielt auf der Ziehharmonika ... (Foto Lembergh, 1995)

... und ruht sich nach getaner Arbeit auf seinem Sofa im Freien aus (Foto Ludescher, 2009)

Marcelo Giesen fährt 1995 den selbst gebauten Gokart (Foto Lembergh) und 2009 den Krankenwagen (Foto Ludescher)

Über Georg Lembergh

In der Arbeit des gebürtigen Tiroler Fotografen Georg Lembergh nimmt die Beschäftigung mit dem Thema „Heimat" einen hohen Stellenwert ein. In Fotoreportagen und Projekten hat sich Lembergh immer wieder mit diesem Topos auseinandergesetzt – so in einer Reportage über das Verschwinden der deutschen Minderheit in Rumänien oder in einem Filmprojekt über das im Reschenstausee versunkene Südtiroler Dorf Graun.

Auf der Suche nach einem passenden Diplomarbeitsthema für sein Fotostudium an der FH Dortmund wurde Lembergh durch verschiedene Medienberichte auf die Tiroler im brasilianischen Urwald aufmerksam. 1995/96 verbrachte er mehrere Monate in Dorf Tirol in Brasilien und war von der Warmherzigkeit und dem Lebensmut der Brasilientiroler tief beeindruckt. Lembergh: „Ich versuchte mich den fremden ‚Tirolern' mit Sympathie und großem Einfühlungsvermögen anzunähern und ihren Alltag zu dokumentieren, ohne die Härte des Lebens im Urwald zu romantisieren. Gleichzeitig wollte ich ihnen etwas für ihre außerordentliche Gastfreundschaft und Wärme zurückgeben. Die eigentliche Herausforderung meiner Arbeit aber war es, das ruhige, relativ unspektakuläre, fast ohne Zeitmaß ablaufende Leben auf den weit verstreuten Urwaldhöfen in starke Bilder umzusetzen."

Georg Lemberghs Fotodiplomarbeit über die „vergessenen Tiroler" errang 1995 den deutschen Fotopreis und wurde in verschiedenen deutschen Museen, der Photokina in Köln und in Frankreich bei dem renommierten Fotofestival „Les Rencontres d Arles" ausgestellt.

Inzwischen lebt Georg Lembergh in Wien und Tirol. Er arbeitet als Fotograf im Bereich Reportage und Portrait für Publikationen wie GEO Saison, Die Zeit, Profil usw. sowie für Firmen und Institutionen. In letzter Zeit beschäftigt er sich verstärkt mit dem Medium Dokumentarfilm. Siehe auch www.georglembergh.com

Bis heute ist Georg Lembergh den Brasilientirolern in großer Dankbarkeit und Freundschaft verbunden.

Die Abhängigkeit der Bauern von Banken, Exportfirmen und Weltmarktgeschehen treibt viele immer tiefer in Schulden. Das bekommen inzwischen auch die Kaufleute in der Gegend zu spüren. Albertin Krüger, der in California eine Vende (Kaufhaus) betreibt, merkt, dass die Bauern immer weniger für ihre Produkte bekommen, und weil sie die wichtigsten Güter des täglichen Bedarfs trotzdem brauchen, lassen viele bei ihm anschreiben. Das werde von Jahr zu Jahr schlimmer, stellt Krüger fest, und: „Die Außenstände haben sich bereits auf 50.000 Reais [19.000 Euro] summiert." Für ihn sei klar, dass er die Forderungen nicht werde einbringen können. „Die Leute kommen aus den Schulden nicht heraus", stellt er kaufmännisch-nüchtern fest.

Versuchsgarten: Kaffee – dahinter Eukalyptusbäume

Ingwer

Ingwer wurde früher in der Colônia Tirol nur für den Eigenbedarf gepflanzt, und ein solcher war nur bei folgenden Anlässen gegeben: beim „Pfingschtfescht" (Pfingstfest), beim Sebastiansfest am 20. Jänner und beim Herz-Jesu-Fest am 19. Tag nach dem Pfingstsonntag. Jedes dieser drei Feste wurde nach dem Gottesdienst auf dem Platz vor der Kirche von Tirol begangen, und für jedes dieser Feste wurde Ingwerbier gebraut. Der prominenteste Bierbrauer war der alte Josef Erlacher. Manchmal soll ihm beim Biermachen der „Trenz" (Saft) von der Pfeife ins Bier gelaufen sein. Der alte „Haller", wie man den Erlacher auch nannte, weil seine Vorfahren aus Hall in Tirol stammten, wird diese Funktion wohl bis in die 1970er Jahre innegehabt haben.

Einen wirtschaftlichen Stellenwert erhielt Ingwer in Tirol-California erst ein Vierteljahrhundert später. 1997 hatten bereits die großen Projekte Einzug ins Dorf Tirol gehalten. Die ab dem Jahr 1994 in ständiger Zusammenarbeit mit dem Land Tirol forcierten Maßnahmen verhalfen der Colônia Tirol bis 1997 zu einem grandiosen wirtschaftlichen Aufschwung. Und das „Ingwer-Projekt", so waren manche überzeugt, würde diesen Aufschwung krönen und alle bisherigen Erfolge in den Schatten stellen. Das Projekt stand für Aufbruchs- und Goldgräberstimmung. Heute markiert es eher den Punkt, an dem man sich von allzu üppigen Illusionen wieder verabschieden musste.

Florian Thomas, Jahrgang 1946, zählt zu denen, die einen für Ingwer geeigneten Boden – eben und eher trocken – besitzen. Und trotzdem ist er einer von denen, für die es wegen des Ingwers „viel Schaden gegeben hat", wie er sich ausdrückt. Obwohl ein Kilo Pflanzen nach neun bis zehn Monaten mindestens zehn Kilo Ingwer bringen, rechnet sich das Geschäft für ihn und manch anderen nicht. Ingwer macht viel Arbeit, man muss ihn dreimal „unhaifln" (anhäufeln). Außerdem braucht er zum Gedeihen den teuren „Adubo" (Kunstdünger), der aber auch das Unkraut sprießen lässt, sodass man häufig „putzen" (jäten) muss. Die Exportfirma kauft den Ingwer, nimmt aber nur den besten. Sie stellt die Transportkisten zur Verfügung, waschen muss ihn der Produzent selber. Jeder der Kamerádes (Helfer), die man für die Arbeit braucht, kostet zwölf bis fünfzehn Reais pro Tag zuzüglich Verpflegung. Und der Marktpreis für Ingwer gibt meist zur Erntezeit empfindlich nach.

Vital Thomas, Jahrgang 1961, im Jahr 2008 gestorben, lebte in California. Sein Haus, das er mit einem Österreicher zusammen errichtet hat, ist eines der schönsten der Gegend. An einen sanften Hang gebaut, fällt das schmucke Gebäude schon von weitem auf. Links davon erstreckt sich eine ausgedehnte Guavenplantage über den Hang. Jede einzelne der zahllosen „Gojábm" (port. *goyabas*, Guaven) an den vielen Bäumen ist mit einer Plastikfolie umhüllt, um sie vor Schädlingen und den Unbilden der Witterung zu schützen. Die andere Seite der Zufahrt säumt ein lang gestreckter Weingarten. Das Bild erinnert an eine Gartenlandschaft bei Meran in Südtirol. Am unteren Ende der Traubenkultur ein künstlich angelegter Fischteich, der von Maracujapflanzen und Ingwer umgeben ist. Vor 15 Jahren befanden sich auf dem Areal weder Guavenpflanzungen noch Weinreben noch richtige Ingwerplantagen. Es hat sich viel verändert in den letzten eineinhalb Jahrzehnten. Vital Thomas war ein tüchtiger und innovativer Pflanzer und einer der wichtigsten Urheber des Ingwer-Projekts in Tirol-California. In dem mit Hilfe des Landes Südtirol angelegten landwirtschaftlichen Versuchsgarten waren die Experimente mit dem Anbau von Ingwer vielversprechend verlaufen. Geraldo Thomas erinnert sich noch gut an die Anfänge des Projekts, denn er fragte damals für Vital per Fax bei Hofrat Krösbacher in Innsbruck an, ob ein Ingwer-Projekt mit der Unterstützung durch das Land Tirol rechnen dürfe. Klaus Lanser von der Reuttener Gruppe weilte zu diesem Zeitpunkt in Österreich. Noch bevor er mit der zustimmenden Antwort nach Brasilien zurückkehrte, hatte man dort bereits große Anbauflächen für den Ingwer vorbereitet und mit dem Ankauf für Düngemittel die ersten Ausgaben getätigt – alles ohne Zusage vonseiten der Agrarbank für das Projekt. Damals herrschte wirklich eine Art Goldgräberstimmung in Tirol-California, und die von Hermann Oberhofer und Klaus Lanser vorgebrachten Ermahnungen, mit dem Ingwer-Geschäft etwas kleiner zu beginnen, blieben ungehört. Klaus Lanser setzte Vital Thomas nicht nur als Koordinator des Ingwer-Projekts ein, sondern machte ihn gleichzeitig zum Administrator der Agrical. Damit sollte Camilo Thomas, der am Führen einer Buchhaltung nie besonderes Interesse zeigte, eine Art Sekretär zur Seite gestellt werden, damit sich Camilo umso mehr seinen diplomatischen und politischen Talenten widmen konnte.

Vital gelang es, in Tirol-California eine Reihe von Bauern für das neue Produkt zu interessieren. Der Anbau sollte in Zusammenarbeit mit der Agrical erfolgen. In der damals noch auf Papayas spezialisierten Vertriebsfirma GAIA in Santa Leopoldina fand man einen zuverlässigen Abnehmer für das neue Produkt. Die Firma verpflichtete sich allerdings nur zur Abnahme des qualitativ besten Ingwers in einer vor der Ernte vereinbarten Menge. Über die konkrete Zusammenarbeit waren sich Agrical und Bauern bald einig: Der Genossenschaft oblag es, den Bauern Pflanzen und Dünger zu liefern und auf deren Plantagen die notwendige Traktorarbeit zu verrichten, damit die Landwirte sich ganz ihren Pflanzungen widmen konnten. Dafür sollten die Bauern fünf Prozent vom Ernteerlös an die Agrical abführen. Einem Projekt, das anscheinend von Österreich gefördert war, stimmte die Bank ohne Zaudern zu. „Jeder einzelne Bauer hat dort mit gescheiten Zinsen seinen Kredit gemacht", erinnert sich Vital Thomas. (Nach der Projektvorgabe von Hermann Oberhofer sollte für alle teilnehmenden Bauern zusammen ein Kreditvolumen von 50.000 Dollar aufgenommen werden, für das ein Zinssatz von 9 % ausgehandelt wurde.) Die ausgezahlten Kredite kamen auf das Konto der Agrical. Vital sollte das Geld verwalten und davon alles finanzieren, was für den Ingweranbau benötigt wurde. Irrtümlicherweise rechnete Vital damit, dass die Entwicklungshilfe des Landes Tirol auch die Kreditzinsen übernehmen würde. Diese hatte jedoch Zuschüsse zu den aufgenommenen Darlehen von Anfang an dezidiert ausgeschlossen. Franz Krösbacher (Amt der Tiroler Landesregierung) betont, dass lediglich eine limitierte Förderung für den Ankauf von Dünger und Saatgut für das Ingwer-Projekt gewährt worden sei.

Das Projekt begann 1997 und wurde anfangs von Vital Thomas mit Hingabe betreut. Alle zwei Wochen besuchte er jeden einzelnen Bauern und überzeugte sich vom Gedeihen der Plantagen. Er wusste, dass vonseiten des Landes Tirol in vielerlei Hinsicht Wesentliches zum Wohl von Tirol do Brasil investiert wurde, und er setzte seinen Ehrgeiz darein, dass dieses Engagement Tirols mit seiner Hilfe Früchte tragen möge. Camilo Thomas als Präsident der Agritical hegte jedoch von vornherein Zweifel daran, dass sich alle Genossenschafter an die mit GAIA vereinbarten Abmachungen halten würden. Es stellte sich bald heraus, dass der ehrgeizige und überaus fleißige Vital selbst den flächenmäßig größten Ingweranbau betrieb und gleichzeitig eine große Guavenplantage anlegte. In Erwartung hoher Ernteerträge aus dem Ingwergeschäft dürfte Vital einen Teil der dafür benötigten Mittel aus den bei der Agritical geparkten Ingwer-Krediten finanziert haben.

Der Gewinn aus dem Ingwergeschäft blieb jedoch deutlich hinter den Erwartungen zurück. Vital Thomas erklärte das damit, dass China im selben Jahr den Weltmarkt mit riesigen Mengen Ingwer überschwemmt und damit den Preis ruiniert habe. Dies war aber vermutlich nicht der einzige Grund für das schlechte Abschneiden einiger Bauern. Denn immerhin konnten etliche andere gute Gewinne einfahren – nämlich diejenigen, die beste Qualität lieferten und nicht mehr produziert hatten, als mit den Abnehmern vereinbart worden war. Diese Bauern konnten ihre Kredite bedienen, forderten von Vital als dem Projektbetreuer aber diejenigen Mittel zurück, die nicht streng nach den Vorgaben des Projekts eingesetzt worden waren.

Das Jahr 1997 markierte nicht nur den Beginn des Ingwer-Projekts, sondern war auch ein Jubiläumsjahr: 140 Jahre Gründung der Colônia Tirol. (Da die Tiroler erst 1859 eingewandert sind, ging es genau genommen um den Beginn der europäischen Einwanderung nach Espírito Santo.) Dem sollte eine Arbeitsteilung Rechnung tragen: Während Vital Thomas das Ingwer-Projekt betreute, sollte sich Camilo Thomas der Vorbereitung des Jubiläums widmen. Dabei wurde Camilo Thomas eröffnet, für das Ingwer-Projekt nicht zuständig zu sein, was er – als Präsident der Agritical – vielleicht als Zurücksetzung empfand. Auch die vorübergehende Doppelfunktion von Vital Thomas als Projektbetreuer und Geschäftsführer der Genossenschaft dürfte viel zu den späteren Verwicklungen beigetragen haben. Für die Vorbereitung des Jubiläums konnte Camilo Thomas auf das

Vital Thomas in seinem Weinberg

Ingwer-Setzlinge

Genossenschafts-Konto zugreifen, auf dem das Geld von den Ingwer-Krediten lag.

Beim Organisieren des Festes dürfte Camilo nicht sehr geschickt agiert haben, was entschuldbar war, denn Camilo studierte zwar zeit seines Lebens mit viel Hingabe das Krippenspiel zu Weihnachten und andere „Teatros" ein, im Organisieren eines Großereignisses von internationaler Dimension hatte er jedoch keine Erfahrung – und war zudem von Leuten umgeben, die darin noch viel weniger Erfahrung hatten als er selbst.

Ein wesentlicher Fehler unterlief Camilo beim Zeitplan. Die Einladungen an die Ehrengäste in Europa wurden erst drei oder vier Wochen vor dem Termin ausgeschickt, ganz so, als würde es sich um ein Ingwerbierfest auf Bezirksebene handeln. Auch der Hinweis von Franz Krösbacher, dass 140-Jahr-Feiern in Österreich nicht üblich seien, wurde überhört. Es braucht kaum erwähnt zu werden, dass die eingeladenen Persönlichkeiten aus Übersee nicht eintrafen. Noch dazu war das Fest völlig verregnet, sodass letztlich nur etwa ein Fünftel der erhofften Besucher teilnahmen. Damit mussten auch die Einnahmen aus dem Fest weit unter den Erwartungen bleiben. In Wirklichkeit war die Summe der Erlöse vermutlich gleich null, weshalb die Endabrechnung ein kräftiges Minus ergab; der Organisationsaufwand und die nicht unerheblichen Werbekosten schlugen stark zu Buche. Somit war die Genossenschaft praktisch pleite, und zu allem Überdruss begingen Camilo Thomas als Präsident sowie Vital Thomas als Administrator der Agritical und Verantwortlicher des Ingwer-Projekts den wohl größten taktischen Fehler, indem sie die Bauern über den finanziellen Zustand des Agrarvereins nicht aufklärten.

Plakat für das Ingwerfest 2003

Die Pleite der Agritical wurde erst ein halbes Jahr nach den geschilderten Vorfällen im Frühjahr bekannt, als ihre Mitglieder Geld für Düngemittel in Anspruch nehmen wollten. Vital und Camilo schoben sich gegenseitig die Schuld an der Misere zu, und beide gerieten in den Verdacht, Geld veruntreut zu haben.

Die unmittelbaren Folgen der Ereignisse: Camilo Thomas musste als Präsident der Agritical, Vital Thomas als Betreuer des Ingwer-Projekts zurücktreten, die Genossenschaft war pleite. Der nachfolgenden Präsidentin Angela Thomas fiel die undankbare Aufgabe zu, Ordnung in das hinterlassene Chaos zu bringen. Vital Thomas blieb auf seinen Schulden sitzen. Von ihm forderten die Bauern auch ihre Kreditzinsen zurück, denn er hatte ihnen versichert, dass das Land Tirol die Zinsen tragen würde. Es stellte sich jedoch heraus, dass eine offizielle Zusage vonseiten des Landes nicht vorlag. Stattdessen wurde Vital eine Aufwandsentschädigung für die von ihm erbrachten Leistungen als Geschäftsführer der Genossenschaft angeboten. Dieses Angebot scheiterte an der daran geknüpften Bedingung, seine im Rahmen der Agritical getätigten privaten Abmachungen offenzulegen. Gerhard Renzler erkannte den Ernst der Lage, startete in Tirol eine Spendenaktion und trieb auf diese Weise wenigstens das Geld für die Zinsen auf.

Feste

Feste zu veranstalten ist in den ländlichen Regionen Brasiliens sehr beliebt. Dabei geht es neben Musik, Tanz und Unterhaltung stets auch um die Einnahmen aus Eintrittsgeldern oder Tombolas, mit denen bestimmte Vorhaben finanziert werden sollen. Zu den von Camilo Thomas organisierten Veranstaltungen trugen viele Leute in Tirol-California in unterschiedlicher Weise bei – etwa durch das Spenden von Blumen oder Backwerk, eines Huhns oder Schweins, von Bohnen oder Reis. Die von den Festgästen für die Tanzveranstaltung entrichtete „Entrada" (Eintrittsgeld), der Verkauf von Speisen sowie eine „Lelão" (Versteigerung) brachten Einnahmen, die für verschiedene Projekte gedacht waren, zum Beispiel für die Anschaffung einer zahnärztlichen Behandlungseinrichtung oder die Installation einer Telefonanlage. Doch angeblich hat die Colônia Tirol nach solchen Festen „nie kein Geld gesehen". Wurde Camilo Thomas zur Rede gestellt, habe es immer nur geheißen, er sei betrogen oder das Geld gestohlen worden. Doch die „Músikpanta" (portug. *banda musica*, Musikkapelle) müsse bezahlt werden, gab Bernardino Helmer zu bedenken, und auch die Einladung für den Governador, der mit dem Helikopter von Vitória gekommen war. Camilo habe zwar nicht den Flug bezahlt, doch das Essen für die „großen Gäste" sei gratis gewesen, was entsprechende Kosten verursacht habe. Großzügige Einladungen, kostspielige Werbung, eine vielleicht zu teure Musikkapelle und wohl auch eine gewisse Sorglosigkeit beim Organisieren dürften die Einnahmen schon vor Beginn des Festes „gefressen" haben. Im Bemühen, „seine" Tiroler Kolonie in Brasilien besser bekannt zu machen, hatte sich Camilo Thomas offenbar bemüht, wichtige Politiker nach Tirol do Brasil zu holen. Vielleicht erhoffte er sich dadurch auch die Bereitstellung von Mitteln für den dringend benötigten Ausbau der Zufahrtsstraßen. Möglicherweise spielte bei den großzügigen Einladungen zum Jubiläumsfest 1997 aber auch die Überlegung eine Rolle, das für die Projekte benötigte Geld werde man von Österreich bekommen. Darin

Das jährliche Reiterfest in Santa Leopoldina

irrten die Leute von der Agritical. Franz Krösbacher, der Leiter der Entwicklungshilfe des Landes Tirol, stellt klar, dass Vital Thomas und auch Camilo Thomas wissen mussten, dass sie „weder für ein Fest noch für private misslungene Geschäfte" mit einer Förderung vonseiten des Landes Tirol rechnen durften. Dessen ungeachtet war die Genossenschaft für die Entwicklungshilfe des Landes Tirol nach wie vor „die einzige Trägerin der Projekte im Dorf Tirol". Um deren Auflösung zu verhindern, übernahm das Land schließlich die Verpflichtungen der Agritical, jedoch ohne bei der Übernahme der aushaftenden Forderungen von den Förderungsprinzipien abzugehen. Im Herbst 1998 leiteten Krösbacher und Siegfried Hittmair vor Ort die notwendigen Sanierungsmaßnahmen für die Genossenschaft ein. Angela Thomas, die neue Präsidentin der Agritical, wurde angewiesen, „keinerlei Rechnungen im Zusammenhang mit dem Fest" und auch „keinerlei Forderungen aus Geschäften, die nichts mit der Genossenschaft zu tun" hatten, zu übernehmen. Angela Thomas musste von den Forderungen daher etliche ausscheiden, unter anderem einige von denen, die Vital Thomas in seiner dreifachen Funktion als Koordinator des Ingwer-Projekts, als Geschäftsführer der Agritical und als Privatmann betrafen.

Die Folgen der konsequenten Entscheidungen erwiesen sich für die unmittelbar in die Aktivitäten involvierten Personen einigermaßen dramatisch. Camilo Thomas büßte im Dorf Tirol seine Glaubwürdigkeit ein und verlor bald darauf alle öffentlichen Funktionen. Das Ingwer-Projekt brachte Vital Thomas beträchtliche Schulden ein. „Då kimmsch nid leicht auße", erzählte er mir im Jahr 2006. Und das, obwohl er für zwei arbeitete. Was ihn besonders schmerzte, war, dass er und seine Frau sich nicht imstande sahen, der begabten Tochter eine Musikausbildung zu ermöglichen. Schlussendlich sah er sich in Österreich um eine Beschäftigung um. Dort durfte er auf gute Bekannte setzen, die bei verschiedenen Tiroler Entwicklungshilfeprojekten dabei gewesen waren und ihm – wie er hoffte – eine Arbeit vermitteln würden. Schon vor dem Ingwer-Pech hatte er mit dem Gedanken gespielt, für ein paar Monate in Österreich zu arbeiten, war deshalb eine Zeit lang jeden Samstagnachmittag bei Camilo Thomas in die Schule gegangen und hatte in einer altersmäßig bunt gemischten Gruppe von etwa 15 Personen Schriftdeutsch gelernt. Vital, der in Boquerão do Thomas, einer kleinen Streusiedlung im Distrikt Santa Leopoldina, aufgewachsen war, sprach kaum ein Wort Portugiesisch, als er mit acht Jahren in die Schule kam. Seine Mutter sprach Tirolisch, obwohl sie eine Bremenkamp war. Doch die Großmutter hieß Maria Siller, und die Sillers stammen aus dem Stubaital, die Bremenkamps und die Thomasse hingegen aus Westfalen – trotzdem spricht auch Vitals Vater nicht Platt, sondern Tirolisch. Die Familien in Boquerão mit den Namen Thomas, Volkers, Bremenkamp, Walcher – sie alle hätten, so Vital, miteinander Deutsch gesprochen und dabei den tirolischen Dialekt verwendet. Das deutet darauf hin, dass sich unter den Katholiken Boquerãos die Sillers und Walchers mit ihrer Tiroler Mundart gegenüber den anderen Dialekten durchgesetzt hatten.

Als Vital Thomas im Jahr 2003 im Alter von 42 Jahren das erste Mal nach Österreich flog und in Hopfgarten im Brixental Arbeit auf einem Bauernhof fand, kam er mit den dortigen sprachlichen Verhältnissen auf Anhieb bes-

In der Guavenpflanzung von Vital Thomas

tens zurecht. Nur an die eigentümliche Aussprache der Lautverbindung „r + t" als „scht", wie sie in „Hopfgåschtn" üblich ist, musste er sich erst gewöhnen. Danach kam Vital noch zweimal nach Hopfgarten – dann war er aus den Schulden draußen. „Und i werd wieder giahn", hoffte er, „und no amål, solång's geaht." Seiner Familie gehe es nicht schlecht, bekannte er freimütig, er könne auch seinen Brüdern unter die Arme greifen. Und die Tochter studiere jetzt Musik.

Bewundernswert die Art, wie er seine Guaven für den wählerischen Markt fit macht. Das gehe heute nicht mehr anders, stellte er fest. „Du muascht oanfåch des Älte fagessn und åndre Såchn suachn." Nur mit Bananen zu arbeiten oder nur mit „Jammus" (Yamms) – das bringe nichts mehr ein, man müsse andere, neue Wege finden. Große Hoffnungen setzte er offensichtlich in seine Weintrauben, die nach seiner Meinung eine gute Alternative zu den übrigen Obstsorten darstellen – wenigstens für die nächsten paar Jahre.

Seine Kinder sollten nicht in der Kolonie Guaven, Trauben und andere Früchte züchten – das sei es nicht, was er sich für seine Kinder wünsche, erklärte Vital ohne Umschweife. Denn als Bauer „muascht oanfåch jedn Tåg buckln", man müsse jede Stunde ausnützen, man könne sich keine Zeit für einen Urlaub nehmen und habe kein freies Wochenende. Für den, der eine gute Schule absolviert hat, gebe es gute Chancen, eine gute Arbeit zu finden. – Das „Jeden-Tag-buckeln-Müssen" erinnert an die Baugeschichte von José Schaeffers altem Wohnhaus, mit dessen Errichtung sein Großvater 1922 begonnen hatte. Oft konnte er nur einen Tag im Monat daran bauen, nämlich dann, wenn es regnete; die übrige Zeit arbeitete er auf dem Land, pflanzte Bohnen, Mais, Kaffee und Maniok – und in den Regenmonaten August und September musste in der „Farienmiele" (Maniokmühle; zu portug. *farinha*, Mehl) gearbeitet werden. Erst nach 15 Jahren war das Wohnhaus fertig.

Unter den Möglichkeiten, das Leben für die Bauern endlich attraktiver zu gestalten und damit die Landflucht einzudämmen, rangiert für alle Bewohner von Tirol-Californa der Ausbau der Fahrwege an erster Stelle. Für ebenso wichtig hält Vital die Verbesserung der Kommunikationseinrichtungen. Tatsächlich hat kaum jemand Telefon, von einem Internetanschluss ganz zu schweigen. Für keinen Anbieter würde es sich rechnen, die wenigen verstreuten Abnehmer in dem weitläufigen, bergigen Siedlungsgebiet mit Leitungen zu versorgen. Und das Installieren von Sende- und Empfangsanlagen müsste man selbst bezahlen. Das käme sehr teuer, und obendrein wäre die damit erreichbare Internetverbindung äußerst langsam, meint Vital und verweist auf die Pousada, wo Hubert Thöny eine solche Anlage betreibt. Vom brasilianischen Staat sei vorläufig keine Förderung in dieser Hinsicht zu erwarten, fürchtet Vital, und für die von Österreich erhaltenen Förderungen wünscht er sich eine stärkere Bündelung der Mittel und deren Fokussierung auf eine Verbesserung der Verkehrs- und Kommunikationsstruktur. Die Finanzierung eines Einfamilienhauses hier und die Übergabe einer Nähmaschine dort hätten freilich mancher Familie sehr geholfen, auf die Entwicklungschancen der Region habe dies jedoch kaum nachhaltigen Einfluss. Beim Ausbau der Verkehrswege sei es auch gar nicht nötig, sich auf sündteure und viele Kilometer umfassende Straßenbauprojekte einzulassen, vielmehr würde es genügen, vorerst die gröbsten Schwachpunkte einer Strecke zu sanieren und den Gesamtausbau in mehreren Teilstücken zu planen.

Seine Aufenthalte in Österreich haben Vital auch für die globalen Fragen der Wirtschaftspolitik empfänglich gemacht. Ein großes Problem sieht er in der Ungleichheit der Förderungssysteme in Südamerika, Europa und Nordamerika. Brasilien biete den Bauern für ihren landwirtschaftlichen Bedarf relativ billige Kredite. Eine andere Förderung gebe es aber nicht. Vital scheint die Kreditkonditionen durchaus positiv zu beurteilen, doch wie Florian Thomas erzählt, treiben auch scheinbar preiswerte Kredite viele Bauern in die Schuldenfalle. Nordamerika und Europa fördern ihre Bauern hingegen gut, ist Vital überzeugt. Und das beeinträchtige die Exportchancen der brasilianischen Produzenten. Gewisse Hoffnungen setzt er in dieser Hinsicht auf den Mercosul („Mercado Comum do Sul", Gemeinsamer Markt des Südens); sofern es ihm gelingt, die Handelsinteressen der südamerikanischen Länder gegenüber den anderen Handelsblöcken erfolgreich zu vertreten. „Denn die Europäer brauchen unsere Produkte", ist Vital überzeugt. „Aber sie möchten sie billiger haben." Würde aber in Europa das Niveau der Lebensmittelpreise insgesamt steigen, könnten auch die brasilianischen Produzenten höhere Gewinne erzielen. Dafür müssten die Europäer die Förderungen für ihre eigenen Bauern jedoch kürzen.

Mit einem verlegenen Lächeln entschuldigt sich Vital für seine wirtschaftspolitischen Betrachtungen. Nein, natürlich wünsche er nicht wirklich, dass die Europäer mehr ausgeben müssen, nur damit ein paar südamerikanische Bauern leichter überleben können. Ich aber finde seine Forderungen nur fair – und dabei fällt mir ein Markenzeichen ein, das man in Österreich auf vielen Produkten aus Übersee findet: die Aufschrift „Fair Trade". Sie enthält eine wirtschaftsethische Forderung, deren Sinnhaftigkeit ich hier in der größtmöglichen Unmittelbarkeit begreife, weil ich es mit einem südamerikanischen Produzenten zu tun habe, den ich schon allein wegen seines mir vertrauten Dialekts wie einen Landsmann betrachten kann. Deshalb erkläre ich ihm, dass er sich für seine Forderung nicht entschuldigen müsse. Und nicht ohne einen leisen Grimm denke ich daran, wie der durchschnittliche Konsument in einer europäischen Wohlstandsgesellschaft sein Kaufverhalten organisiert und seine Prioritäten verteilt:

Anwesen von Florian Thomas

Während man etwa für immer monströsere Automobile Unsummen ausgibt, dürfen Grundnahrungsmittel das Haushaltsbudget wenig bis gar nicht belasten. – Würden die Bauern „drüben" nicht gefördert, ginge es ihnen nicht anders oder vielleicht sogar schlechter als den Bauern im brasilianischen Urwald, schließt Vital seine Betrachtungen.

Vital Thomas war nicht nur einer der innovativsten, sondern wohl auch einer der fleißigsten Landwirte in der Colônia. Nach den Schwierigkeiten mit dem Ingwer vertraute er nur mehr seiner Hände Arbeit und der tatkräftigen Unterstützung durch seine Frau. Er ließ sich auf keine finanziellen Abenteuer mehr ein und gehörte keiner Genossenschaft mehr an. Auch an einer Mitgliedschaft im Kirchenrat war er nicht interessiert, dafür erfüllte er, der selbst gern im Kirchenchor von California sang, seiner Tochter deren größten Wunsch: Sie studiert Klavier und Gesang am Konservatorium von Vitória. – Diese Zeilen müssen zu meinem tiefsten Bedauern mit dem Nachtrag versehen werden: Am Abend des 25. August 2008 ertrank Vital Thomas beim Fischen in seinem Teich. Mögen ihm diese Worte zu einem ehrenden Andenken gereichen.

Der von Vital Thomas ins Leben gerufene Ingweranbau war ganzheitlich betrachtet keinesfalls ein Fehlschlag. Auch Franz Krösbacher vom Amt der Tiroler Landesregierung stellt fest, dass damit „eine neue Produktionssparte mit Einnahmemöglichkeiten geschaffen wurde, die den Bauern im Dorf Tirol zugute kam". Der in Wien lebende Tiroler und Lateinamerikaspezialist Siegfried Hittmair gibt humorvoll zu bedenken, dass dieser „Fehlschlag" immerhin dazu geführt habe, dass die Bauern nach dem Ingwer-Projekt nicht mehr bloßfüßig herumliefen, sondern sich Mopeds leisten konnten.

Landflucht und Zuzug

José Schaeffer ist Landwirt und ein tüchtiger Deutschlehrer. Er wohnt mit seiner großen Familie in dem baufälligen Häuschen, das sein Großvater errichtet hat. Ein neues Haus kann er sich unter den gegenwärtigen Wirtschaftsverhältnissen aus eigener Kraft nicht leisten. Oft schon hat seine Frau vorgeschlagen, nach Santa Leopoldina zu ziehen und dort eine Wohnung zu mieten. In Leopoldina seien auch die Bildungschancen für die Kinder größer, meint sie, und damit hat sie natürlich nicht unrecht. José hat sogar schon Grund verkauft, um das Geld für die notwendigsten Renovierungen an seinem Haus aufzutreiben. Noch mehr Ackerland kann er nicht verkaufen, damit würde er die eigene Existenz als Landwirt gefährden.

In ähnlichen Situationen haben schon viele ihren Besitz veräußert. Die Käufer, gewöhnlich Unternehmer aus der Stadt, verfügen über die Mittel für die notwendigen Investitionen. Mitunter bleibt der alte Besitzer auf dem verkauften Hof und bearbeitet das Land weiter, jetzt aber für den neu-

José und Lourdes Schaeffer

en Eigentümer. Meist bekommt der Verkäufer die Hälfte von dem, was er auf seinem ehemaligen Besitz erwirtschaftet. Das „Für-die-Hälfte-Arbeiten" ist alt und scheint sich unter den Siedlern selbst herausgebildet zu haben. So arbeitete Valdemiro Siller, der kein Land besaß, früher für Camilo Thomas – für die Hälfte, sodass die beiden annähernd gleichaltrigen Männer das Land nach dem Halbpacht-System bewirtschafteten: Camilo stellte Land, Saatgut und Dünger zur Verfügung, Valdemiro leistete die Pflanzarbeit. Der Ernteertrag kam beiden in gleichen Teilen zugute. (In diesem besonderen Fall schenkte Camilo Thomas Valdemiro Siller später einen Teil des Landes.) Ein derartiges Beschäftigungsverhältnis muss für den Pachtnehmer nicht notwendigerweise gänzlich unattraktiv sein.

Vanderlei Gröner arbeitet ebenfalls in California als Pächter für die Hälfte des Ertrags, obwohl er von seinem Vater in Tirol eigenes Land bekommen könnte – was ihn aber nicht sonderlich interessiert, weil dieses Land in den Hängen liegt und der Einsatz eines Traktors dort nicht möglich wäre. Sein „Patron" stammt aus Vitória und besitzt in California große Gemüseplantagen. Vanderlei bewirtschaftet den Besitz seines Patrons schon seit 20 Jahren; er bearbeitet die Plantagen mit modernem Gerät, das der Patron zur Verfügung stellt. Zum Betrieb gehört auch ein Schweinestall, der am Rand der ebenen Plantagen an einem Hang liegt. Vanderlei bekommt das Futter für die Schweine vom Arbeitgeber und teilt sich auch den Gewinn aus der Schweinemast mit diesem. 2008 wurde für ihn und seine Familie neben dem Schweinestall ein neues Haus errichtet, und etwas höher am Hang ließ der Patron zur selben Zeit ein größeres Haus für sich selbst bauen.

Auch Bernardino Helmers Schwester, Cecilia Margarida Helmer Schaeffer, ist eine Halbpacht-Bäuerin. Weder sie noch ihr Ehemann haben eigenes Land. Sie lebt mit ihrer Familie am nördlichen Rand von California und bearbeitet den Boden, den ihr Vater einst an einen Pommern verkauft hat. Da dieser weit weg am „Farien-Fluss" (Rio das Farinhas) lebt, kann er den Besitz nicht selbst bewirtschaften. Cecilia lebt schon seit 35 Jahren an diesem Platz und arbeitet auf dem ehemaligen Land ihres Vaters für jemand anderen für die Hälfte. Der Patron stellt Mist und Pflanzen zur Verfügung, Cecilia und ihre Familie machen die Arbeit. Von den Hühnern und Schweinen, die sie auf dem Hof hält, braucht sie nichts abzugeben. Sie kann sich auch von den Bananen und den anderen Früchten rund ums Haus so viel nehmen, wie sie für den Eigenbedarf braucht. Andere Verpächter verlangen angeblich auch davon Abgaben. Trotzdem bleibt ihr wenig Bargeld übrig, weil ihr Patron ganz und gar nicht so großzügig ist, wie es den Anschein hat. Denn sie darf den ihr gebührenden Anteil an der Ernte nicht frei vermarkten, sondern muss alles an den Patron verkaufen, der ihr aber nicht viel dafür bezahlt.

Auch Eloi arbeitet für die Hälfte. „Eloi ist mein Junk", erklärt Cecilia Schaeffer, nicht ohne darauf hinzuweisen, dass ihre Mutter genauso gesprochen habe, weil sie mehr von der Luxemburgischen Linie geprägt gewesen sei. Ihr Vater, ein Tiroler, hätte hingegen gesagt: „Der Eloi ischt mei Puä." Eloi bewirtschaftet eine Kolonie gleich in der Nähe, die leer stand und deshalb verkauft wurde. Um das Land zu erwerben, fehlten Eloi die Mittel, also bearbeitet er es „für die Hälfte". Cecilias zweiter Sohn, Enilto, ist fortgezogen und arbeitet in der Fremde – auch für die Hälfte. Ihm gehe es aber besser, versichert Cecilia, weil er alles selbst an den Meistbietenden verkaufen dürfe. Inzwischen besitze er ein Auto und habe schon eigenes Land erwerben können.

Generell ist die wirtschaftliche Situation in California besser als in Tirol. In California hat sich in den letzten Jahren aufgrund der günstigeren Anbaubedingungen für Ingwer, Wein, Obst und Gemüse viel zum Positiven verändert. Auf dem Land ist in Brasilien der Strom billiger als in der Stadt und das Wasser gratis; den Eigenbedarf an Obst und Gemüse produziert man selbst. Wer auf dem Land Arbeit findet, dem bleibt deshalb vom verdienten Geld mehr als den Arbeitern in der Stadt. Im Vergleich zur Tiroler Seite gibt es in California folgerichtig auch weniger Abwanderung.

Beispiel für die sich ändernden Besitzverhältnisse in der Colônia Tirol: Der Käufer aus Vitória hat für sich einen Bungalow errichtet, während die Verkäufer weiterhin ihr kleines Haus bewohnen und das Anwesen des neuen Eigentümers gegen Entlohnung betreuen.

Die Grundverkäufe haben in Tirol-California in der Vergangenheit zu einem gewissen Zuzug von außen geführt. Wenn der neue Besitzer das Anwesen lediglich als Zweitwohnsitz benützt und vielleicht Rinder oder Reittiere einstellt, muss er Haus und Tiere während seiner Abwesenheit von anderen Personen betreuen lassen, zumeist von den Ortsansässigen, die für den Besitzer aus der Stadt „in den Tag verdienen gehen" und somit als Tagelöhner arbeiten. Manchmal heuert der neue Eigentümer aber einen auswärtigen „Caseiro" (Hausverwalter) an, der das Haus betreut. In California gibt es einen Besitzer aus Vitória, der drei auswärtige Familien auf seinem Land beschäftigt. Bei den krass unterdurchschnittlich entlohnten Caseiros herrschte oft reges Kommen und Gehen, weil sie vom Arbeitgeber immer wieder ausgewechselt wurden, um zu verhindern, dass für die Beschäftigten nach drei Monaten gewisse Arbeitnehmerrechte wirksam werden. Mittlerweile wurden der Arbeitnehmerschutz ausgebaut und das Wissen der Landarbeiter um ihre rechtliche Position gestärkt.

Handwerk und Gewerbe

Da die Einwanderer von 1859 hauptsächlich für den Anbau von Kaffee ins Land geholt worden waren, sind die Gewerbetreibenden in Tirol-California zahlenmäßig weit schwächer vertreten als die Ackerbauern. Vor allem unter den Landwirten mit dem Namen Siller gab es immer wieder solche mit ausgeprägtem handwerklichem Talent. Auch das mag historisch bedingt sein, denn die Siller'schen Ureinwanderer waren Handwerker aus dem für seine Werkzeugindustrie berühmten Stubaital. Im Schuppen von Ricardo Siller in California findet man eine Vielzahl von alten Handwerksgeräten. Für seine Werkzeuge verwendet Ricardo bis heute die originalen tirolischen Ausdrücke wie „Gåschtrhobel" (Gasterhobel; vielleicht zu lat. *castrare*) für das Gerät, mit dem man bei den Bodenbrettern die Nuten macht. Geschickte Handwerker finden sich auch unter den heute in der

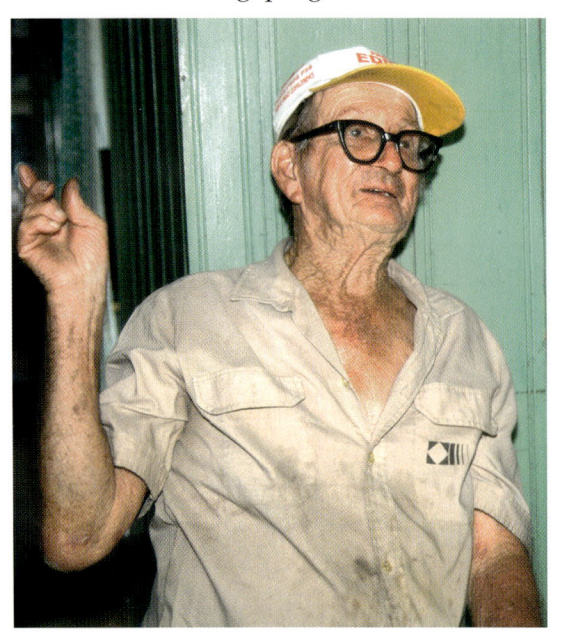

Oskar Lichtenheld (Jahrgang 1918)

Oskar Lichtenheld an seiner Esse

Colônia Tirol ansässigen „Pommern", wie etwa Martin Gröner oder Armindo Flegler. Eine Berühmtheit ist Oskar Lichtenheld, der aber in Luxemburgo wohnt. Er war der prominenteste Schmied der Kolonie, und seine Buschmesser genießen bis heute einen ausgezeichneten Ruf. Er wohnt unterhalb des Wegs, der von Tirol zum Schwarzen Felsen führt. Oskar, 92 Jahre alt, demonstriert Besuchern in seiner noch immer betriebsbereiten Esse gern die Arbeit seiner Zunft. Für die Werkstatt nutzte er früher die Wasserkraft des am Haus vorbeifließenden Baches, an dem bis vor kurzem sein Schwiegersohn eine Maniokmühle betrieb. Oskar Lichtenheld, der keine Lehre absolvierte und sein Wissen auch nicht aus Büchern bezog, hat sich das Schmieden selbst beigebracht. Er experimentierte mit Eisen, Feuer und Öl, bis sich nach und nach das richtige Gespür für seinen Werkstoff einstellte. Dann ließ er sich auf der Prefeitura (Präfektur, Bürgermeisteramt) in Santa Leopoldina als Schmied eintragen.

Lichtenheld stellte Arbeitsgeräte wie „Fakongs" (portug. *facão*, Buschmesser) oder „Foisen" (portug. *foiça*, Rodungssichel) her, aber auch die Reparatur einer Nähmaschine brachte ihn nicht in Verlegenheit. Sogar das eine oder andere Schrotgewehr fabrizierte er – was heute allerdings verboten sei, wie er betont. Oskar Lichtenheld ist evangelisch und spricht neben „Platt" Hochdeutsch. Das sind die Gründe dafür, dass er von den Tirolern als Pommer wahrgenommen wird. Lichtenhelds Vorfahre, der

Kreissäge und elektrisch betriebener Schleifstein bei Martin Gröner

Werkzeug: eine „Grapwa" zum Ausheben der Bananenstauden, zwei „Foißen" zum Roden von Sekundärwald, drei Hacken und eine „Kavadéra" zum „Tuunmoggn" (Zaunmachen)

Emigrant Carl Oscar Lichtenheld, war im Jahr 1858 als „Prussiano", als Preuße also, eingewandert. Mit „Prussia" ist in den Hafenbüchern von Vitória aber nicht immer Pommern gemeint, sondern auch die preußische Rheinprovinz, zu der Nordrhein-Westfalen und Rheinland-Pfalz gehörten. Aus diesem Preußen kam der Einwanderer Lichtenheld, er stammte somit aus dem westlichen Deutschland. Da solche Preußen zur selben Zeit wie die Luxemburger einwanderten, ließen sie sich mit diesen in Luxemburgo nieder. Das gilt auch für die pommerischen Familien Flegler, deren Vorfahren in Wirklichkeit aus Niklashausen in Baden stammen. Auch manche der bereits 1859 eingewanderten echten Pommern siedelten in Luxemburgo, wie etwa die Gröners, deren Vorfahre Karl Gröner aus Schlönwitz in Pommern stammte. Auf einer Karte von 1872 ist dieser Teil von Luxemburgo als Pomerania verzeichnet.

Martin Gröner, Jahrgang 1937, hat sein Schmiedehandwerk bei Oskar Lichtenheld gelernt und wie dieser in Luxemburgo gelebt. Erst im Jahr 1960 zog er nach Tirol, wo er unweit der Kirche wohnt, an einer Stelle, wo der alte Saumweg an dem markanten Granitfelsen „Fauler Fisch" vorbei nach Santa Leopoldina hinunterführt. Der alte Luiz Lipphaus habe oft erzählt, wie die Tropeiros mit ihren Tropas vorbeigekommen seien, erinnert sich Gröner. Mit Pferden und Maultieren hatte man als Schmied beruflich allerdings nicht viel zu tun. Hin und wieder war ein Pferdegeschirr zu reparieren, mehr nicht. Auch Pferde- oder Ochsenwagen gab es keine, weshalb auch keine Wagenräder zu beschlagen waren. Gröner und Lichtenheld fertigten hauptsächlich Geräte für den Feldeinsatz. Da sie selber zugleich Bauern waren, wussten sie, worauf es bei den Werkzeugen ankam. Vieles davon hätte man auch in Santa Leopoldina kaufen können, aber diese Waren entsprachen meist nicht den Ansprüchen der Kolonisten. Die Erzeugnisse aus Oskars Schmiede wurden sehr geschätzt, seine Taschenmesser sogar im fernen Rio Grande do Sul verkauft.

Als Rohmaterial kauften Gröner und Lichtenheld in Santa Leopoldina die ausgebauten Blattfedern von verschrotteten Autos. Beim Schmieden tauchten sie das glühende Metall in flüssiges Rinderfett, was im richtigen Moment geschehen musste. Dann wischte man das Fett ab und prüfte mit einer Feile die Qualität des Stahls. Manchmal ging es um Sonderanfertigungen von Geräten für eher individuelle Einsätze. Da hörten sich die beiden Handwerker die Vorstellungen der Leute an, studierten das Problem und machten sich ans Werk. Manches davon wäre wohl reif für das Patentamt gewesen.

Die Kunden kamen oft von weit her geritten, um bei ihnen Waren zu bestellen. Wenn sie das nächste Mal kamen, waren die Aufträge ausgeführt, die Sachen wurden bezahlt und mitgenommen. Damals sei die Zahlungsmoral noch gut gewesen, erinnert sich der Schmied, später sei sie vor allem bei den jungen Leuten schlechter geworden.

Kunstschmiedearbeiten fielen nicht in das Ressort der beiden Schmiede, denn die Grabkreuze auf dem Friedhof wurden meist aus Holz gefertigt. Und für die Reparatur von Uhren gab es den Uhrmacher Friedrich Gröner, der auch beim Schwarzen Felsen wohnte. Oft war etwas zu löten, Küchengeschirr zum Beispiel. Solche Arbeiten führten sie mit dem groben Lötkolben aus, den man im Feuer der Esse erhitzte. Das Ergebnis genügte nur selten den Qualitätsansprüchen, die Meister Oskar Lichtenheld an sich selber stellte. Jetzt wäre das alles leichter, erläutert Martin, denn heute gebe es elektrischen Strom. Erst unlängst habe der alte Oskar zu ihm gesagt, jetzt müsste man noch einmal jung sein, wo man all das schöne Werkzeug und die guten Arbeitslampen habe.

Seinen Amboss hat Martin Gröner in Vitória gekauft. Die Esse funktionierte per Handkurbel, und Oskar verwendete früher einen Blasebalg aus Leder – damals, als es noch einen Gerber gab – Eduard Lichtenheld, Gröners Schwiegervater, der zugleich Sattler war. Heute gibt es keinen Gerber mehr, auch weil es zu wenige Rinder gibt. Schon sein Schwiegervater habe Leder zukaufen müssen, erzählt Martin Gröner.

Der Tischler

Silvano Thomas, Jahrgang 1962, ist in California ein erfolgreicher Tischler. Einer seiner Mitarbeiter – er stammt aus dem Bezirk Leopoldina – ist von Jugend an mit dem Tischlerhandwerk vertraut. Das Holz kauft Silvano in Campo Grande im Bezirk Cariacica. Er vertiefte seine handwerklichen Kenntnisse im Tiroler Brixental auf einer breiten Basis, als er 1995 die Landwirtschaftliche Landeslehranstalt Weitau in St. Johann in Tirol besuchte. Bereits nach einem Monat hat man ihm dort ein Praktikum in einer Tischlerei ermöglicht. Von da an verbrachte er nur mehr eine Stunde täglich in der Klasse. Vormittags arbeitete er in der Tischlerei, nachmittags erhielt er in der Lehrwerkstätte der Schule eine praktische Ausbildung in Metallbearbeitung. Der Lehrer für Holzbearbeitung in der Fachschule war Josef Feuersinger. Mit ihm arbeitete Silvano Thomas später auch in Brasilien zusammen, als das Land Tirol Feuersinger im Rahmen des Entwicklungsprojekts in die Colônia Tirol entsandte.

Nach der Schule in St. Johann arbeitete Thomas drei Monate auf einer Tiroler Alm, um Geld zu verdienen; mit zwei Melkmaschinen hatte er täglich 90 Kühe zu melken. Er verdiente gut und konnte sich nach der Rückkehr nach Brasilien ein Grundstück in California kaufen. Bei seinem zweiten Aufenthalt in Österreich brachte ihn ein Tischler auf die Idee, in der

Silvano Thomas bei der Arbeit in seiner Tischlerei in California

Colônia Tirol eine Tischlerwerkstatt zu errichten, was er auch tat. Norbert Hölzl stellte das „Projekt Silvano Thomas" beim Tiroler Ball in Wien vor, die Swiss Air übernahm den kostenlosen Transport des Werkzeugs, das Thomas nach seiner Ausbildung in Tirol nach Brasilien mitnehmen wollte. Die kunstvoll gearbeitete Truhe für den Werkzeugtransport hat er selbst in der Lehrwerkstatt in St. Johann gefertigt, sie steht heute im Wohnzimmer seines neuen Hauses in California.

Silvano Thomas arbeitete mit Feuersinger auch für die neue Grundschule in der Kolonie, die nach einem Vorschlag von Baumeister Hermann Plank aus dem Stubaital den Namen „Dr.-Alois-Partl-Schule" trägt. Nachdem Feuersinger nach Österreich zurückgekehrt war, berichtete ihm Thomas monatlich über den Fortgang der Arbeiten an der Schule. Der Rohbau war 1999 von einer Firma aus Santa Leopoldina begonnen und 2001 vollendet worden. Das Obergeschoss wurde unter der Leitung von Hermann Plank unter Mithilfe von Manfred Spleit und Manfred Villgrattner ausgebaut, die Inneneinrichtung im Jahr 2006 komplettiert.

Die Reparaturwerkstatt „Oficina Stubai"

Die aus einem Legat eines Stubaiers im Wege der Entwicklungshilfe des Landes Tirol finanzierte „Oficina Stubai" war als Autowerkstatt der Agritical und als Schlosserei geplant. Klaus Lanser führte das Vorhaben aus. Die Leitung der Werkstatt hätte ursprünglich Geraldo Thomas übernehmen sollen, der in Vorarlberg eine Schlosserlehre absolviert hatte. Er könne unter anderem auch Grabkreuze herstellen und in Vitória verkaufen, argumentierte man damals. Doch Geraldo Thomas war für diesen Plan nicht so recht zu begeistern. Für Gerhard Renzler ist dies eines jener Projekte, bei dem die Entwicklungshelfer in ihrem Eifer vergessen hatten, die Leute zu fragen, ob sie so etwas überhaupt wollten. Ihm selbst sei es mit seinem Lagerhaus-Projekt ganz ähnlich ergangen. Bei der Oficina habe es niemanden gegeben, der sie wirklich betreiben hätte wollen. Auch Arnaldo (Naldi) Giesen habe abgelehnt, weil ihm die Entfernung der Werkstatt von seinem Wohnhaus zu weit gewesen sei.

Giesens gepflegtes Haus steht neben dem Weg, der von Tirol nach Luxemburgo führt. Etwa 40 Meter hinter dem Wohnhaus mit den vielen Blumen davor steht die „Oficina Naldi", Arnaldos eigene Reparaturwerkstatt. Das Gelände ist eben, sodass Naldi Giesen, Jahrgang 1951, neben der Werkstatt genug Platz für seinen großen alten Autobus hat. Mit dem sammelt er die Schüler ein und bringt sie zur Dr.-Alois-Partl-Schule neben der Kirche. Bei Regenwetter legt er Ketten an, die er selber ausgedacht und eigenhändig gefertigt hat. Für die Wege ist ein Autobus dieser Größe nicht wirklich geeignet. Irgendwie gelingt es dem geschickten Mechaniker aber immer wieder, das fast 30 Jahre alte Gefährt am Laufen zu halten. Die Bezahlung für den harten Einsatz ist schlecht und noch dazu unregelmäßig. Doch für die Schulbehörde zu fahren, ist nun einmal Giesens Haupterwerb. Im Februar 2006 schuldete ihm die Bezirkskassa 18.000 Reais für seine Dienste.

Weil die Oficina Stubai für Giesen zu entlegen war, scheiterte das Projekt. Die nie richtig in Betrieb gegangene Reparaturwerkstätte der Agritical wird heute von manchem Entwicklungshilfe-Kritiker maliziös als „Entwicklungsruine" verunglimpft. Doch bevor der bei glücklosen Startversuchen dieser Art sonst oft zu beobachtende Schwund von Inventar richtig einsetzen konnte, nahm Arnaldo Giesen Werkzeug und Maschinen des Stubaier Gönners in Pacht. Unter der Bedingung, die Fahrzeuge der Agritical kostenlos zu warten, durfte er das ganze technische Inventar seiner eigenen Werkstatt einverleiben.

Manche Dinge funktionieren, auch wenn es so aussieht, als würden sie das nicht tun, aber trotzdem. Manches funktioniere anfangs nicht, doch dann würde „es sich anpassen", erläutert Geraldo Thomas etwas umständlich: Dort, wo sie gebaut wurde, habe die Werkstatt tatsächlich nicht funktioniert, was aber keineswegs bedeute, dass die Investition sinnlos gewesen wäre. Im Sinn der Gemeinschaft wäre es, wenn die Werkstatt dort

Die lange ungenützte Oficina Stubai

funktionieren könnte, wo sie gebaut wurde, weil sie an der „Hauptstraße" liegt. Überaus positiv wäre, sollte sich die Genossenschaft mit Naldi Giesen doch noch einigen.

Die Einigung schien 2008 in greifbare Nähe zu rücken, als die Genossenschaft die „Entwicklungsruine" verkaufen wollte. Giesen zeigte sich an einer Übernahme interessiert, doch Ademar Lichtenheld, Kassier der Genossenschaft, lehnte Giesens Angebot als zu niedrig ab. Inzwischen hat sich eine Einigung ergeben.

Handwerkliche Karrieren in Österreich

Ein weiteres handwerkliches Talent aus der Colônia Tirol, das aber nicht in Brasilien, sondern in Österreich Karriere gemacht hat, ist Ademar Nagel: Er lernte in Vorarlberg das Käsen, ist im Ländle geblieben und hat inzwischen bei internationalen Bewerben viele Auszeichnungen errungen (Silbermedaille beim „Concours de Fromage" in Frankreich, Gold in der Disziplin „Bregenzerwälder Bergkäse" bei der „Kasermandl-Prämierung 2005", 2006 Senner des Jahres in Vorarlberg). Auch Volmar Siller, ein Sohn von Eduardo Siller und Lourdes Nagel, ist in Österreich geblieben. Er arbeitet als Tischler im Zillertal. Auch er hat bei einem europäischen Tischlerwettbewerb schon einen Titel für Österreich gewonnen.

Die Fruchtdestillerie von Gloria Nagel

Vielversprechend begann auch die von Gloria Nagel betreute Brennerei, in der mit österreichischem Know-how Edelbrände aus tropischen und subtropischen Früchten hergestellt werden: Ananas-, Bananen-, Orangen- und Guavenschnaps sind Qualitätsprodukte, die das strenge Reinheitsgebot erfüllen und ohne Geschmacksverstärker oder ähnliche Zusätze hergestellt werden.

Die Destillerie wurde mit Mitteln des Vereins „Hilfsorganisation Dorf Tirol" mit Sitz in Reutte errichtet. Zuvor hatten die Reuttener Gloria Nagel nach Berwang in Tirol eingeladen, wo sie das Brennen von Schnäpsen erlernte. Nach zahlreichen Versuchen in der Colônia Tirol gelang es ihr schließlich, gute Fruchtbrände herzustellen. Allerdings stand die für eine kommerzielle Nutzung erforderliche lizenzrechtliche Klärung zunächst noch aus. Dieses und andere Probleme veranlassten Frau Nagel zur Annahme einer Lohnarbeit in Österreich. Nach ihrer für die nächste Zukunft geplanten Rückkehr nach Brasilien will Gloria Nagel die Arbeit in ihrer Destillerie wieder aufnehmen.

Heilpraktiken

Der Schlangendoktor

Wie in den Sterbebüchern der Pfarrei nachzulesen ist, sind in der Anfangszeit der Colônia Tirol häufig Menschen an Schlangenbissen gestorben. Eine schon seit über 40 Jahren bestehende Einrichtung zur Selbsthilfe im Gesundheitsbereich ist die sogenannte „Schlangenkasse" (portug. *Caixa de Cobra*). Der Mitgliedsbeitrag beträgt acht Reais (ca. 3 Euro) im Jahr. Wird ein Mitglied von einer Schlange gebissen, hat es Anspruch auf eine Erstversorgung durch den Schlangendoktor vor Ort. Hat der Unfall einen stationären Aufenthalt im Krankenhaus zur Folge, bezahlt die Vereinskassa überdies ein „salario minimo" (Mindestlohn; derzeit 450 Reais). Damit kann der Gebissene einen Tagelöhner bezahlen, bis er die eigene Arbeitskraft wieder voll erlangt hat. Auch für den Kauf von Medikamenten wird eine Beihilfe ausgezahlt. Bei einem Mitgliederstand von über hundert Per-

Beim Schlangendoktor

sonen und einer durchschnittlichen Häufigkeit von zwei Fällen im Jahr ist dies leistbar. Darüber hinaus verdient der Verein zusätzlich etwas Geld durch den Verkauf von Schlangengift an das Butantán-Institut in São Paulo. Für die Gewinnung des Gifts ist Schlangendoktor Matias Nickel zuständig, der in Melgaço wohnt (Gemeinde Domingos Martins). Er sammelt die ihm lebend gebrachten Schlangen, füttert sie mit Mäusen und nimmt ihnen das Gift ab. Jeder, der ihm eine Schlange bringt, bekommt einen kleinen Geldbetrag.

Der 1951 in Tirol geborene und dort wohnende „Pomerano" (Pommer) Lorenz Lichtenheld ist auch ein Schlangendoktor. Das Geschäft hat er von seinem Vater gelernt, der von einem Schlangendoktor beim Schwarzen Felsen ausgebildet worden war. Dieser

Der Schlangendoktor Matias Nickel

wiederum war der Vater von Matias Nickel, dem Schlangendoktor von Luxemburgo. Lorenz Lichtenhelds Eltern sprachen Platt. Hochdeutsch lernte er im Konfirmandenunterricht in der Schule. Ansonsten wurde der Unterricht zu seiner Zeit nur noch auf Portugiesisch gehalten. Seine Frau ist die Tochter von Oskar Lichtenheld, dem Schmied. Die Vorfahren ihrer Mutter „sind von Pommerland gekommen", erzählt sie. Ihre Mutter hieß Alvine Vorpagel.

In der Colônia Tirol kommen nur zwei wirklich gefährliche Schlangenarten vor, die Jararáca (Lanzenotter) und die Surucuçú (Buschmeister); die Bisse beider Schlangen führen unbehandelt zum Tod. Die meisten Unfälle ereignen sich mit der Jararáca, weiß Lichtenheld, der die beiden Bissmuster genau voneinander unterscheiden kann. Früher gingen die Leute wegen eines Schlangenbisses nicht ins Hospital, sondern zu Lorenz Lichtenheld, der sie mit Spritzen kurierte. Obwohl nie jemand gestorben sei, ist diese Art der Behandlung heute nicht mehr erlaubt. „Die Doktor wollen das jetzt nicht mehr"; vielleicht wegen der Gefahr eines Schocks, der durch die Injektion ausgelöst werden könnte, mutmaßt Lichtenheld. Jetzt muss das Bissopfer in ein Hospital, Lichtenheld erledigt nur noch die Formalitäten für die Schlangenkassa. Nur in besonderen Fällen, wenn etwa kein Auto verfügbar ist oder die Wege unpassierbar sind, darf Lichtenheld noch spritzen. Die zwei zur Verfügung stehenden Sorten von Serum können heute im Kühlschrank gelagert werden. Davor gab es andere Spritzen, die nicht gekühlt verwahrt werden mussten. Und bevor es die Schlangenkassa gab, hatten viele Leute versucht, Schlangenopfer mit Knoblauch zu heilen.

Zu Zwischenfällen mit Schlangen kommt es bei der Arbeit auf dem Feld oder im Wald. Florian Thomas wurde einmal neben seinem Haus gebissen, als es schon finster war und er keine Taschenlampe benützte. Sein Bruder Camilo, der sein ganzes Leben, sei es auf dem Feld oder im Urwald, barfuß unterwegs war, wurde in seinen späten Jahren in den Fuß gebissen, als er nach dem Duschen in seine Schlappen steigen wollte. Schlangendoktor Lorenz Lichtenheld ist noch nie gebissen worden – jedenfalls nicht von einer Schlange, wohl aber von Skorpionen und Spinnen. Deren Biss bereite 24 Stunden lang sehr starke Schmerzen, danach gehe es einem aber wieder gut, versichert Lichtenheld. Ein Gegenmittel gegen solche Bisse gebe es in der Kolonie nicht.

Wer von einer Schlange gebissen wird, sollte „nur goud waschn mit Seife, und nich uffschneidn", rät der Schlangendoktor. Und abbinden natürlich auch nicht. Aber das wüssten die Leute schon selber. Wichtig sei aber auch das Verhalten im Stadium der Wiedergenesung. Da gebe es Speisen, die man nicht essen dürfe. Naja, und Frauen – „wenichstens sechzich Tagn nich mehr". Das gelte aber auch umgekehrt, stellt Lichtenheld fest, denn Geschlechtsverkehr mit einem Bissopfer sei für beide Partner gefährlich.

Skorpione, Schlangen, „Deutsche Bienen"

Im Dorf Tirol hat fast jeder Erwachsene negative Erfahrungen mit Schlangen gemacht. So auch Florian Thomas, Jahrgang 1946 und Mitglied der Schlangenkassa. Die Frage, was seine gefährlichsten Erlebnisse gewesen seien, beantwortete er wenig überraschend: „Wo mir diä Schlången bissn håbm" (Als mich die Schlangen gebissen haben). Beim ersten Unfall war er 18. Damals half er seinem Bruder Camilo, im Urwald Bauholz für dessen neues Haus zu schlagen. Plötzlich habe ihn etwas „gestochen". Als er auf den Boden blickte, sah er die Schlange neben sich liegen, die ihn in den Fuß gebissen hatte. Es sei charakteristisch für die Giftschlangen, dass sie vor einem Menschen nicht flüchten, betont Thomas: Sie bleiben, wo sie sind, und wenn man ihnen zu nahe kommt, beißen sie zu.

Der Weg nach Hause war weit. Schon nach den ersten 20 Metern war Florian Thomas schwach, der Fuß schwoll stark an und schmerzte. Der Bruder musste ihn ein Stück tragen. Zum Glück wohnte der damalige Schlangendoktor Lahasse nicht weit von ihnen; er verabreichte dem Opfer die rettende Spritze. Lahasse habe auch Deutsch geredet, aber „mehrer Plått", erinnert sich Florian. (Der Familienname Lahasse kommt bei den Bewoh-

Gefährliche Begegnung

nern der Nachbarsiedlung Luxemburgo häufig vor.) Heute bekommt man die Injektion meist innerhalb von einer Stunde von einer medizinisch ausgebildeten Person verabreicht, weil der Schlangendoktor dazu nicht mehr befugt ist.

Auch bei seinem zweiten Schlangenunfall wurde Florian Thomas in den Fuß gebissen – vor etwa zehn Jahren und ganz nah bei seinem Haus. Er trug zwar Stiefel, doch die habe die Schlange durchbissen; eine Jararáca (Lanzenotter) sei es gewesen. Der Fuß sei blau und schwarz geworden, er habe acht Injektionen bekommen müssen. Die „firchtalige groaße" (fürchterlich große) Schlange habe er nicht gesehen, weil es „bei die Nacht gewesen" sei, erklärt Florian. Die Nacht beginnt mit dem Einbruch der Dunkelheit, der das ganze Jahr hindurch um etwa 18 Uhr erfolgt. Er habe zur Mühle gehen wollen. 49 Tage später habe er das „Feal" (Fell; Schlangenhaut) gefunden und die dazugehörige Schlange gesucht. In einer Ecke der Mühle habe er sie entdeckt. In der Mühle gab es Ratten, und wo Ratten sind, halten sich gern Schlangen auf. Florian Thomas verständigte Lorenz Lichtenheld, der die Schlange fing und zum Schlangendoktor Matias Nickel brachte. Dieser schickt gefangene Giftschlangen an das Labor in São Paulo und bekommt dafür seinen Vorrat an Serum.

Florians Vater war ebenfalls Mitglied der Schlangenkassa. Auch er wurde einmal gebissen, von einer ganz kleinen Schlange – und die seien noch viel schlimmer als die großen, meint Florian. Eine solche Schlange biss vor vier Jahren auch Florians Tochter Vivi in den kleinen Finger, als sie auf dem Feld mit dem Jäten des „Yammus" (Yammswurzel) beschäftigt war. Sie ließ

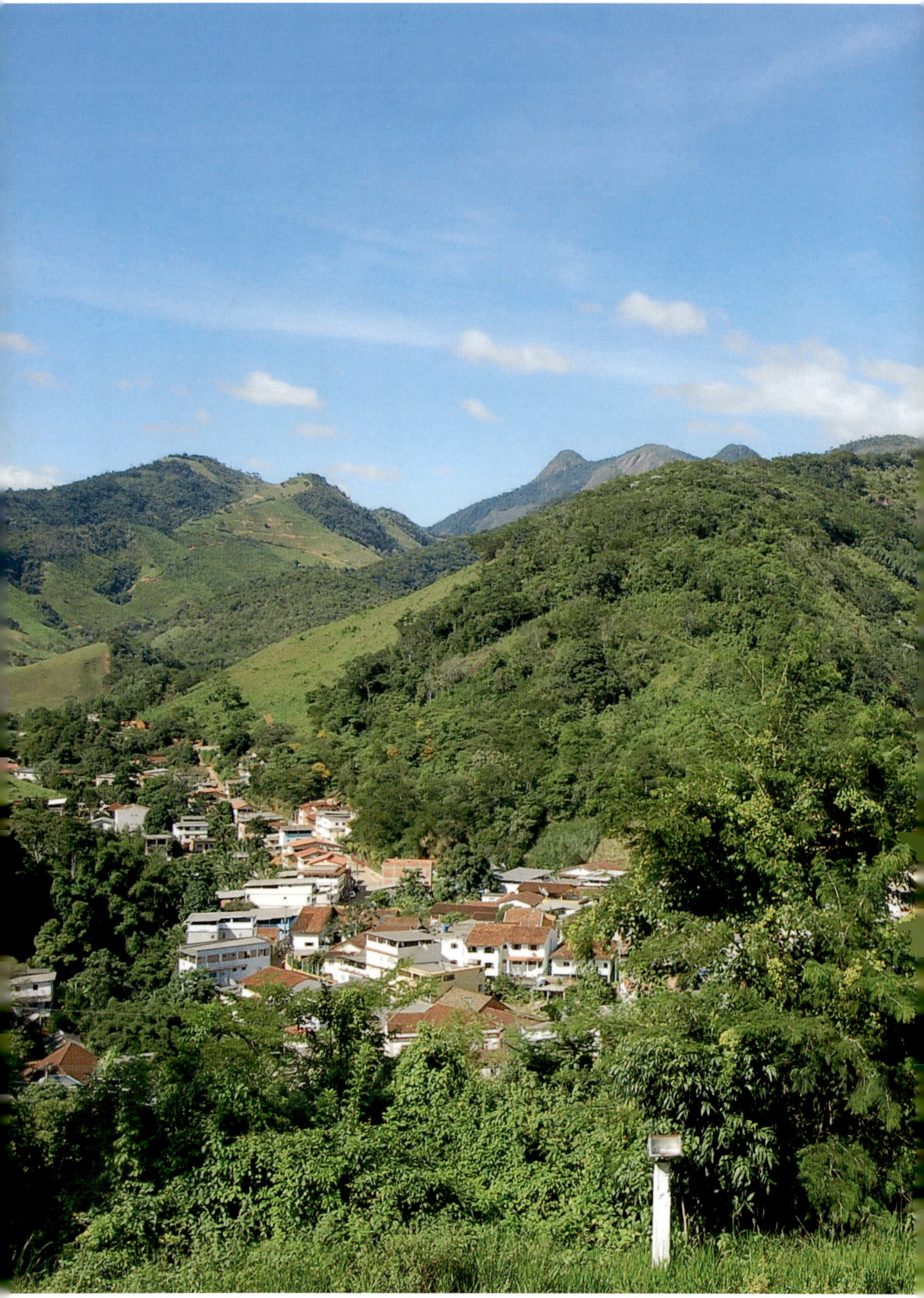

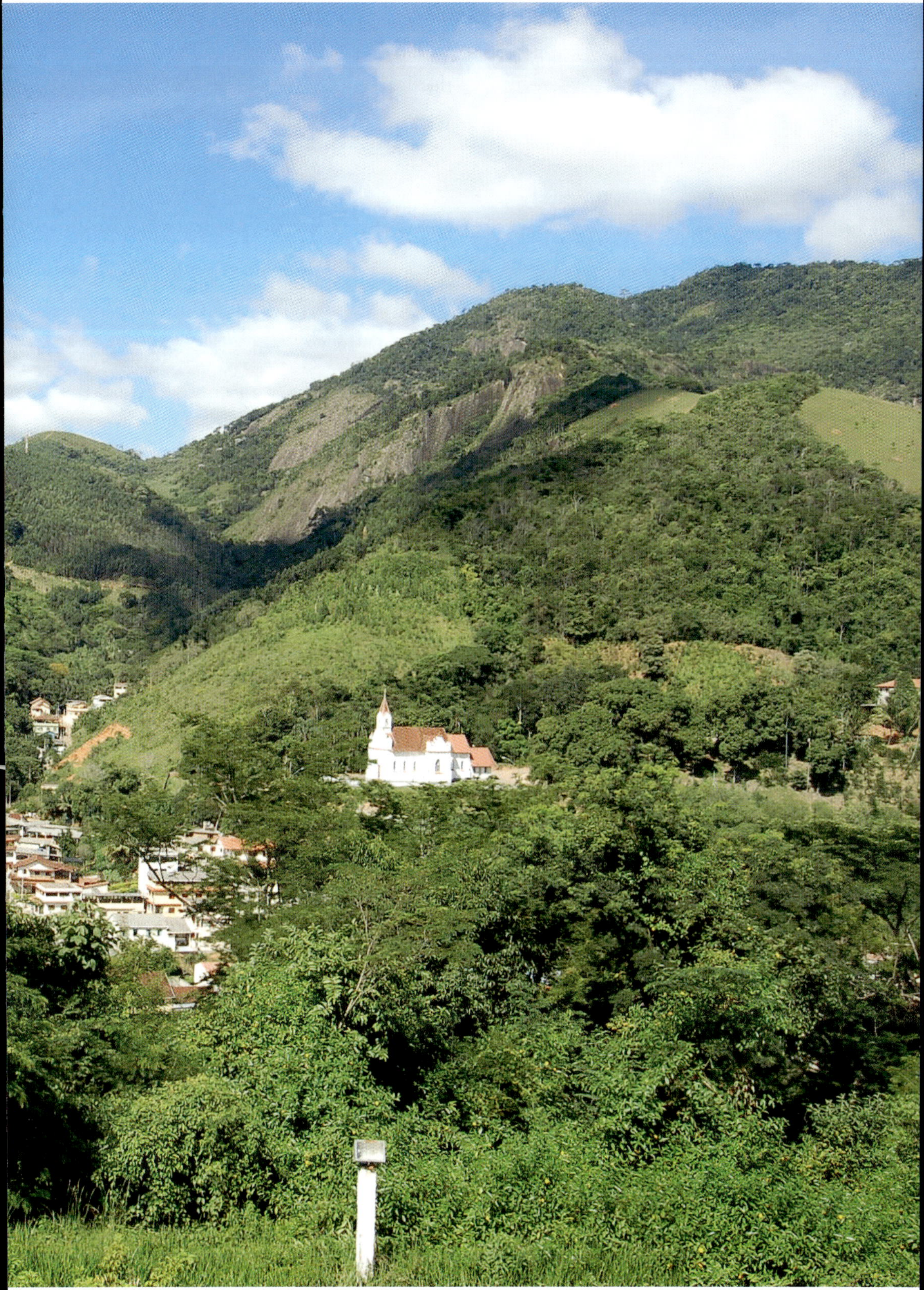

sich in Santa Teresa behandeln, weil man sich dort mit Schlangenbissen angeblich besonders gut auskennt. Vivi fürchtete, dass ihre Hand durch das Gift verkümmern könnte. Zum Glück blieb der Biss aber ohne langfristige Folgen.

In der Kolonie kursieren verschiedene Anekdoten über Begegnungen mit Schlangen. Eine berichtet von einem Mann, der mit der „Foiße" (portug. *foiça*, sichelartig gebogenes Buschmesser) einer Schlange den Kopf abgeschlagen habe, und der sei daraufhin spurlos verschwunden gewesen. Der Mann wunderte sich darüber zwar, gab die Suche nach dem Kopf schließlich aber auf. Bald kam er zu einem kleinen Teich, aus dem er trinken wollte. Als er sich zur spiegelnden Wasseroberfläche hinunterbeugte, sah er nicht nur das eigene Gesicht, sondern plötzlich auch den Schlangenkopf, der sich auf seinem Hut festgebissen hatte. Wenn man eine Schlange „kaputt macht" und dabei ein Stück des Halses am Kopf bleibt, könne dieser noch „weiterhupfen", erläutert Florian.

Ein ähnliches Erlebnis hatte Florians verstorbener Bruder Camilo Thomas als Jugendlicher mit einem Lagarto. Lagartos sind große, in Fels- oder Erdlöchern hausende Eidechsen, die oft zu den Häusern kommen und Eier oder kleine Hühnchen rauben. Auch Bananen stehen auf ihrem Speiseplan. Als es noch nicht verboten war, wurden Lagartos gefangen und zubereitet. Bei so einer Gelegenheit – das Tier sei schon gehäutet und zerteilt gewesen – habe der kleine Camilo seinen Finger ins Maul des Lagarto gesteckt; die Mutter hatte dessen Kopf etwas abseits hingelegt. Camilo erschrak sehr, als der leblos scheinende zahnlose Kopf ihn plötzlich zwickte.

Als gefährliche Tiere nennt Florian Thomas auch Skorpione und Spinnen. Die gelben Kreuzspinnen seien besonders schlimm: „Die stellen sich auf, und die hupfen auch weit, wenn du sie ein bissl ärgern tust", weiß er. Aber auch Wespen können gefährlich sein, wenn man nicht vorsichtig sei. Auch bei den Bienen gebe es nicht nur „zahme", sondern auch die besonders gefährlichen „Deutschen Bienen" (portug. *abelhas estrangeiras*, „Fremde Bienen"). In Vitória sei einmal jemand umgekommen, nachdem ihn 30 dieser aggressiven Insekten gestochen hatten.

Mit Schlangen hat auch der Aussteiger Adolf Braun Erfahrungen gemacht. Bis jetzt habe er Glück gehabt, meint er, obwohl er beim Arbeiten schon manches Mal eine Schlange beinahe berührt hätte. „Ich verlor einmal ein kleines Schweindl, sieben Wochen alt. Die Schlange hat es nicht gefressen, aber ‚derbissen'", erzählt Adolf.

Bild Seiten 188/189: Santa Leopoldina; der heute beginnende Tourismus versucht die Stadt als „Filha do Sol e das Aguas" (Tochter der Sonne und der Gewässer) zu bewerben.

Besprechen und Beten

Immer wieder hört man in der Gegend auch von anderen Heilmethoden, etwa vom Besprechen. In diesem Zusammenhang werden häufig Namen wie Tina Gröner oder Rosa Robert Lahass genannt, die offensichtlich auch bei den protestantischen Pommern hoch im Kurs stehen. Wer „einen Spruch machen" kann oder ein Gebet, der müsse das „vom lieben Gott" haben, erklärt auch die Frau vom Schlangendoktor, das sei „eine Kraft". Einer würde das vom andern lernen, und der eine wie der andere müsse für diese Kraft veranlagt sein. Man müsse aber auch „an Gott glauben, an Jesum, das ist Hilfe".

Bei vielen Krankheiten, die ein Arzt nicht heilen kann, würde ein Besprecher helfen. Allerdings müsse auch der Behandelte selbst daran glauben, relativiert der Schlangendoktor, dann könnte das vielleicht sogar bei Schlangenbissen nützlich sein. Sicherlich würde das Besprechen aber „bei schlimmen Stellen an den Füßen" oder bei Ameisenbissen helfen. Nach drei Tagen „ist der Mensch gut".

Macumba

Bei Macumba handelt es sich um ein afro-karibisches folkloristisches Element, das in Tirol früher nicht besonders bekannt war. Macumba könne eine gute Kraft sein, wird erzählt. Es soll in Tirol eine Frau geben, die sich auf rituelle Heilpraktiken versteht. Sie würde einem die Hand auflegen und beten, „und der Mensch wird gut". Sie sei immer lustig und würde für ihre Dienste niemals Geld verlangen. Sie sei eine „gute Macumbeira" oder eigentlich eher eine „Besprecherin", eine Curadeira.

Normalerweise sei Macumba aber eine böse Kraft. Eine richtige Macumbeira behaupte, Zauberkräfte zu besitzen, mache jene, die ihre Dienste in Anspruch nehmen, auf eine verhängnisvolle Weise abhängig, fordere viel Geld von den Menschen, würde sie einschüchtern und ihnen einreden, dass sie hören könne, wenn jemand schlecht über sie spreche, egal, wo man sich gerade aufhalten möge.

José Schaeffer kann darüber nur lachen. Er räumt zwar ein, es sei schon vorgekommen, dass man an einer Weggabelung ein geschlachtetes, schwarzes Huhn gesehen habe, das dort in typischer Weise ausgelegt gewesen sei, um vielleicht einen bösen Zauber auf eine bestimmte Person zu lenken. Aber das sei nicht in Tirol gewesen, in Holanda vielleicht, unten im „Warmen Land". Und die Urheber eines solchen Macumba-Rituals seien sicherlich von ganz woanders gekommen, vielleicht von Vitória.

Die Heilerin

In der Karwoche 2008 kam eine ältere Frau zu ihrer Nachbarin im Dorf Tirol und bat diese, ihr eine schwarze Henne zu verkaufen. Als ihr mitgeteilt wurde, dass man ihr diesen Wunsch nicht erfüllen könne, wirkte sie einigermaßen ratlos und verzweifelt. Nach und nach wurden die Hintergründe für den etwas sonderbaren Wunsch der verhinderten Käuferin bekannt. Die Frau hätte die schwarze Henne für ihre Tochter gebraucht, die unter einer rätselhaften Krankheit litt, immer wieder die Kontrolle über sich verlor und in solchen Momenten ein ganz anderer Mensch zu sein schien. Sie war keine Epileptikerin und wurde von den Ärzten für gesund erklärt, weshalb die Angehörigen glaubten, dass nur noch Macumba helfen könne. Und dafür hätte man eine schwarze Henne gebraucht. Die Tochter hatte ein uneheliches Kind im schulpflichtigen Alter, und in der Kirche hätten ihr die Diakone mehrmals die Kommunion verweigert. Da der viel beschäftigte Pater Carlos nur höchstens einmal im Monat die Messe im Ort feiern konnte, bewirkte es wenig, wenn er freundlich versicherte, die Tochter dürfe die Kommunion trotzdem empfangen. In dieser ausweglosen Situation schien man sich von Macumba einiges zu erwarten.

Macumba-Riten haben in der Colônia Tirol keine Tradition. Trotzdem geht das Gerücht, dass es heute auch in Tirol eine „Macumbeira" geben soll. Aber nur Kolonisten, die „braunen" Brasilianerinnen nicht wohlgesonnen sind, halten sie für eine solche. Für andere ist sie hingegen eine Heilerin, und man wendet sich immer wieder um Rat und Hilfe an sie. Maria José Silva de Souza wurde vor 47 Jahren im Süden des Landes geboren und ist katholisch. Sie berichtet: Ein Tiroler habe sie ersucht, für seine angeblich kranke Frau zu beten. Diese sei aber gar nicht krank, sondern schwanger gewesen. Patienten aus den USA und aus Spanien hätten sie schon aufgesucht, und Österreichern habe sie mit einem Mittel gegen Na-

Maria José Silva de Souza, die Heilerin in der Colônia Tirol

sennebenhöhlen-Entzündung geholfen. Die Leute suchen Maria Silva wegen Rheumatismus, Krampfadern, Wunden an den Beinen, Anämie, Würmern, psychischen Erkrankungen oder bei Lepra auf. Sie habe Frauen geholfen, die keine Kinder bekommen konnten, und Patienten, die sich umbringen wollten, durch Beten beruhigt. Sie verwende Gebete, die seit Generationen in ihrer Familie überliefert werden. Auch ihre Schwiegermutter könne Leute gesund beten. Man müsse aber die Veranlagung dazu haben. Man komme zu ihr, um gegen Unkraut zu beten, oder dafür, dass erkranktes Vieh wieder gesund werde oder Regen der Trockenheit ein Ende bereite. Sie tue Gutes und sei traurig, dass sie trotzdem Feinde habe. „Mein Gott!", ruft sie auf Deutsch, bevor sie auf Brasilianisch über ihre Probleme fortfährt: Die Leute behaupteten, dass es nicht weit her sein könne mit ihrer Heilkunst, weil drei ihrer Kinder Epilepsie hätten und sie ihnen nicht helfen könne. Andererseits würde man in Tirol, California, Boquerão, Luxemburgo – kurz überall – Menschen finden, die ihre Qualitäten zu schätzen wüssten. Wenn jemand Hilfe brauche, lasse sie alles liegen und helfe, ohne etwas dafür zu verlangen.

Außerdem habe sie die seltene Gabe, bei Wildfeuer helfen zu können, versichert sie und beginnt mit einer Art Vorlesung über Macumba: Wenn beispielsweise ein Mann mit einer anderen Frau schläft, könne es vorkommen, dass die betrogene Ehefrau bei einer Macumbeira Rat sucht. (Mit so etwas würde aber niemand zu ihr kommen, beteuert sie, denn sie selber sei eine Curadeira, keine Macumbeira.) Die Macumbeira vollziehe im Beisein der Frau ein bestimmtes Ritual und rate dann der Frau zum Beispiel: „Jetzt gehst du nach Hause und benimmst dich ganz normal. Noch heute Abend bereitest du deinem Mann ein Essen von einem schwarzen Huhn, das du ihm genau um sieben Uhr vorsetzt." Zur selben Stunde führe die Macumbeira bei sich zu Hause noch einmal ein Ritual durch, worauf den untreuen Mann eine Krankheit befalle, Fogo Selvage, das Wildfeuer, das Schrecklichste, was die Macumbeira bewirken könne, deklamiert die Heilerin mit großen Gesten im Stil einer klassischen Tragödin. Vier, fünf Tage später werde der Mann depressiv, auf seiner Haut entstünden schmerzende Stellen, und wenn er kratze, bekomme er immer mehr offene Wunden. Das sei die allerschlimmste Krankheit, die eine Macumbeira auslösen könne, viel schlimmer noch als Lepra. Dagegen gebe es keine reguläre Medizin. Sie kenne dennoch eine, verkündet die Heilerin, kein einfaches Heilmittel zwar, das man einmal verabreiche und dann wirken lasse. Die Heilung sei ein länger andauernder Prozess. Zuerst besuche sie den Patienten und mache sich ein Bild von dessen Zustand. Nach einer Art Vision erkenne sie, was zu tun sei. Sie suche dann im Wald nach bestimmten Kräutern und Wurzeln, beispielsweise nach „Negamina". Sie verwende nur frische Kräuter und keine Chemie, versichert Maria Silva. Negamina sei ein Kraut, von dem bestimmte Blätter gekocht werden, und der Patient müsse sich in diesem Absud baden. Außerdem würde sie beten, und in sieben bis acht Monaten sei der Patient geheilt. Maria Silva schreibt alles auf. Wenn man ihren „Behandlungsraum" betritt, glaubt man zunächst, in einem Büro zu sein. Auf dem Tisch ein aufgeschlagenes großformatiges, dickes Notizbuch, Kerzen und Schreibmaterial. Offenbar soll der Eindruck vermittelt werden, dass alle „Fälle" seriös und gewissenhaft protokolliert werden. Ihre Schrift ist eine Art Geheimschrift, die nur sie kennt. Zu dieser ganz persönlichen Schreibfertigkeit sei sie durch einen Traum gekommen, als sie sieben Jahre alt war. Da habe sie das Bett verlassen und sei über den Viehplatz vor dem Haus weit ins offene Feld hinausgelaufen. Zurückgekommen, habe sie plötzlich Heft und Bleistift in Händen gehabt. Bis heute sei es ein Rätsel, was in jener Nacht mit ihr geschehen sein mochte.

Angeblich gibt es außer schwarzen Hennen weitere Merkmale, die auf Macumba schließen lassen. Geradezu charmant verrät sich böser Zauber durch das folgende Arrangement von symbolträchtigen Einzelkomponenten: Wenn etwa in einer Ecke des Raums ein Glas mit Cachaça (Zuckerrohrschnaps) steht und über dem Glas eine Zigarre liegt und gleichzeitig vor der geschlossenen Tür eine Rose verwelkt – auch das wäre, ganzheitlich betrachtet, ein untrügliches Zeichen dafür, dass der Besitzer des betreffenden Hauses gerade einem bösen Zauber ausgeliefert sei.

Landbau 1: ein Landstück von Florian Thomas nach der Brandrodung (2006)

Entwicklungshilfeprojekte

Wie bereits erwähnt, bildete sich im Zuge der Entwicklungshilfe für die Colônia Tirol eine gewisse Aufgabenteilung heraus: Das Land Tirol übernahm den Ausbau der Infrastruktur einschließlich der Schule, das Land Südtirol widmete sich den Bereichen Kultur und Landwirtschaft, und der Verein „Hilfsorganisation Dorf Tirol" mit Sitz in Reutte erklärte sich für den Bereich Gesundheit zuständig. Es war Gerhard Renzler, der mit seinen ersten im Auftrag der Entwicklungshilfe des Landes Tirol gesetzten Maßnahmen anderen Entwicklungshelfern den Weg ebnete. Dazu gehörten die Ausstattung des Widums in der Colônia Tirol mit 14 Betten (das Gasthaus gab es damals noch nicht), die Versorgung des Gebäudes mit Wasser und elektrischem Strom sowie die Anschaffung von Fahrzeugen. Beim ersten Einsatz der Reuttener Gruppe stand die von Renzler errichtete Telefonstation kurz vor der Fertigstellung. Renzler selbst musste noch für jedes Telefongespräch nach Santa Leopoldina fahren. Im Folgenden werden einige Projekte vorgestellt, die bisher noch nicht ausreichend beschrieben

Landbau 2: dasselbe Land im März 2008 (mit Eukalyptuspflanzung)

wurden oder einen mehr privaten Charakter haben. Dabei soll auch eine Beurteilung der seit 1993 ausgeführten Aktionen aus der Sicht der davon betroffenen Einheimischen nicht zu kurz kommen.

Associação dos Agricultores de Tirol e Califórnia

Die Genossenschaft Agritical wurde in den 1980er Jahren auf Eigeninitiative der Bauern von Tirol-California gegründet. Die Voraussetzungen für eine Vollmitgliedschaft sind statutengemäß bäuerliche Erwerbstätigkeit sowie Landeigentum und ständiger Wohnsitz in der Kolonie. Im Jahr 1995 wurden in Tirol-California insgesamt 75 Haushalte gezählt, davon wurden etwa 20 von Pensionisten oder Personen geführt, die keine aktiven Landwirte waren. Anfangs zählte die Agritical 16 Mitglieder, zu denen die Brüder Bürschner, Florian Thomas, Ricardo Siller, Bernardino Helmer, Osvaldo Flegler und Ademar Lichtenheld gehörten. Diese 16 repräsentierten die engagiertesten Vollerwerbsbauern der Kolonie. Mit dem von Gerhard Renzler für die Genossenschaft besorgten Lastkraftwagen gewann die Mitgliedschaft in der Agritical an Attraktivität. Franz Krösbacher, der damalige Leiter der Entwicklungshilfe des Landes Tirol, forderte die Erhöhung der Mitgliederzahl, weil die Entwicklungshilfe-Projekte über die Agritical liefen. „Eine andere rechtlich existente Organisation für das Dorf Tirol stand nicht zur Verfügung", so Krösbacher. Das Land Tirol wollte sich nicht nachsagen lassen, es förderte nur einige wenige und nicht die Allgemeinheit. Deshalb bemühte sich der Reuttener Entwicklungshelfer Klaus Lanser um eine Erhöhung der Mitgliederzahl. Bei einem Stand von etwa 30 Mitgliedern war für Krösbacher die „etwas breitere Streuung im Sinne einer Gemeinnützigkeit gegeben".

Das Land Tirol finanzierte den LKW und diverse Arbeitsmaschinen der Genossenschaft, die Jenbacher Werke spendeten einen VW Saveiro Pickup, auf den Gerhard Renzler als „Entwicklungshelfer-Auto" zurückgreifen konnte, als er 1994 mit dem Elektrifizierungsprojekt und dem Bau der Pousada begann. Letztere ist bis heute im Eigentum der Genossenschaft. Die Agritical bzw. deren Präsident wurde zum wichtigsten Ansprechpartner für alle von den Ländern Tirol und Südtirol geförderten Folgeprojekte. Die Zahl der Mitglieder ist inzwischen wieder auf unter 20 zurückgegangen. Gegen einen geringen jährlichen Mitgliedsbeitrag haben die Vollmitglieder Anspruch auf Transportleistungen durch den genossenschaftseigenen LKW sowie auf Arbeitsstunden der Landmaschinen der Agritical. Das dafür verlangte Entgelt ist deutlich niedriger als das marktübliche.

Als größten Fehler der Agritical sieht Geraldo Thomas, dass sie nie ein effizientes Vermarktungssystem entwickeln konnte. Während andere

Genossenschaften die Produkte von ihren Produzenten aufkaufen, vermarkten und den Gewinn gerecht verteilen, blieb die Ware bei der Agritical im Eigentum der Mitglieder. Jeder Bauer wollte seine Produkte selbst vermarkten und zahlte daher stets nur den eigenen Anteil am Transport zum Großmarkt in Vitória. Das führte zu der grotesken Situation, dass auf einem mit Bananenkisten beladenen LKW zusätzlich zehn Bananenbauern „draufhockten" und bis zum Verkauf ihrer Waren auf dem unwirtlichen Markt in Vitória kampierten und in dieser Zeit als Arbeitskraft zu Hause natürlich ausfielen.

Das große Problem sei nach Geraldo Thomas von Anfang an gewesen, dass ein Mitglied nicht gefragt habe, was es zum Gedeihen der Agrargemeinschaft beitragen könne, sondern immer nur: „Was kånn i profitiern von die Genossenschåft?" Viele Mitglieder würden jetzt eine Liquidierung der seit dem Tod Tarcizios kaum noch aktiven Agritical wollen, weil sie hoffen, an den Verkaufserlösen beteiligt zu werden. Das würde jedoch die Privatisierung der aus den Mitteln der Wirtschaftshilfe finanzierten Einrichtungen der Agritical einschließlich des Gasthofs bedeuten. Daher wird es dazu vermutlich nicht kommen, denn nach den ursprünglichen Vereinbarungen würden die Realitäten der Genossenschaft im Fall ihrer Auflösung an die Kirche fallen. Diese Regelung ist deshalb möglich, weil die Genossenschaft rechtlich eine Associação, also ein Verein ist und keine Cooperativa. Eine solche würde nämlich bei ihrer Auflösung den einschlägigen staatlichen Regelungen unterliegen.

Südtiroler Projekte

Die Entwicklungshilfe durch Südtirol ergab sich ähnlich wie die Tiroler aus einem gut funktionierenden Zusammenspiel zwischen Medien, privater Initiative, Ämtern und Politik: Der Hauptmann der Schützenkompanie von Schlanders im Vinschgau, Karl Pfitscher (Jahrgang 1952), hatte zunächst nur als Urlauber mit Brasilien zu tun, als er im Verlauf einer Reise nach Minas Gerais im Jahr 1994 von der Reiseleiterin auf die Tiroler in Espírito Santo aufmerksam gemacht wurde. Nach der Rückkehr sah er den Film von Norbert Hölzl über das Dorf Tirol, und von Hölzl erfuhr er, dass Camilo Thomas aus der Colônia Tirol bald in Österreich zu Besuch sein werde. Pfitscher und seine Schützen luden Camilo Thomas und dessen Söhne Geraldo und Valerio, die sich damals ebenfalls in Österreich aufhielten, nach Schlanders ein und riefen eine Hilfsaktion für das Dorf Tirol ins Leben. Man stellte Aufkleber mit der Aufschrift „Vergelts Gott" her und verkaufte sie um 5.000 Lire. Die Spendenaktion wurde ein voller Erfolg, und eine Delegation fuhr nach Brasilien, um zu erkunden, „was sich da machen lässt". Der Landeskonservator von Südtirol, Helmut Stampfer, erkannte sofort, dass die Kirche vor dem drohenden Verfall gerettet werden müsste, und sprach in dieser Angelegenheit bei Landeshauptmann Luis Durnwalder vor. Die Landesregierung – für klerikale Projekte im Ausland nicht zuständig – delegierte die dringend notwendige Soforthilfe an die Schlanderer Schützen. Die Tätigkeitsberichte über die Südtiroler Entwicklungshilfe wurden beim „Amt für Kabinettsangelegenheiten beim Landeshauptmann des Landes Südtirol" unter Leitung von Elisabeth Spergser archiviert.

„Das Erste, was wir gemacht haben", erinnert sich Pfitscher, „war die Sanierung vom Dach der Kirche, vom Kirchturm und vom Widum". Mit der Totalsanierung der Kirche betraute man den Südtiroler Restaurator Hubert Mayr aus Bruneck. Das Ergebnis kann sich sehen lassen. Das nächste Anliegen von Landeskonservator Stampfer war die Restauration der alten Maniokmühle von Florian Thomas, der sich verpflichtete, die Mühle zu betreiben und für Besucher zugänglich zu halten.

Auch der wegen der schlechten landwirtschaftlichen Ertragslage in der Colônia Tirol geschaffene Versuchsgarten wurde von Südtirol angelegt. Das Grundstück für diese wertvolle Einrichtung finanzierten die Länder Südtirol und Tirol gemeinsam. Mit der Leitung wurde Hermann Oberhofer betraut, der vor seiner Pensionierung den Südtiroler Beratungsring für Obst- und Weinbau am Referat Landwirtschaft an der Südtiroler Landesregierung geleitet hatte. Oberhofer, der in Österreich und Italien Botanik und Agrarwissenschaft studiert hatte, blickte durch seine berufliche Tätigkeit in Indien und Pakistan auf eine reiche Auslandserfahrung zurück. Im Versuchsgarten begann er mit Guavenpflanzungen und entdeckte auf weiten Erkundungsfahrten durch Brasilien die Niagara-Tafeltraube. Mit diesen Früchten sind heute einige Landwirte in California sehr erfolgreich. Im Jänner 2007 verunglückte Hermann Oberhofer bei einer Radtour in Südtirol.

„Hilfsgemeinschaft für das Dorf Tirol"

Der Verein „Hilfsgemeinschaft für das Dorf Tirol" wurde von Hermann Lindner und Karlheinz Bader, ehemaligen Angestellten der Stadt Innsbruck, in Zusammenarbeit mit Gerhard Renzler gegründet. Zwischen 1994 und 1998 sammelten Lindner und Bader eine Million Schilling. Während Gerhard Renzler als Entwicklungshelfer des Landes Tirol die „großen" Maßnahmen zur Schaffung der notwendigen Infrastruktur vorantrieb, konnte er mit diesen Spendengeldern die ebenso notwendige individuelle „Kleinförderung" finanzieren. Dazu gehörten Kühlschränke oder Waschmaschinen für bedürftige Familien ebenso wie die Flugkosten für Olga Thomas, Cacilda, Marlene und Paulo Siller, Civaldo Kempin, Gloria Nagel und andere.

Straßen für das Land

Der Ausbau von Verkehrswegen ist eine Sache des politischen Wollens, und dieses dürfte unter Kaiser Pedro II. vor 150 Jahren ausgeprägter gewesen sein als heutzutage. Zuständig für die lokalen Wege ist die Prefeitura (Präfektur; Bürgermeisteramt) in Santa Leopoldina. Der frühere Bürgermeister Alfredo Liphaus gilt als der Einzige, der bisher Nachhaltiges für die Landwirte bewirkt und sich mit der in den Jahren 1993 bis 1995 erfolgten Pflasterung der kürzesten Straßenverbindung (bis zur Pousada do Tirol ca. 17 km) von Santa Leopoldina über Bragança nach Tirol ein Denkmal gesetzt hat. Diese kürzeste ist aber auch die steilste Verbindung, und von den 17 Kilometern wurde nur das allersteilste Stück gepflastert, während die nicht viel flacheren Streckenabschnitte unmittelbar unter- und oberhalb der Pflasterung Erdstraße blieben. Bei Regenwetter bilden sich da-

Das gepflasterte Straßenstück auf der Bragança-Strecke

her lange und tiefe Längsfurchen, was deshalb bemerkenswert ist, weil derartige Erosionen anderswo durch den Bau von Auskehren verhindert werden. Mit solchen simplen Drainagierungsspielereien scheint man sich in Leopoldina nicht abgeben zu wollen – vielleicht auch deshalb, weil man eine riesige Baumaschine zur Verfügung hat, mit der man im Handumdrehen lockeres Erdreich aus der Wegböschung holen und damit das auf dem Weg verlaufende Bachbett wieder zuschütten kann. Mit dem breiten Schereisen an ihrer Unterseite bügelt die Maschine den Weg glatt, und alles schaut wieder prächtig aus – wenigstens bis zum nächsten längeren Regen. Dann verwandelt sich die Einschüttung in grundlosen Schlamm, und Bergabfahrten mit dem Auto werden zur Rodelpartie. Dieser Effekt stellt gegenüber den Verhältnissen von früher sogar eine Verschlechterung dar. Ein LKW, der bei solchen Verhältnissen unterwegs sein will, muss vor diesen Abschnitten Ketten anlegen, die er auf dem gepflasterten Stück aber nicht verwenden darf. Erstens weil es schade um die Ketten wäre, und zweitens weil sich die Pflasterung an vielen Stellen auch ohne zusätzliche Beanspruchung bereits in Auflösung befindet.

Seit Jahren „sollen" Straßen hierhin und dorthin gebaut werden: Die Straße von Birirícas nach California „soll" asphaltiert werden, auch die

Südtirols Landeshauptmann Luis Durnwalder, Gouverneur Paulo Hartung und Bürgermeister Fernando Rocha bei der Unterzeichnung des Straßenbauvertrags ...

... damit Bilder wie dieses der Vergangenheit angehören: Hubert Thöny beim Versuch, sein Auto flottzukriegen

Fortsetzung der Pflasterung nach Tirol „soll" endlich erfolgen. Wenigstens bis zu jener besonders steilen Kurve, wo PKW schon bei staubtrockener Fahrbahn liegen bleiben, zwar nicht im grundlosen Schlamm, dafür aber in dem vom Abrieb herrührenden und nicht minder bodenlosen Staub. Angesichts solcher Transportwege hat sich mancher Bauer in Tirol schon einen forcierten Anbau von Eukalyptusbäumen überlegt, weil ihn dieses Produkt von der kurzfristigen Marktsituation unabhängiger macht. Eukalyptus zu pflanzen gilt aber als die letzte Tat, die ein ohnehin geschwächter Boden noch über sich ergehen lässt. Im Sommer 2008 wurde das obere Steilstück tatsächlich gepflastert, und die in diesem Absatz beschriebenen Reiseabenteuer sind endlich Geschichte.

Einem Österreicher muss es grundsätzlich schwerfallen, für die beschriebenen Zustände Verständnis aufzubringen. Denn gerade er hat zu Hause vergleichbare Geländeverhältnisse, starke Regenfälle gibt es auch – und obendrein Schnee und Eis und Frost.

„Heuer [2008] soll aber endlich und endgültig auch die Strecke über Mangaraí nach Tirol asphaltiert werden", erfuhr ich. Dieses „Soll" wurde viel gewichtiger ausgesprochen als sonst, denn 2008 fanden in Brasilien Wahlen statt.

Die Strecke ist weniger steil, aber viel länger. Von Barra de Mangaraí bis zur Kirche von Tirol sind es 24 Kilometer. (Die zwölf Kilometer von Santa Leopoldina nach Barra de Mangaraí sind Teil der nach Vitória führenden Asphaltpiste.) Die ersten 9,8 Kilometer fallen in die Zuständigkeit von Paulo Hartung, dem Governador von Espírito Santo. Die übrige Strecke ist Sache der Gemeinde Leopoldina. Hartung hat seine knapp zehn Kilometer schon vor längerer Zeit versprochen – bei jener denkwürdigen Veranstaltung am 25. August 2006, als Geraldo Thomas dem Governador einen Tiroler Hut überreichte. Damals habe ihm der Governador die Hand gereicht und feierlich gesprochen: „Mein Wort!" – „Und ich glaub unserem Herrn Landeshauptmann", versichert Geraldo in rückblickender Ergriffenheit. – Inzwischen wurde mit den Arbeiten für diesen Abschnitt tatsächlich begonnen.

An den Kosten für den Ausbau der in den 1990er Jahren gepflasterten Strecke über Bragança beteiligte sich das Land Tirol, indem es die Sprengungen an dem Granitfelsen Pedra Grande übernahm. Eine finanzielle Beteiligung an der Straße selbst wurde unter Hinweis auf die brasilianische Zuständigkeit abgelehnt. Mit der Einführung des staatlichen Programms „Caminhos do Campo" (Straßen für das Land) wurde in Brasilien der politische Wille zum Ausbau der Wege inzwischen auf eine solidere Basis gestellt. Seitdem verfolgt man auch in Tirol und Südtirol eine andere Förderungspolitik. Vonseiten Brasiliens richten sich die Projekte nach der wirtschaftlichen Produktivität der zu erschließenden Region und nach der

Das Verkehrsaufkommen – wie hier in Santa Leopoldina – macht den Ausbau der Straßen erforderlich.

Bevölkerungsdichte. Die einzelnen Bauabschnitte sind auf knapp zehn Kilometer begrenzt.

Die Strecke über Mangaraí nach Tirol wäre vermutlich nicht projektiert worden, wenn sich die Europäer nicht beteiligt hätten. Die Gesamtkosten des Projekts belaufen sich auf etwa drei Millionen Euro. Das Land Südtirol, die Region Trentino-Südtirol und das Land Tirol beteiligen sich an der Finanzierung mit angeblich je 330.000 Euro. Für die Bauausführung wurde mit den Brasilianern ein verbindlicher Zeitrahmen vereinbart. Die letzten vier Straßenkilometer zur Kirche von Tirol, deren Befestigung wegen der größeren Steilheit des Geländes aufwendiger ist, übernimmt das Land Tirol. Das alles klingt sehr vielversprechend.

Unterdessen begann auch die Asphaltierung von der B 262 bis Biriricas (ohne europäische Beteiligung). Von dort zum Kaufhaus von Albertin Krüger in California sind es noch ungefähr 15 Kilometer. Auch über Melgaço kommt man von California nach wenigen Kilometern auf eine Asphaltstraße im Munizipium Domingos Martins. Schon seit längerem zeichnet sich in California eine wirtschaftliche Orientierung ab, die nicht mehr über Tirol führt. Der Molkereibetrieb Calví, Silvano Thomas und andere vermarkten ihre Produkte längst über Domingos Martins. Andere Gegenden der Gemeinde Leopoldina verkaufen ihre Erzeugnisse in Santa Maria, von wo sie mit riesigen LKWs durch das enge Städtchen Santa Leopoldina transportiert werden, das dabei selbst aber immer mehr an wirtschaftlicher Bedeutung verliert.

Eine Krankenstation für die Gesundheit

Die an der Krankenstation angebrachte Tafel berichtet, dass die Krankenstation in den Jahren 1995/96 vom Verein „Hilfsorganisation Dorf Tirol" mit Sitz in Reutte erbaut wurde. Die Anregung zum Bau der Einrichtung kam von Sprengelarzt Rudolf Pumeneder aus Vils im Bezirk Reutte in Tirol. Mit der Bauleitung wurde der ebenfalls aus Vils stammende Musiker und Hauptschullehrer Klaus Lanser betraut. Einmal wöchentlich betreute ein Arzt aus Vitória unentgeltlich die von den Reuttenern in der Krankenstation eingerichtete Ordination für Allgemeinmedizin. Bis zum Tod von Tarcizio Thomas besuchte auch die Ärztin Ursula Badofszky, die Gattin des österreichischen Honorarkonsuls Wolfgang Badofszky in Vitória, einmal monatlich die Station, in der sich auch eine von Klaus Lanser eingerichtete Zahnarztpraxis samt Röntgengerät befindet. Im Obergeschoss des Gebäudes richteten die Reuttener eine Wohnung für eine Krankenschwester ein. Diese Funktion übernahm Angela Thomas aus Boquerão, die sich in Vitória und in Österreich zur Arzthelferin ausbilden ließ. 1998 übernahm Angela Thomas auch die Präsidentschaft der Agrital. Heute lebt sie im Bezirk Kufstein.

Die Krankenstation trägt den Namen „Dona Martha Giesen Nagel". Martha Giesen war die Tochter von Wilhelm Giesen, der 1896 im Alter von 19 Jahren aus Deutschland nach Espírito Santo gekommen und vermutlich ein ausgebildeter Apotheker war. Über die Gründe für seine Auswanderung ist nichts bekannt. Wilhelm Giesens Bruder Arnold, ein bekannter Pianist, gründete um 1920 in Aachen eine „Klaviermeisterschule". 1925/26 war er auf Tournee in Südamerika unterwegs. In Vitória betrieb Wilhelm Giesen eine Brauerei – in der Rua 7, der wichtigsten Geschäftsstraße der Stadt. Dort wurde Martha Giesen im Jahr 1909 geboren. Ihre Mutter war die um 1890 geborene Charlotte Gerhardt, die vermutlich aus der Gegend um Saarbrücken stammte und vor ihrer Heirat mit ihrem Bruder in Vila Campinho (Espírito Santo) gelebt hatte. – Von Vitória ging Wilhelm Giesen nach Santa Isabel (Domingos Martins), wo er um 1914 eine Limonadenfabrik besaß. Auch über die Gründe für diesen neuerlichen Orts- und Berufswechsel ist nichts bekannt. Sein nächster Aufenthaltsort befand sich beim Schwarzen Felsen in Luxemburgo. Dort dürfte er als Schuhmacher gearbeitet haben, bevor er sich in Tirol niederließ. In der Nähe der Kirche betrieb er eine Vende (port. *venda*, Kaufladen). Aus Kräutern und Rizinusöl stellte er Mittel gegen Wurmbefall her, er verstand sich auf das „Einrahmen" von gebrochenen Gliedmaßen mittels Schienen aus Bambus und war außerdem ein anerkannter Geburtshelfer.

Auch Wilhelm Giesens Tochter Martha war überaus vielseitig. Sie konnte nicht nur nähen und häkeln, sondern auch fotografieren und malen. Die Darstellung des Heiligen Geistes in der Kirche von Tirol stammt von ihr. Sie arbeitete als Bäuerin, schnitzte Krippenfiguren und schnitt im Wald Bretter, aus denen sie Tische und Betten schreinerte. Sie hielt den Regelunterricht in der „portugiesischen" Schule und wurde 1966 von Karl Ilg zur ersten Deutschlehrerin in der Kolonie eingesetzt. Sie war immerzu aktiv und legte Wert auf ordentliche Kleidung. Medizinische Fachbücher,

Wilhelm Giesen (links und rechts unten) und seine Familie; Tochter Martha (oben rechts), die Namenspatronin der Krankenstation

die sich heute im Besitz ihrer Tochter Olga Nagel befinden, belegen, dass Martha Giesen auch ihren Beruf als „Ärztin" ernst nahm. Heilpraktiken wie Besprechen, Beten oder Handauflegen lehnte sie ab. Ihre Töchter Olga Thomas und Lourdes Siller erinnern sich, dass Martha Giesen jedem Ruf zu einem Patienten unverzüglich folgte – und zwar bei jeder Witterung und unabhängig von der Tages- oder Nachtzeit. Und wie ihr Vater verstand sie sich auf das Behandeln von Schlangenbissen.

Trotz ihres Eifers und ihrer vielseitigen Fähigkeiten blieb die Familie bettelarm, denn Martha Giesen, die für ihre Dienste nie etwas verlangte, bekam immer nur das, was man ihr freiwillig gab. Ihr Mann, Antonio Nagel, den sie 1937 heiratete, war als Tropeiro unterwegs und belieferte mit seinen Maultieren auch das Geschäft von Wilhelm Giesen. So hatten die beiden einander kennengelernt. Trotzdem blieb sie zeitlebens immer „die Martha Giesen". Selbst ihre Töchter Lourdes und Olga nennen sie meist so. Geraldo Thomas hat seine tatkräftige Großmutter manchmal auch sehr resolut erlebt. So zum Beispiel, als Anton Nagel einmal von einem Einkauf zurückkam und auf das, worauf es Martha Giesen angekommen wäre, vergessen hatte, nämlich eine Wurst, auf seinen Kautabak jedoch nicht (obwohl der in seiner Form exakt an die Wurst erinnerte, die Antonio hätte einkaufen sollen). Beim Abendessen servierte Martha Giesen ihrem Gatten mit einer bissigen Bemerkung diese „Wurst" auf einem Teller. Nach dem Tod von Anton Nagel verließ Martha Giesen die Kolonie und zog in die Stadt Viana, wo sie am 5. November 1989 im 81. Lebensjahr starb.

Milch für die Kinder

Als im September 1994 zwei Tiroler Ärzte die Colônia Tirol besuchten, fiel ihnen sofort die hohe Kindersterblichkeit auf. „Die meisten Frauen produzieren viel zu wenig Muttermilch, Kinder werden mit Kaffeesud aufgezogen. Da fehlen die Abwehrkräfte", stellte Sprengelarzt Rudolf Pumeneder von der „Hilfsorganisation Dorf Tirol" in Reutte fest. Um dem Mangel an Eisen, Eiweiß und Vitaminen abzuhelfen, wurde die Idee von den „400 Ziegen als Retter vor dem Kindertod" geboren und am 9. Dezember 1994 in der „Tiroler Tageszeitung" publiziert. Aus den 400 Ziegen sind schließlich 33 Milchkühe geworden, die man unter der ortskundigen Führung von Valdemiro Siller im November 1995 und im Februar 1996 von einem Viehhändler aus dem Munizipium Castelo, 130 km westlich von Tirol, besorgte. Jede Kuh hatte ein Kalb bei sich oder war trächtig. Die Tiere wurden aufwendigen veterinärmedizinischen Tests unterzogen.

Das Projekt war sorgfältig vorbereitet. Neben einer gewissen Größe (mindestens drei Kinder) musste jede begünstigte Familie über eine entsprechend große Weide verfügen und sich zum Anbau von Grünfutter (Kamerun-Gras), zur Einzäunung der Weide und zur Errichtung eines Unterstands für Kuh und Kalb verpflichten. Den Kauf der Milchkühe finanzierte die Reuttener Hilfsorganisation, das Land Südtirol beteiligte sich mit der Entsendung des Tropentierarztes Franz Steinegger und mit der Finanzierung aller benötigten Medikamente. Leiter und Koordinatoren des Projekts waren der als Entwicklungshelfer bestens bewährte Außerferner Klaus Lanser und dessen Frau Monika Lanser.

„Die Idee war sehr gut", bestätigt zwölf Jahre später der „Dorftiroler" Geraldo Thomas, wobei er sich an die eigene Kindheit erinnert: „Meine Milch war Bohnensauce. Mein Bruder Tarcizio hat schon ein bissl eine Milch gekriegt, da haben wir schon eine Kuh gehabt. Die hat aber nicht einmal uns gehört, die war von der Großmutter, der Martha Giesen. Die hat die Kuh aber nur hergegeben, solange dass der Tarcizio Milch gekriegt hat." Es war eine glückliche Entscheidung der Reuttener, dass sie diese lebenskluge Heilkundige zur Namenspatronin der von ihnen im Dorf Tirol errichteten Krankenstation auserwählten.

Von den 33 Begünstigten widmen sich heute nur noch etwa ein Drittel der Milchkuhhaltung. Geraldo meint, dass es für viele damals interessant gewesen sei, eine Kuh geschenkt zu bekommen, manche hätten aber keine Erfahrung im Umgang mit Rindern gehabt und auch keine genügend große Weide. Aber die Grundidee war gut, bekräftigt Geraldo Thomas noch einmal, da sei es um „Milch für die Kinder" gegangen. Mit Ziegen hätte es vielleicht besser geklappt, sinniert er, weil man mit viel kleineren Flächen ausgekommen wäre. Dabei verweist er auf ein erfolgreiches Projekt, das im Nordosten Brasiliens von Padre João Batista Frota initiiert wurde unter dem Motto: „A cabra nossa de cada dia" („Unsere tägliche Geiß").

Die Versorgung mit Milch und Milchprodukten scheint in der Colônia Tirol heute trotzdem gesichert zu sein. Neben einigen Privaten wie Martin Gröner oder Osvaldo Flegler halten auch die Geschäftsleute Oskar Endringer und Avelino ein paar Milchkühe. Des Weiteren gibt es zwei größere Molkereibetriebe, die Rinderfazenda von Darcy Travia in Tirol und die von Calvi in California. Bezeichnenderweise stammen beide Unternehmer aus Vitória. Auch in dieser Domäne dürften die brasilianischen Tiroler ihre Chance verpasst haben.

Fisch für Proteine

Das Geld für die Anlage mehrerer Fischteiche in der Colônia Tirol kam vom „Lions Club St. Helena" in Baden bei Wien. Die Koordination des Projekts übernahm der Südtiroler Hermann Oberhofer. Mit der praktischen

Durchführung des Vorhabens wurde der in der Kolonie ansässige Luiz Fuck betraut, der in Porto Alegre einen Kurs für Fischzucht absolviert hatte und auf Erfahrungen im Umgang mit eigenen Teichanlagen zurückblicken konnte.

Luiz Fuck, Jahrgang 1946, stammt aus São Pedro de Alcántara in der Nähe von Florianopolis im brasilianischen Bundesstaat Santa Catarina. Seine Vorfahren waren aus Schneppenbach im Hunsrück eingewanderte Bauern. In São Pedro wird bis heute Platt gesprochen. Fucks Vater erntete im Sommer Zuckerrohr und mahlte im Winter Maniok zu Mehl. Luiz war das jüngste der 15 Kinder in dieser armen Familie. Sein erstes portugiesisches Wort war „Bom dia!", das er an seinem ersten Schultag lernte. Nach der Grundschule in Rodeo bei Blumenau (Santa Catarina) und einem Jahr Gymnasium in Rio Negro (Paraná) trat er auf Wunsch der Mutter in Agudos (São Paulo) ins Priesterseminar ein. Mit 17 verließ er das Noviziat und beendete das Studium bei den Franziskanern in Curitiba (Paraná). Im Zug seiner Ausbildung lernte Luiz Fuck Latein, Griechisch, Englisch, Französisch und Esperanto. Obwohl die Franziskanerpatres untereinander Deutsch sprachen, habe er „nie eine Deutsche Schule gehabt", stellt Luiz bedauernd fest.

1974 arbeitete Fuck als Immobilienmakler in Blumenau und heiratete eine Japanerin. Das Paar zog nach Vitória, wo es eine große japanische Gemeinde gab. Nach der Scheidung im Jahr 1985 lebte Luiz elf Jahre in São

Bei den Fischteichen von Arlindo Flegler in Recanto do Tirol

Paulo. Mit seiner zweiten Frau, ebenfalls Japanerin, zog er nach Japan, wo er drei Jahre arbeitete. Dabei lernte er auch Japanisch. Im Jahr 2000 ließ sich das Paar in der Colônia Tirol nieder. Vier Jahre später kehrte seine Frau nach Japan zurück, seither lebt Luiz Fuck allein in der Kolonie, die er regelmäßig für mehrere Tage verlässt, wenn er als Busfahrer für ein Reisebüro in Vitória Touristen durch die Region chauffiert.

Durch das Fischprojekt erhielten etwa zehn Familien in der Kolonie einen Fischteich. Wenn ein Interessent bei ihm vorsprach, prüfte Fuck bei einem Lokalaugenschein, ob die Kriterien erfüllt waren. Es musste genug Wasser vorhanden sein und eine geeignete Stelle für den Teich gefunden werden. Wegen der schweren Regenfälle musste dieser immer in der richtigen Entfernung vom Bach gebaut werden. „Ich habe keinen einzigen Teich verloren", versichert Fuck. Die für den Aushub benötigten Maschinen und Arbeitskräfte bezahlte Luiz von dem Konto, das Oberhofer für ihn eingerichtet hatte.

Die Fische kaufte Fuck in Vitória. Seine Transporteinrichtung, die aus mit Wasser gefüllten Plastiksäcken und einer Sauerstoffflasche bestand, gewährleistete das Überleben der Fische für etwa zwei Stunden. Das Aussetzen der Tiere im kalten Teichwasser musste langsam und sorgfältig geschehen. Teich und Fisch gingen in das Eigentum des Begünstigten über. Fuck kümmerte sich auch um die Kontrolle der Anlagen und um die Beratung der Fischzüchter.

Der heute in Wien lebende Tiroler und Lateinamerikaspezialist Siegfried Hittmair, Jahrgang 1931, isst nach eigenen Angaben gern Fisch. Deshalb übernahm er, der als graue Eminenz hinter manchem Entwicklungshilfeprojekt stand, nach der Rückkehr Oberhofers nach Südtirol als, wie er selbstironisch erklärt, „ehrenamtlicher Außenstehender" aus der Ferne und auf einer eher ideellen Basis die weitere Betreuung des Projekts. Für den studierten Wirtschaftswissenschaftler war die Fisch-Saga ursprünglich als ein „Seed-Money-Project" gedacht, das nach einer gewissen Anlaufzeit durch den Verkauf von Fischen der Bauernschaft in der Kolonie reiche Erträge bescheren sollte.

Warum es zu der geplanten Geldvermehrung nicht kommen konnte, rechnet Hubert Thöny vor: Für die Produktion von einem Kilo Fisch braucht man in der Kolonie drei bis vier Monate länger als unten im „Warmen Land". Das bedeutet um ein Vierteljahr länger Kauf von teurem Fischfutter. Unter solchen Umständen kann man gegenüber den Fischzüchtern von „unten" nicht konkurrenzfähig sein. Etwas anderes sei es natürlich, wenn man nur für den Eigenbedarf züchtet. So sieht es inzwischen auch Hittmair, der sich darüber freut, dass sich verschiedene Familien in der Kolonie seit damals günstig mit Proteinen versorgen können.

Ein Erlebnis für jeden, wenn in der Karwoche Fischteichbesitzer das

Wasser ablassen und schlammverschmierte, jubelnde Kinder halb nackt Kübel um Kübel mit zappelnden Fischen füllen. José Schaeffer, der ebenfalls einen großen Teich besitzt, muss seine Fastenspeise hingegen kaufen. Denn sein Teich ist zu etwa zwei Drittel von dichtem Wald umgeben, und der Fischbestand wird von den am Ufer lebenden Fischottern reguliert. Sein See ist einfach zu groß, um unerwünschte Nahrungskonkurrenten abwehren zu können.

Biokaffee für den Export

Hubert Thöny betreibt die Pousada „Fazenda Ecologica do Tirol". Er und seine oberösterreichischen Partner Franz Leibetseder, Josef Kroiss, Kuno Haas und Hans Gattringer setzen auf sanften Tourismus, in dem sie das einzige Entwicklungspotenzial für die Colônia Tirol sehen. Wegen der kleinen Anbauflächen, der steilen Hänge und der kargen Böden könne man als „normaler" Landwirt nicht konkurrenzfähig sein, argumentiert Thöny und zitiert das Beispiel von einem Maisproduzenten in Mato Grosso mit 500.000 Hektar ebener Anbaufläche. Wenn man aber – wie in Tirol do Brasil – einen Wasserfall habe, sei dies eine touristische Attraktion.

Der Gastwirt Hubert Thöny ging trotzdem unter die Landwirte – mit dem Anbau von Kaffee. Weil Tirol keine ideale Gegend für eine industrielle Kaffeeproduktion ist, hat sich Thöny dem Anbau von Biokaffee verschrieben. An der Grenze zu Holanda erwarb seine Firma ein etwas höher gelegenes und wunderschönes Stück Land. Das ursprüngliche Motiv dazu sei ein ökologisches gewesen, behauptet Thöny, man habe verhindern wollen, dass auch aus diesem Land eine „Eukalyptuswüste" wie beim Nachbarn mit seinen 60.000 Eukalyptusbäumen entstehe. Dann hat Thöny mit dem ökologischen Anbau von Kaffee begonnen. Die Voraussetzungen sind gut, denn in der Umgebung gibt es Weideland für Rinder, die man als Düngerspender braucht, und ein Teich zur Bewässerung der Kaffeepflanzen in Trockenzeiten ist ebenfalls vorhanden.

Im ökologischen Kaffeeanbau ist der Einsatz von Pestiziden, Herbiziden oder Kunstdünger nicht erlaubt. Auch der Einsatz von Hühnermist ist mit Ausnahme der einmaligen Verwendung bei der Pflanzung von Setzlingen untersagt. Deshalb muss eigener Kompost hergestellt werden. Thönys Weideland ist groß genug für etwa 35 Rinder. Deren Mist (den man mit gehäckselten organischen Substanzen wie selbst gepflanztem Kamerungras oder Zuckerrohr zu Kompost verarbeitet) muss für 8.000 Kaffeepflanzen reichen. Die Verwendung von Mist fremder Rinder ist nicht erlaubt, weil deren Weiden den Reinheitskriterien nicht entsprechen könnten. Die Einhaltung der „Bio-Kriterien" kontrolliert die in Espírito Santo ansässige Fir-

Einer der zahlreichen „Wasserfälle" in der Fazenda Ecologica do Tirol

ma Chão Vivo (Lebender Boden); die Europäische Union erkennt deren Zertifikat an. Thönys Land ist bereits zertifiziert, Chão Vivo stellt ihm bis zur ersten Ernte einen Agraringenieur als Berater zur Seite.

Die Setzlinge, die ebenfalls biologisch produziert werden müssen, stammen aus Santa Maria de Jetibá. Die Pflanzen wurden in einem Abstand von etwa einem Meter gepflanzt, der Abstand zwischen den Reihen beträgt drei Meter. Mit der ersten Ernte ist nach drei Jahren zu rechnen. Die auf dem Land vorhandenen alten Kaffeesträucher wurden so geschnitten, dass der Stamm neu austreibt. Bei diesen Stauden ist die erste Ernte schon nach zwei Jahren fällig. Da der Vorbesitzer das Land vernachlässigt hatte, erwiesen sich die Bodenproben als rückstandsfrei.

Normaler „Industriekaffee" wird heute so gezüchtet, dass alle Bohnen in nur zwei Monaten reifen und sie in ein bis zwei Gängen geerntet werden können. Bei maschineller Ernte ist der Reifungsgrad der Bohnen allerdings sehr unterschiedlich. Bei der von Thöny verwendeten „alten" Cafe-Arabica-Sorte kann sich die Ernte über vier bis fünf Monate erstrecken. Geht man bei der Ernte sorgfältig vor und nimmt man in mehreren Durchgängen stets nur die wirklich reifen Bohnen ab, ist hinsichtlich Qualität und Ertrag viel zu gewinnen. Allerdings ist der ökologische Kaffeeanbau sehr arbeitsintensiv, schon wegen des in den Tropen sehr schnell wachsenden Unkrauts. Zum Trocknen der geernteten Kaffeebohnen verwendet man heute keine Plattformen aus Beton mehr, weil diese Methode die Bildung von Schimmel begünstigt. Heute spannt man über den Boden ein Netz, auf dem die Bohnen möglichst nebeneinander ausgebreitet werden. Thönys Kaffee wird in der Colônia getrocknet und geschält und in Österreich geröstet. Die Vermarktung erfolgt unter dem Logo „Café Art & Child" und wird mit dem Hinweis auf seine Herkunft beworben. Dabei spielen sowohl die Colônia Tirol als auch die sogenannte „Mata Atlantica" eine Rolle. Bei Letzterer handelt es sich um den (ursprünglichen) Regenwaldgürtel, der sich parallel zur Atlantikküste von Bahia über Espírito Santo bis Rio Grande do Sul erstreckt.

Trachtengewänder und Orden für Camilo Thomas

Walter Philipp, vormals Bezirkshauptmann von Kufstein in Tirol, kennt die Colônia Tirol seit Mitte der 1990er Jahre. Er organisierte auf privater Basis einige Aktionen zugunsten der Kolonie, unter anderem die Elek-

Blühende Bougainvillea neben dem Wohnhaus von Vava

trifizierung einer kleineren Teilsiedlung durch Kauf und Montage eines Transformators und der Zuleitungen. Bei seinen Aufenthalten in Brasilien beeindruckten ihn die Bemühungen des Diakons und Deutschlehrers Camilo Thomas um den Erhalt der deutschen Sprache. Ganz besonders angetan war Philipp vom Chor, den Thomas organisiert hatte und der den österreichischen Gästen ein großes Konzert gab, wobei neben einigen brasilianischen hauptsächlich Tiroler Volkslieder gesungen wurden. Camilo Thomas hatte sie in uralten Liederbüchern gefunden, die in seinem Besitz waren. Für die passende Einkleidung der Chormitglieder initiierten Philipp und seine Frau in Kufstein eine Sammelaktion für Trachtengewänder, die mit der Unterstützung von Pfarrern des Bezirks ein großer Erfolg wurde, sodass neuwertige Tiroler Dirndlkleider und Trachtenanzüge nach Brasilien geschickt werden konnten.

Auch bei seinen langen Gesprächen mit Camilo Thomas bei dessen Besuchen in Tirol registrierte Walter Philipp, wie ernst es diesem mit seinen Bemühungen um den Erhalt von Sprache und Tiroler Brauchtum in der Kolonie war, und wie wichtig er die persönlichen Kontakte zwischen hüben und drüben nahm. Dies veranlasste Dr. Philipp, Camilo Thomas bei der Landesregierung für die Verleihung des Tiroler Adler-Ordens in Gold vorzuschlagen, den dieser am 26. Oktober 1997 zu Hause entgegennehmen durfte. Dieser Orden wird an Persönlichkeiten verliehen, die sich als Nicht-Tiroler um Tirol bedeutende Verdienste erworben haben.

Schafe von „Pater Schwång"

Unabhängig von der Wirtschaftshilfe von Tiroler und Südtiroler Seite kümmerte sich auch P. Johannes Scheja um das weltliche Wohlergehen der Kolonisten. Er mochte die Colônia und ließ sich von seiner Ordensgemeinschaft, den Steyler Missionaren, mehrmals nach Santa Leopoldina entsenden. Pater João („Schwång") Scheja hatte nicht den Ehrgeiz, sich durch spektakuläre Großprojekte zu verewigen. Er kümmerte sich um die „kleinen" Notwendigkeiten. Als er zum Beispiel bemerkte, dass viele junge Leute nicht mehr ordentlich kochen konnten, bat er Edinete Thomas, einen Kochkurs abzuhalten. „A Brot båckn, Kekslen måchn, Knödl kochn", das war es, was den Dorftirolerinnen beigebracht werden sollte.

Für seine Vorhaben trieb Pater Schwång immer wieder Geld in Deutschland auf, auch aus dem Kreis seiner Verwandten. In den späten 1990er Jahren finanzierte er den Ankauf von zehn Schafen und einem Bock, wurde aber von einem brasilianischen Fachmann angeblich schlecht beraten, sodass weder die Art der Schafe, noch das gepflanzte Gras, noch der von Tarcizio Thomas aufgestellte Stall den klimatischen Verhältnissen in der Kolo-

Herd mit Backofen, daneben Maisbrot

nie entsprachen. Als den Bauern die Selbstvermarktung untersagt wurde, erwies sich das Schafprojekt endgültig als unrentabel. Damit kam etwas zu einem schnellen Ende, was in der Kolonie keine Tradition hatte und bei dem sich niemand richtig auskannte.

P. Johannes Scheja war krank und wollte sich am 3. Mai 2005 zur medizinischen Betreuung nach Deutschland begeben. Er suchte vor der Abreise Camilo Thomas auf, um nach den Schafen zu fragen, weil er den Spendern über das Projekt berichten wollte. Doch da gab es in Tirol längst keine Schafe mehr. Hubert Thöny behauptet, Thomas habe auf die Fragen des Missionars harsch reagiert und sich auf keine langen Erklärungen über den Verbleib der Tiere einlassen wollen. Pater Schwäng sei darüber sehr traurig gewesen. Am 18. Mai 2005 starb der Geistliche.

In seinem letzten Brief an Gerhard Renzler berichtet Camilo Thomas über das Ableben Schejas: „Er litt an Krebs im Hals und wollte sich operieren lassen in seiner Heimat. Leider hat er es nicht geschafft. … Ich möchte Dir auch mitteilen", schreibt Thomas weiter, „dass ich aus der Genossenschaft ausgetreten bin. Für mich ist alles Vergangenheit." Drei Monate später war auch Camilo tot.

Einzelpersonen für das Dorf Tirol

An dieser Stelle soll die Erinnerung auch an einige bisher nicht genannte Persönlichkeiten wach gehalten werden – Einzelpersonen, die sich ohne jeden institutionellen Hintergrund in der einen oder anderen Weise für Tirol-California einsetzten – wie der inzwischen verstorbene Ernst Prodowinsky aus Wolfsberg. Neben seinem Idealismus fiel der Kärntner durch sein Gewicht auf, auf das der russische Geländewagen „Lada Niva", mit dem man ihn vom Flughafen von Vitória abholte, mit dem Zusammenbruch des Beifahrersitzes reagierte. Prodowinsky hatte bei der Firma Baumax eine Motorsäge als Spende für Dorf Tirol erwirkt. Sein Versuch, das Gerät persönlich seiner Bestimmung zu übergeben, scheiterte am brasilianischen Zoll – in Brasilien gilt eine Motorsäge als Waffe.

Der pensionierte Postangestellte Rudolf Pichler aus der Steiermark arbeitete fleißig an der Renovierung der Kirche von Tirol mit und wäre am liebsten für immer in Tirol do Brasil geblieben. Er starb am 21. September 2003 in der Heimat – an demselben Tag, an dem in der Colônia Tirol Tarcizio Thomas ermordet wurde.

Walter Reimeir, Hauptschuldirektor aus Steinach am Brenner, brachte in mehreren Auflagen das „Wipptaler Kochbuch" heraus. Der Reinerlös vom Verkauf kommt bis heute dem Dorf Tirol zugute. In besonders rührender Weise kümmerte sich die inzwischen verstorbene Innsbruckerin Elisabeth Stolz um das Dorf Tirol. Eine weitere markante und immer noch aktive Persönlichkeit ist Rudolf Rainer. Seit Jahren hält der Kärntner in Österreich Vorträge über Tirol do Brasil, um Spendengelder aufzutreiben, mit denen er bedürftigen Menschen in der Kolonie zu neuem Wohnraum verhilft. Bei seinen Vorträgen bezieht er sich bis heute auf die wirtschaftliche Situation im Dorf Tirol der Jahre 1992 und 1993. Dass sich Rainer mit einer Schilderung der aktuellen Verhältnisse keine Spendenimpulse mehr erwartet, zeigt einmal mehr, dass sich die Lebenssituation der Dorftiroler auch auf der individuellen Ebene seit damals entschieden verbessert hat.

Projekte für die Katz'

Es gibt Projekte, die ein Entwicklungshelfer mit größtem Einsatz und in bester Absicht vorantreibt, die aber trotzdem nicht zum gewünschten Erfolg führen. Gerhard Renzler passierte es einmal, dass er in seinem Eifer nicht daran dachte, die Sinnhaftigkeit seiner Idee, von der er persönlich fest überzeugt war, auch aus der Sicht der Betroffenen zu hinterfragen. Das sei beim Lagerhaus in Alto Tirol der Fall gewesen, erinnert sich Renzler. Er habe häufig beobachtet, wie jeden Donnerstag viele Leute den kostenlosen Massentransport mit einem LKW nach Santa Leopoldina in Anspruch nahmen, um dort Kunstdünger, Zement, Hühnerfutter und Ähnliches einzukaufen. Da habe er sich überlegt, die Leute müssten für ihre Einkäufe eigentlich nicht unbedingt jedes Mal einen ganzen Tag verplempern, es wäre weit besser, sie würden zu Hause bleiben und wichtigere Dinge erledigen. Deshalb habe er das Lagerhaus der Genossenschaft gebaut. Das Geld dafür hatten die „Kleinen Theaterbühnen Tirol" aufgebracht. Nun fuhr Tarcizio Thomas in seiner Eigenschaft als Präsident der Agritical mit dem genossenschaftseigenen LKW allein nach Santa Leopoldina, um dort einzukaufen. Dabei handelte er einen Mengenrabatt für die Waren aus, die er ins Lagerhaus brachte und dort zu dem Preis anbot, den die Kunden in Leopoldina auch hätten zahlen müssen. Für die Leute wären die Waren also gleich teuer wie in Leopoldina gewesen, sie hätten aber den Vorteil der Zeitersparnis gehabt. Um die Sache in Schwung zu bringen, bezahlte Renzler aus werbestrategischen Gründen auch die erste Warenkollektion des neu eröffneten Lagerhauses. Die Kunden kamen zwar, doch sie zeigten sich verstimmt: „Du hast die Sachen ja geschenkt bekommen", ärgerten sie sich über Tarcizio Thomas. „Warum sollen dann wir dafür bezahlen?"

Der eigentliche Grund für die Nicht-Annahme des Lagerhauses war indes ein ganz anderer, ist Gerhard Renzler überzeugt. Er habe nicht bedacht, dass die Leute auch ohne konkrete Kaufabsichten gern in die Stadt fuhren, der Donnerstag für sie eine Art Urlaubstag war, an dem man etwas anderes zu sehen bekam, in Lokalen Neuigkeiten erfuhr, spazieren gehen und Bekannte besuchen konnte. Rückblickend sieht Gerhard Renzler das Lagerhaus als ein typisches Beispiel für ein fehlgeschlagenes Projekt. Er verweist auf seine Kernprojekte in der Anfangsphase der Wirtschaftshilfe und erläutert, warum diesen ein derartiges Schicksal erspart geblieben ist: Im Jahr 1994 habe man Camilo Thomas, den damaligen Präsidenten der Genossenschaft, nach Österreich geholt und ihn in Tirol gefragt, was man

Zweimal in der Woche bringt ein LKW kostenlos Passagiere von Tirol nach Santa Leopoldina.

in der Colônia Tirol am dringendsten brauche. Das seien ein Lastkraftwagen, eine Telefonstation, elektrischer Strom und ein Gasthaus gewesen. Wie wir wissen, setzte Renzler diese Projekte mit großem Erfolg um.

Das Kreuz für den Gipfel

Vom Schwarzen Felsen (portug. *Pedra Preta*), einem wuchtigen Granitfelsen an der Grenze zwischen Tirol-California und Luxemburgo, genießt man einen beeindruckenden Panoramablick über das umliegende Land. Gerhard Renzler wollte den Anstieg auf diesen begehrten Berg auch für weniger Geübte möglich machen und auf dem Gipfel ein Kreuz aufstellen. Der Anstieg wurde mit Seilen versichert, Florian Thomas und Hilario Walcher halfen mit Eifer beim Bohren und Zementieren der Verankerungen. Tarcizio Thomas und Gerhard Renzler übernahmen mit dem Hinaufschleppen von Zement, Schotter, Werkzeug und Wasser für das Fundament des Kreuzes die Hauptlast der Arbeit. Vital Gonoring fertigte aus Eukalyptusholz die zwei Balken, die er auf dem Gipfel zu einem Kreuz zusammenschraubte.

Die Reuttener kritisierten im Vorfeld der Aktion einmal mehr, dass Renzler nur betoniere, aber nichts für die Menschen mache. Das für das Gipfelkreuz aufgewendete Geld hätte man den Leuten lieber bar auf die Hand geben sollen. Sie wollten nicht wahrhaben, dass die ganze Aktion von Idealismus getragen war und sich nur die Kosten für ein paar Meter Stahlseil zu Buche schlugen. Die Eröffnung des Anstiegs fand am 17. Oktober 1994, einem Sonntag, statt. Zur Feier beim neu errichteten Gipfelkreuz kamen nicht nur Renzler und seine getreuen Helfer; mindestens 100 Personen, darunter fünfjährige Kinder und ein 80 Jahre alter Mann, fanden sich auf dem Berg ebenso ein wie eine Reisegruppe aus dem fernen Kufstein. Etliche andere – wie der Priester, der das Kreuz weihen und die Gipfelmesse hätte feiern sollen – schafften nur die Hälfte des Anstiegs. Der Pater aus Leopoldina hatte vorher in Meia Legua eine Trauung und hetzte beim Anstieg zum Gipfel den anderen hinterher, sodass ihn auf halbem Weg die Kräfte verließen.

Camilo Thomas hätte auf dem Gipfel statt der Messe einen „Culto" halten können, doch er tat es nicht. Er verzichtete auch auf eine Rede, denn es war Gerhard Renzlers Tag. Nach einer kurzen Ansprache auf Deutsch und Portugiesisch stimmte Renzler „Großer Gott, wir loben dich" an, und alle sangen mit. In jenem Moment wusste Renzler, dass die Feier um das neu errichtete Kreuz auf dem markantesten Berg der Umgebung von allen Anwesenden als ein Symbol der Wende und des wirtschaftlichen Aufschwungs erlebt wurde.

Die „kleine ruhige Ecke"

Küche im Sitio Cantinho

An ein paar Häusern im Herzen des Siedlungsgebiets der Colônia Tirol ist die Wirtschaftshilfe der letzten 15 Jahre fast spurlos vorübergegangen. Aber nicht, weil man den neun „braunen" Familien mit insgesamt 50 bis 60 Personen keine Hilfe gegönnt hätte, sondern weil diese 13 Häuser, von denen neun bewohnt sind, selbst von den meisten Einheimischen schlicht übersehen wurden. Obwohl die kleine Teilsiedlung in direkter Linie nur etwa 500 Meter von der Kirche in Tirol entfernt ist, liegt sie abgeschieden in einer hoch gelegenen Geländemulde und war bis vor wenigen Monaten nur über einen schmalen Fußpfad erreichbar. Die Menschen dort sind aber keinesfalls sozial isoliert, sie gehen in Tirol zur Kirche und schicken ihre Kinder in die Partl-Schule, mit der man sich sehr zufrieden zeigt. Im Allgemeinen lebt man dort aber eher unauffällig und zurückgezogen.

Die Familien heißen Adão, da Silva oder Santana. Einige wohnen seit Generationen dort, wie die Familie Freitas. Dieser Name kommt schon im Lageplan der Landlose von 1872 vor. Eines der Häuser erbaute Arnaldo Giesen, es ist schon seit langem unbewohnt. Heute leben in der Siedlung keine Nachkommen von europäischen Einwanderern mehr. Luiz Fuck

Familie Alves im Sitio Cantinho do Sossego

Ein Haus im Sitio Cantinho do Sossego („Kleine ruhige Ecke"). Früher haben auch die Tiroler ihre Häuser in dieser Technik gebaut: In eine in der roten Erde ausgehobene Mulde leitete man Wasser ein, schaufelte den lockeren Aushub zurück und mischte den Lehm, mit dem man schließlich das Hausgerüst von beiden Seiten „verputzte".

Beim Zuckerrohrpressen im Sitio Cantinho do Sossego

meinte einmal, es könne sich dabei um einen „Quilombo" handeln, eine Niederlassung von aus der Sklaverei geflohenen Schwarzen. Andere sprachen von einer „Favela", was aber ebenso wenig zutrifft. Die Bewohner selbst nennen ihren Platz „Sitio Cantinho do Sossego", die „kleine ruhige Ecke". Dort trifft man auf Lehmbauten und auf Wohnverhältnisse von einer Ursprünglichkeit, wie es sie woanders in der Region seit Jahrzehnten nicht mehr gibt. Zwar verfügt die Siedlung inzwischen über elektrischen Strom, es gibt aber nur einen Trafo und nur einen Zähler. Der Altersdurchschnitt der Bewohner ist hoch, der Alkoholismus ein Problem. Manche Leute halten sich trotz ihrer Armut weder Hühner noch ein Schwein. Es lohne sich nicht, meinen sie, denn man sei nicht immer zu Hause, und dann würden Lagartos oder Schlangen die Hühner fressen. Auch hätte es keinen Sinn, Mais für Hühnerfutter zu pflanzen, dazu brauche man Mist, den man aber nicht habe. Es sei billiger, hin und wieder ein Huhn zu kaufen.

Dass es auch anders geht, beweist Familie Freitas, die am Rand des Kessels ganz oben am Hang lebt. Ihr Haus ist mehr als 80 Jahre alt, doch alles ist sauber und gepflegt. Es gibt Quellwasser, das angeblich nie versiegt. Dort wohnt Herr Freitas mit Frau, Tochter, Enkelin und Schwager. Er züchtet Hühner und Schweine, auf einem Feld pflanzt er Süßkartoffeln, auf dem anderen blühen gerade die Bohnen, auf dem dritten reift der Mais, den er zur alten Mühle von Florian Thomas bringt. Und mit dem Mehl bäckt seine Frau Brot für die Familie; was übrig bleibt, wird verkauft.

Die Martinskapelle

Ab dem Jahr 1992 kam es zum Ausbau der wechselseitigen transatlantischen Beziehungen zwischen dem europäischen und dem brasilianischen Tirol. Ab 1993 fanden mit den Besuchen der Landeshauptleute Alois Partl und Luis Durnwalder die ersten persönlichen Kontakte auf jeweils höchster Ebene statt, die eine massive wirtschaftliche und kulturelle Förderung von Dorf Tirol in Brasilien zur Folge hatten. Gleichzeit vertieften sich die Beziehungen zwischen den beiden Tirol auf mannigfaltige Weise. Nicht wenige junge Leute aus Tirol do Brasil kamen nach Österreich, manche kehrten in die Heimat zurück, einige sind geblieben, haben geheiratet und im Land ihrer Vorfahren eine neue Existenz gegründet. Leute aus dem europäischen Tirol reisten ins brasilianische Tirol und entdeckten die exotische Welt der Tropen unter der kundigen Obhut von „Landsleuten". Hubert Thöny aus Nassereith in Tirol ist im Dorf Tirol in Brasilien geblieben. Mittlerweile spannt sich ein umfassendes Netz von Verwandtschaften, Freundschaften und Patenschaften von einem Kontinent zum andern.

Ein besonders eindringliches Zeugnis für sehr persönliche, ideelle Beziehungen zwischen hüben und drüben birgt die Geschichte der Martinskapelle. Das kleine Bauwerk steht neben der Dr.-Karl-Ilg-Schule. Auf einer Kupfertafel steht zu lesen: „Zur Erinnerung an das 140-jährige Bestandsjubiläum der Colonia ‚Tirol' 1857–1997 und Einweihung der Kapelle ‚Maria Mutter von der immerwährenden Hilfe'. Tirol, den 21 September 1997". Über dem Eingang steht in großen Lettern aber nicht, wie man annehmen möchte, „Marienkapelle", sondern „Martinskapelle".

Die Geschichte, wie das kleine Kirchlein zu diesem Namen kam, spiegelt die Geschichte der mannigfachen persönlichen Beziehungen wider,

Heinz und Elfi Stecher

Die Martinskapelle

die sich in den letzten Jahren zwischen dem brasilianischen und dem österreichischen Tirol entwickelt haben. Die Innsbrucker Volksmusikantin Elfi Stecher weiß diesbezüglich zu erzählen: „Begonnen hat alles mit dem TV-Film von Norbert Hölzl. Durch ihn bin ich auf die Probleme im Dorf Tirol aufmerksam geworden. Bei einem Aufenthalt von Camilo Thomas in Tirol lernte ich diesen selbst kennen, und auch er erzählte von den Sorgen und Nöten der Dorf-Tiroler. Zu dieser Zeit verschwand Martin, der Sohn meiner Cousine in Wien, bei einer Bergtour im jugoslawisch-albanischen Grenzgebiet spurlos. Meine Cousine übergab mir einen namhaften Betrag mit der Bitte, ihn für einen guten Zweck zu verwenden. Ich übergab das Geld Camilo Thomas, als er sich mit seinem Sohn Tarcizio und seinem Neffen Angelo zum Krippenbauen in Innsbruck aufhielt. Meine Enttäuschung war groß, weil ich lange Zeit nichts über die Verwendung des Geldes erfuhr. Einer Verwandten, die auf Besuch im Dorf Tirol war, gab Camilo schließlich eine Aufstellung der Sachen mit, die er mit dem Geld angeschafft hatte: eine Säge, Schulbänke, diverse Renovierungen. Meine Verwandte hatte auch Fotos von der Kapelle dabei, und diese brachten mich auf die Idee, das Kirchlein sollte ‚Martinskapelle' heißen. Camilo war mit meiner Idee einverstanden, und so wurde die Kapelle in ‚Martinskapelle' umbenannt. Zur Ausschmückung der Kapelle gab ich bei der Tiroler Glasmalerei An-

Kulturzentrum mit Bibliothek und Dr.-Karl-Ilg-Schule in Alto Tirol

stalt drei Hinterglasbilder, darstellend den hl. Martin, die hl. Notburga und den Tiroler Adler, in Auftrag. Die Darstellungen des hl. Martin und der hl. Notburga wurden von Besuchern nach Dorf Tirol gebracht, die des Tiroler Adlers überbrachte ich zu Ostern 2002 selbst. Der Grund für unsere Reise war mein Kontakt mit Olga Thomas anlässlich ihrer Operation im Krankenhaus Hall im Jahr 1998. Im Rahmen unseres Aufenthalts tanzten wir mit den Schulkindern einfache Volkstänze und musizierten mit den Dorf-Tirolern im Gasthaus. Weil das Dach der Martinskapelle leider nicht dicht war und immer wieder Wasser eindrang, hatte Camilo Thomas den Einfall, eine neue Kapelle nach dem Vorbild einer Kapelle im Tiroler Bauernhöfemuseum zu errichten. Leider ist es durch den Tod von Camilo nicht mehr dazu gekommen."

Elfi und Heinz Stecher aus Innsbruck sind stets bemüht, ihre „Dorf-Tiroler" vor allem in musischer Hinsicht zu fördern, denn Volksmusik, Volkstanz und Volkstracht sind Kulturbereiche, die ihnen besonders am Herzen liegen. Da es inzwischen zahlreiche junge Tirol-Brasilianer gibt, die vorübergehend in Österreich arbeiten, erfolgt die Betreuung heute sozusagen vor Ort. José Schaeffer erhielt von den Stechers eine Steirische Ziehharmonika, und zwei Dorf-Tirolerinnen, die im Land Tirol gearbeitet hatten, wurden bei der Rückreise nach Brasilien original Tiroler Trachten für zu Hause mitgegeben – denn im Juli 2007 sollte in Übersee das Jubiläum „150 Jahre Auswanderung nach Dorf Tirol in Brasilien" festlich begangen werden.

Friedl Ludescher
Der Verein „Tirol–Brasil"

Ein Besuch im September 2003 konfrontierte uns mit der Situation in Dorf Tirol und ließ das Bedürfnis wachsen, wieder Hilfe zu organisieren. Tatsache ist, dass wir uns mit den Dorfbewohnern intensiv beschäftigt und in die Landschaft verliebt haben. Was wir hörten und sahen, öffnete unsere Herzen und unsere Taschen, und wir versprachen, zurückzukehren und weitere Hilfe anzukurbeln. Bei unserer Rückkehr erfuhren wir beim Land Tirol wenig bis keine Unterstützung, man wollte sich vielmehr aus der Förderung zurückziehen, weil trotz der Bemühungen der Entwicklungshelfer da und dort Mittel nicht gerecht verteilt und für Gemeinschaftsvorhaben verwendet worden waren, sondern zu versickern schienen. Nur eine Hand voll Menschen sollen in den Genuss der Hilfe gekommen, der Rest des Dorfes davon nicht berührt worden sein. Wie immer der Vorwurf zu bewerten ist, die Entfernung bewirkt mitunter unterschiedliche Sichtweisen.

Nach 2003 machten wir mehrere Besuche in Dorf Tirol, bei denen in Sitzungen mit führenden Persönlichkeiten der Dorfgemeinschaft hauptsächlich die drängendsten Probleme erörtert und nach Dringlichkeit gereiht wurden. Daraus ergab sich in weiterer Folge die Notwendigkeit, im österreichischen Tirol einen Hilfsverein zu gründen. Alt-Landeshauptmann Alois Partl wollte ein neues Hilfsprojekt nur im Rahmen eines Vereins, der für die Einreichung von Projekten und deren Abrechnung verantwortlich sei, wagen. Er öffnete uns damit beim Land Tirol wieder die Türen.

Als Proponenten für den Verein mit Sitz in Innsbruck stellten sich folgende Personen zur Verfügung: Dipl. Ing. Dr. Alois Partl, Alt-Landeshauptmann, Ing. Hermann Plank, Baumeister (2006 verstorben), Prof. Andreas Bramböck, VS-Direktor i. R., Ing. Gerhard Renzler, HTL-Lehrer i. R., und Mag. Friedl Ludescher, Hofrat der Tiroler Landesregierung. Am 24. Mai 2005 wurde bei der Bundespolizeidirektion Innsbruck unter der Zahl LVR 2805 der Antrag zur Vereinsgründung eingereicht.

§ 2 der Statuten legt folgenden Vereinszweck fest: „Der Verein, dessen Tätigkeit nicht auf Gewinn gerichtet ist, bezweckt einerseits die ideelle, soziale, kulturelle, sportliche und wirtschaftliche Unterstützung und Förderung und andererseits die Zusammenarbeit und den Austausch mit den Nachkommen der Tiroler Auswanderer in Brasilien/Santa Leopoldina. Mithilfe bei der nachhaltigen Verbesserung im Infrastruktur-, Gesundheits-, Wirtschafts- und Bildungsbereich, Pflege der deutschen Sprache und der österreichischen bzw. Tiroler Kultur, Integration des Deutschunterrichts in den Regelunterricht."

Die Gründungsversammlung fand am 28. Spetember 2005 statt, bei der folgender Vorstand gewählt wurde: Dipl. Ing. Dr. Alois Partl, Tirol, und Landeshauptmann Dr. Luis Durnwalder, Südtirol (Ehrenobmänner), Mag. Friedl Ludescher, Tirol (Obmann), Karl Pfitscher, Südtirol (Obmann-Stellvertreter), Maria Ludescher, Tirol (Schriftführerin), Dr. Walter Weiss, Südtirol (Schriftführer-Stellvertreter), Ing. Heinz Stecher, Tirol (Kassier), Ing. Hermann Plank, Tirol (Kassier-Stellvertreter), Dr. Doris Kloimstein (Beirat für Kultur und Deutsch; bis 31. Oktober 2007), Ing. Gerhard Renzler (bis 5. Mai 2009 Beirat für Infrastruktur), Dr. Fritz Staudigl (Beirat für Außenbeziehungen). Zu Rechnungsprüfern wurden Dr. Christoph Koch (Tirol) und Helmuth Rainer (Südtirol) bestellt.

Am 11. April 2006 wurde – mit Sitz in Schlanders – der Südtiroler-Subverein „(Süd)Tirol-Brasil" gegründet. Karl Pfitscher (Obmann), Dr. Christoph Koch (Obmann-Stellvertreter), Helmuth Rainer (Schriftführer) sowie Dr. Walter Weiss, Herbert Schuster und Dr. Klaus Pirhofer bilden den Vorstand.

In Anlehnung an die Wünsche der Tiroler in Brasilien wurde bei der Gründungsversammlung ein überaus umfangreiches mittel- bis langfristiges Arbeitsprogramm mit folgenden Hauptpunkten beschlossen: Ausbau der Volksschule und Weiterführung der Aktivierung des Deutsch-Unterrichts, Straßenausbau (über Bragança, später auch über Mangaraí), Einstellung von Sozialarbeitern, Vorbereitung der 150-Jahr-Feier im Jahr 2007, medizinische Unterstützung, Kirchenrenovierung, Sanierung des Widums, Ausbau der Kirche in California, Optimierung des Pflanzgartens, Neuauflage des Buches „Colônia Tirol", Übersetzung einer Kurzfassung des Buches ins Portugiesische, Herausgabe eines neuen „Tirol-Brasil"-Buches, Suche nach Arbeitsplätzen für Brasilien-Tiroler als Saisonniers in Tirol, Evaluierung der Genossenschaft Agritical, Erstellung eines Tourismus-Konzepts und Aufbringung der Mittel zur Realisierung der Vorhaben.

Bisher abgeschlossene Projekte

Ausbau der Volksschule

Der Ausbau der Volksschule ist eng mit der Revitalisierung der deutschen Sprache im Dorf Tirol verbunden. Für die Planung zeichnete vor allem Ing. Gerhard Renzler verantwortlich. Die Ausführung erfolgte durch Baumeister Ing. Hermann Plank. Das alte Schulgebäude neben der Kirche wurde zu einem stattlichen, einstöckigen Ziegelbau im Stil eines Tiroler Bauernhauses. Dann erfolgte der Einbau von Klassenräumen im Untergeschoss, das Obergeschoss blieb wegen fehlender Finanzmittel vorerst unausgebaut. Idee, Planung und Umsetzung des Obergeschoss-Ausbaus lagen in den Händen von Hermann Plank gemeinsam mit Manfred Villgrattner und Manfred Spleit. Sie machten sich Ende Dezember 2005 auf, das Vorhaben innerhalb weniger Wochen zu verwirklichen. Es ist beinahe unvorstellbar, aber – mit Hilfe von vielen einheimischen Mitarbeitern, die auch von der Idee besessen waren, ein neues Schulgebäude zu haben, auf das man stolz sein kann – gelang das Vorhaben. Die außergewöhnlich hef-

Besprechung Schulausbau (von links): Manfred Spleit, José Schaeffer, Hermann Plank, Bürgermeister Fernando Rocha, Ana Maria Röpke da Silva (Vertreterin der Schulbehörde) und Gerald Pfleger (Deutschlehrer aus Österreich)

tigen Regenfälle während des Schuljahres setzten dem Dach aber dermaßen zu, dass bald eine Verbesserung der Dachsituation notwendig wurde. Unser Plan: Das Haus sollte bis zur 150-Jahr-Feier im Jahr 2007 wasserdicht sein. Mit Hilfe von Ing. Gerhard Renzler und Geraldo Thomas gelang auch dieses Werk fristgerecht und kostengünstig. In seiner unnachahmlichen Entschlossenheit benannte Baumeister Ing. Hermann Plank in Eigeninitiative die Schule und ließ weithin sichtbar „Dr.-Alois-Partl-Schule" über dem Eingang auf die Fassade schreiben. An dieser Stelle sei der außergewöhnlichen Persönlichkeit Ing. Hermann Plank, einem Baumeister alter Schule, bei dem sich Kreativität und handfester Wille zur Umsetzung mit sozialer Kompetenz und Begeisterungsfähigkeit vereinten, von Herzen gedankt. Seine Begeisterung wirkte ansteckend, auch die brasilianischen Freunde in Dorf Tirol wurden in den wenigen Wochen seines Aufenthalts (Dezember 2005 bis Ende Jänner 2006) wahrlich mitgerissen. Voller Ideen für Dorf Tirol in Brasilien kehrte er nach Österreich zurück; sich nach seiner Pensionierung in Brasilien anzusiedeln und in Dorf Tirol vieles zu ändern und neu zu schaffen, war sein Plan. Es sollte nicht dazu kommen, Hermann Plank schied allzu früh aus dem Leben. Das ganze Dorf Tirol in Brasilien trauerte um einen hoch angesehenen Freund, in den man große Hoffnungen gesetzt hatte. Dem Verein „Tirol-Brasil" ist es ein wahres Anliegen, Hermann Planks Ideen für das Dorf Tirol, insbesondere den Ausbau der Kirche in California, wovon er eine Skizze hinterlassen hat, umzusetzen.

Erinnerungstafel am Pfarrhaus

Sanierung des Widums

Das in Dorf Tirol neben der Kirche stehende und im Jahr 1995 schon einmal sanierte Widum steht im Eigentum der Steyler Missionare, die bereits im 19. Jahrhundert in Dorf Tirol tätig waren. Das Platz für acht bis zwölf Personen bietende Gebäude war als Unterkunft für Priester und Besucher von Dorf Tirol gedacht. Da es nur selten in Anspruch genommen wurde, überließen Pfarrer Carlos Kelalu und die Steyler Missionare das Gebäude dem Verein „Tirol-Brasil" zur Nutzung mit der Auflage, es zu restaurieren und bewohnbar zu machen. Die Arbeiten sind im Erdgeschoss zum Großteil abgeschlossen. Was noch fehlt, ist der Ausbau des Dachgeschosses, der durch die Auslandsdiener in die Wege geleitet und umgesetzt werden soll. Auch die Nutzung als Museum wurde angedacht.

Rückführung der Weihnachtskrippe

Bei meinem Aufenthalt im November 2007 gelang es, die in Dorf Tirol anfangs bestaunte und fast schon verehrte, dann aber von vielen als verschollen geglaubte Weihnachtskrippe (gebaut im Jahr 1996 aus Anlass des 85-jährigen Bestehens des Tiroler Krippenvereins unter Mithilfe von Camilo, Tarcizio und Angelo Thomas) ausfindig zu machen. Sie ist mittlerweile an ihren Platz in der Kirche von Dorf Tirol zurückgekehrt – abgesichert durch eine Glasvitrine.

Die verloren geglaubte Weihnachtskrippe in der Kirche von Tirol

Kinder vor der Schule

Jugendliche in der Vende von Eliseo; im Bild: Getränke-Preisliste

Neuauflage des Buchs „Colônia Tirol"

Die Gründung des Vereins „Tirol-Brasil" ließ das Interesse am brasilianischen Tirol wieder ansteigen. Das im Jahr 1996 erschienene Buch „Colônia Tirol" von Wilfried Schabus und Alexander Schlick war aber längst vergriffen. So suchten wir ein gut erhaltenes Exemplar, holten alle moralischen und rechtlichen Informationen und Formalitäten ein und ließen das Buch (ausschließlich für unsere Mitglieder) kopieren und binden. Es war viel Arbeit, machte den so Beschenkten aber große Freude und war eine schier unversiegbare Informationsquelle für alle „Neuen", die von Dorf Tirol in Brasilien noch nichts gehört oder gelesen hatten.

Deutschunterricht

§ 2 der Statuten des Vereins „Tirol-Brasil" bestimmt als einen der Vereinszwecke die „Integration des Deutschunterrichts in den Regelunterricht". Von Anfang an zielte die Arbeit des Vereins auf diese wesentliche Aufgabe. Mit dem Einsatz des ehemaligen Vorstandsmitglieds Dr. Doris Kloimstein und mit dem Ausbau der Schule konnte in kurzer Zeit die Schulbehörde in Santa Leopoldina davon überzeugt werden, dass in „Dorf Tirol" Deutsch als erste lebende Fremdsprache in den Unterricht aufgenommen werden soll. Nunmehr unterrichtet der einheimische Lehrer José Schaeffer mehrmals in der Woche die Volksschüler. Die Finanzierung des Deutschlehrers übernahmen ursprünglich Prof. Karl Ilg, dann der Deutsche Kulturverein,

Flötengruppe von Andreas Grössl und Philipp Leitner

Martinskapelle ohne Schindeldach   *Martinskapelle mit Schindeldach, 2008*

das Hilfswerk Reutte und das Land Tirol. Der Oberösterreicher Lehrer Gerald Pfleger stand als erster „Auslandsdiener" 2006 für ein halbes Jahr José Schaeffer im Deutschunterricht zur Seite und versuchte moderne und freudvolle Unterrichtsmethoden einzuführen.

Schindeldach auf der Martinskapelle

Die Martinskapelle im oberen Zentrum von Tirol erhielt eine Grassmayrglocke – eine großzügige Spende der Vereinsmitglieder Elfi und Heinz Stecher, die schon zum Bau und zu den Glasfenstern der Kapelle einen beträchtlichen Betrag beigesteuert hatten. Das Kirchlein ist eine Gedächtniskapelle für einen nahen Verwandten namens Martin, der vom Bergsteigen in Montenegro nicht mehr zurückgekehrt war. Mittlerweile ist das kleine Gotteshaus vor allem vom feuchten Klima schwer in Mitleidenschaft gezogen und muss dringend saniert werden, doch fehlt es den Dorfbewohnern wie immer am Geld. Da die Kapelle mitten im oberen Zentrum neben dem Gasthof steht und ein Aushängeschild für das Dorf ist, machte es sich der Verein zur Aufgabe, sie instand zu setzen und endlich das von Anfang an geplante Schindeldach, das auf eine Kapelle nach „Tiroler"

Art gehört, aufsetzen zu lassen. Die Auslandsdiener Andreas Grössl und Philipp Leitner deckten gemeinsam mit Vital Thomas und Silvano Müller-Thomas das Kirchlein mit Schindeln der alten Brücke über den Bach zur „Fazenda Ecologica do Tirol".

Wiedereröffnung des Gasthauses (Pousada) Tirol

Die wiedereröffnete Pousada am See

Bald nach der großartigen 150-Jahr-Feier im Juli 2007 hat Hubert Thöny mit seiner Familie die Pacht der Pousada Tirol aufgekündigt und ist in seinen neuen Gasthof Fazenda Ecologica do Tirol gezogen, den er mit seiner Frau Sueli umsichtig und erfolgreich führt.

Das Land Tirol hat die Pousada Tirol mit Hilfe von Freiwilligen errichtet, und sie wird von der Agritical verwaltet bzw. verpachtet. Nun hat die Agritical die Führung selbst übernommen. Der Verein „Tirol-Brasil" hat für den Neubeginn, insbesondere für Investitionen in die gastronomische Infrastruktur, den finanziellen Grundstock gelegt. Er wird aber auch die entsprechende Verwendung und den nachhaltigen Betrieb kontrollieren, wozu in nächster Zeit mehrmalige Fahrten nach „Tirol" notwendig werden, die bis dato von den jeweiligen Vereinsmitgliedern selbst berappt wurden. Die neuen „Wirtsleut" machen ihre Sache sehr gut, und Sueli Gonoring Lichtenheld kocht hervorragend.

Saisonniers aus Tirol in Tirol

Seit 2005 schaffte es der Verein „Tirol-Brasil" – entgegen allen behördlichen Widrigkeiten –, aus dem brasilianischen Tirol alljährlich Saisonarbeiter in den Tiroler Gletscherschigebieten (Pitztaler, Stubaitaler und Zillertaler Gletscher) unterzubringen; zuletzt waren es sieben „Dorf-Tiroler". Die Saisonniers arbeiteten jeweils von Anfang November bis Ende April, verdienten gutes Geld und bauten sich damit in der Heimat eine kleine Existenz auf. Die Erfahrungen mit den „Gastarbeitern" waren überaus ermutigend – die zufriedenen Arbeitgeber wünschten sich für das nächste Jahr dieselben Personen. In Dorf Tirol keimte jedoch Unmut auf, weil jene, die nicht zum Zug kamen, eine Bevorzugung der vermittelten Arbeiter vermuteten. Der Verein veranstaltet daher in Dorf Tirol Besprechungen, wozu alle Arbeitswilligen eingeladen werden. Die richtige Auswahl zu treffen, ist ein hartes Stück Arbeit. Grundvoraussetzung für einen Arbeitsaufenthalt in Tirol ist das Beherrschen der deutschen Sprache – möglichst in Wort und Schrift. „Tirol-Brasil" plant daher, in Brasilien entsprechenden Deutschunterricht für Erwachsene zu organisieren. Des Weiteren wurden „10 Goldene Regeln" für Saisonniers aufgestellt, etliche Anwärter dürften damit von vornherein ausscheiden.

Die „Saisonnier"-Aktion brachte für die Vereinsfunktionäre Belastung und Verantwortung, die sich kaum erahnen lassen. Nicht nur die Auswahl der in Frage kommenden Personen, auch die konkreten Vorbereitungen bereiteten oft genug Probleme: Organisation des Flugs und der Flugbegleitung, Besorgung von Einreisebewilligung, Arbeitsgenehmigung und Aufenthaltsbewilligung, Ausstattung mit warmer Winterkleidung, Zuordnung der Saisonniers zu den Gletscherschigebieten, Betreuung der „Südamerikaner" im Krankheitsfall, in der Freizeit und an Urlaubstagen; zum Schluss das Ganze noch einmal in umgekehrter Reihenfolge bis zum Einchecken am Flughafen. Für die Zukunft werden neue Schwierigkeiten erwartet, weil die EU-Osterweiterung das Arbeitskontingent des Vereins drastisch schmälern dürfte. Die vergangenen Monate haben bereits gezeigt, dass es bezüglich Arbeitsvermittlung für Saisonniers nicht rosig aussieht, weil EU-Ausländer und damit die brasilianischen Staatsbürger als Arbeitskräfte nicht mehr gefragt sind. EU-Bürger werden bevorzugt, die Arbeitskontingente entsprechend verlagert. Dessen ungeachtet hofft der Verein trotz aller Mühsal und Schwierigkeiten, wieder drei bis sechs Brasilien-Tiroler als Saisonniers nach Tirol zu bringen.

Geraffte Übersetzung des Buchs „Colônia Tirol" ins Portugiesische

Von Anfang an stand die Frage im Raum, ob es das vergriffene Buch „Colônia Tirol" von Wilfried Schabus und Alexander Schlick in portugiesischer Übersetzung gebe. Hunderte Mal wurde die Frage gestellt, hunderte Male der Wunsch geäußert, die Übersetzung in die Wege zu leiten.

Die Bitten erreichten Honorarkonsul Wolfgang Badofszky; er setzte sie auf eigene Kosten um. Seit dem Frühjahr 2008 liegt eine gekürzte Fassung auf Portugiesisch vor. Konsul Badofszky überreichte dem Gouverneur von Espírito Santo, dem Bürgermeister von Santa Leopoldina und dem Präsidenten des Vereins „Tirol-Brasil" anlässlich der Vergabe des Bauauftrags der Straßenasphaltierung je ein Exemplar.

Neues Buch über Dorf Tirol in Brasilien

Weil das Buch „Colônia Tirol" aus dem Jahr 1996, eine wissenschaftliche Arbeit von Wilfried Schabus und Alexander Schlick, vergriffen war, beschloss der Verein in Absprache mit Wilfried Schabus, aufbauend auf einer gestrafften Version der Beiträge und ergänzt durch aktuelle Berichte über die Entwicklungen im brasilianischen Urwald, ein neues „Tirol-Buch" herauszubringen. Der Verein beauftragte den Berenkamp-Verlag, in Zusammenarbeit mit Wilfried Schabus ein auf die Entwicklungen der letzten Jahre eingehendes Buch herzustellen. Auch die Arbeit des Vereins soll darin ihren Niederschlag finden. Das Erscheinungsdatum wurde mit Spätherbst 2009 festgelegt.

Sanierung der Straße nach Bragança und Santa Leopoldina

Das Straßenprojekt hat eine lange Vorgeschichte. Schon vor Jahren war es vom Land Tirol gefördert worden – ohne nachhaltigen Erfolg. Man sprengte ein kurzes Straßenstück aus dem Felsen, trassierte es, und das Geld aus Tirol war verbraucht.

Der Verein „Tirol-Brasil" wollte es klüger machen. Im Jahr 2004 suchte Fernando Rocha, Bürgermeister von Santa Leopoldina (und Dorf Tirol) beim Land Tirol um entsprechende Unterstützung an und erhielt bald darauf eine Zusage vom Tiroler Landeshauptmann Herwig van Staa: 20.000 Euro unter der Bedingung, mit der Straßensanierung im Jahr 2005 zu be-

Straßensanierungen – vordringliche Anliegen in Tirol do Brasil

ginnen und sie zügig fertigzustellen. Die Bauarbeiten begannen drei Jahre später, sodass der Verein befürchtet, dass die seinerzeitige Zusage nicht mehr eingelöst werden kann. Die Verzögerung von drei Jahren ist tatsächlich inakzeptabel. Trotzdem gelang es dem Verein, die Sanierung der Straße neu anzuregen. Das Projekt ist inzwischen abgeschlossen.

Bürgermeister Fernando Rocha, Konsul Wolfgang Badofszky, Hermann Plank und Padre Carlos Kelalu

Laufende Projekte

Sozialarbeiter für das Dorf Tirol-Brasil

Bereits im Jahr 1999 entsandte das Hilfswerk Reutte einen Auslandsdiener nach Tirol in Brasilien, um notwendige Arbeiten in Angriff zu nehmen. Nach wenigen Wochen machte sich der „Helfer" aber selbstständig und genoss den Brasilien-Aufenthalt. Der einzige bleibende Hinweis auf seine Tätigkeit ist das Wandbild (Hügel mit Kapelle) an der Außenwand der Pousada Tirol. Daraufhin wurde die Beauftragung des „Auslandsdieners" zurückgenommen. Vor drei Jahren erreichte der Verein „Tirol-Brasil" in langwierigen Verhandlungen mit den potenziellen „Arbeitgebern" das Vertrauen des Bundesministeriums für Auswärtige Angelegenheiten, der Auslandsdienststelle der Pfarre in Frastanz, der Pfarre Santa Leopoldina und des Pfarrgemeinderats von Dorf Tirol. 2007/2008 waren zwei „Auslandsdiener" vor Ort in Brasilien – nach Überwindung von besonderen Schwierigkeiten; so verweigerte Brasilien das Einreisevisum, weil nur Akademiker (Sozialberufler, Techniker, Ärzte) mit Berufserfahrung als Helfer akzeptiert werden könnten. Erst als die Auslandsdiener in „freiwillige Helfer" umbenannt wurden, konnten die Verträge abgeschlossen werden. Die Anforderungen an die freiwilligen Helfer sind: abgelegte Matura, technische Ausbildung, Kenntnisse der portugiesischen Sprache, sportlich, musikalisch und in jedem Fall keine Berührungsängste mit der katholischen Kirche.

Die Aufgaben werden der jeweiligen Situation angepasst und umfassen derzeit die Erfassung der Gehöfte und der Familien, Ergänzungsunterricht in deutscher Sprache, Erwachsenenbildung in Form von Unterricht und

Vorträgen, Verfassung von Beiträgen zum neuen Buch, Mitgestaltung des Kirchenjahrs, Musikunterricht, Spiel und Sport mit der Jugend und vor allem die Lösung von auftretenden technischen Problemen im Dorf. Vor allem haben sie in Abwesenheit der Vereinsvertreter die Projekte zu beaufsichtigen und an das Ministerium, die Auslandsdienststelle und an den Verein regelmäßig zu berichten. Als Gegenleistung kommt der Verein für Unterkunft und Verpflegung auf und stellt für die Dienstausübung das vereinseigene Motorrad zur Verfügung. Von staatlicher Stelle sind ihnen vier Wochen Urlaub gegönnt, und es werden Flug, Versicherungen, Impfungen und ein kleines Taschengeld von 370 Euro im Jahr bezahlt.

Ausbau und Asphaltierung der Straße nach Dorf Tirol über Mangaraí

Anlässlich des Besuches von Landeshauptmann Luis Durnwalder 2006, wozu auch schnell noch ein Vereinsmitglied hinüberreiste, um mitzuhelfen, dass sich das Dorf Tirol als sinnvoll förderungswürdig präsentierte, passierte etwas Unglaubliches. Durnwalder gab seiner Bereitschaft Ausdruck, weiterhin zu helfen, jedoch schränkte er die Südtiroler Hilfsmaßnahmen im Wesentlichen auf das Straßenprojekt ein. Er war und ist der

Dankdemonstration an das Land Südtirol und Landeshauptmann Durnwalder

Das erste Stück der Straße nach Tirol über Mangaraí wurde bereits gepflastert.

Meinung, dass nur eine gut ausgebaute und asphaltierte Straße den Aufschwung von Dorf Tirol bewirken könne, und stellte spontan einen Betrag von EUR 700.000 in Aussicht unter der Bedingung, dass das Land Tirol EUR 300.000 beisteuert und der Rest vom Bundesstaat Espírito Santo kommen würde. Es wurde auch gleich unter Beisein des Honorarkonsuls Badofszky ein Vertrag mit dem Gouverneur von Espírito Santo und den zuständigen Ministern und Beamten Brasiliens unterzeichnet. Die Meldung darüber ging durch alle Zeitungen. Wir vom Verein und Konsul Badofszky hatten nun die Aufgabe dafür zu sorgen, dass innerhalb des Jahres 2007 mit der Straße begonnen würde, da Landeshauptmann Durnwalder die Mittel nur in einem begrenzten zeitlichen Rahmen zusagte, der sich mit seiner Amtsdauer deckte. Im Jahr 2008 waren nicht nur in Tirol, sondern auch in Südtirol Neuwahlen. Diese Aufgabe ging aber fast an unsere Grenzen, weil in Brasilien Zeit und Zeitrahmen nicht die Rolle spielen, wie wir es gewohnt sind. Termine sind dort oft nebensächlich, und so kämpften wir um das Weitermachen und drohten Bürgermeister Fernando Rocha mit dem Ende des Projekts. Bei meinem Besuch im Mai 2008 in Dorf Tirol wurde ich zur Unterzeichnung der Bauaufträge für den Bau des ersten Abschnitts des Ausbaus der Straße über Mangaraí nach Tirol eingeladen. Es war wie immer ein großes Fest mit einigen hundert Teilnehmern, Gesang- und Tanzeinlagen sowie zahlreichen Reden. Die Baumaschinen sind inzwischen aufgefahren, und die Umsetzung dieses enorm wichtigen Projekts, das von Landeshauptmann Durnwalder initiiert wurde, ist voll im Gang.

Blütenpracht im brasilianischen Urwald

Optimierung des Pflanzgartens

Ademar Lichtenheld, Präsident der Agritical, schlägt einen Pfad durch den Urwald beim Pflanzgarten.

Der Südtiroler Landeshauptmann Luis Durnwalder stattete anlässlich seines Aufenthalts in Dorf Tirol im März 2006 auch dem Südtiroler Projekt „Pflanzgarten" einen Besuch ab und überzeugte sich im Weingarten von Vital Thomas von der Entwicklung des Weinanbaus. Bei dieser Gelegenheit sicherte er einer zu bestimmenden, geeigneten Person aus Dorf Tirol eine mehrmonatige Ausbildung im Schulungsheim in der Laimburg (Südtirol) zu. Der Verein „Tirol-Brasil" hat dieses großzügige Angebot bei Besuchen in Dorf Tirol wiederholt zur Sprache gebracht, aber es hat sich bisher niemand gefunden. Waldemar Lichtenheld hält den Pflanzgarten gut in Schuss, große Initiativen und Kreativität im Anbau und bei der Vermarktung sind jedoch nicht zu erwarten. Inzwischen soll einer aus der Nachbargemeinde für die Ausbildung in der Laimburg in Frage kommen – die Tiroler scheinen wieder einmal wegen zu geringer oder fehlender Voraussetzungen (Kenntnisse der deutschen und italienischen Sprache, ausreichende Schulbildung, Lesen und Schreiben) den Kürzeren gezogen zu haben. Der Verein wird nicht müde werden, auch in dieser Richtung weiter für eine bessere Zukunft der Dorf-Tiroler hinzuarbeiten.

Offene und künftige Projekte

Renovierung der Kirche im Dorf

Die letzte Renovierung der im Jahr 1898 erbauten Kirche ermöglichten 1997 die Schlanderer Schützen. Mittlerweile sind eine weitere Renovierung am Gewölbe der Empore und die Entfeuchtung des Mauerwerks notwendig geworden; der Zustand dieser Bauteile legt die Vermutung nahe, dass sie seinerzeit nicht in die Sanierung

Mauerfraß in der Kirche

mit einbezogen worden waren. Auch ein kleines, orgelähnliches Kircheninstrument für die Empore steht auf dem Wunschzettel der Kirchenbesucher. Der Verein „Tirol-Brasil" hofft, neben der Gemeinde, der Kirche und dem Staat auch Sponsoren für diese Notwendigkeiten zu finden; vielleicht lassen sich die Schlanderer Schützen unter Hauptmann Karl Pfitscher (er ist Obmannstellvertreter des Vereins) zum Mittun überzeugen.

Ausbau des Dachgeschosses im Widum

Die Benutzbarkeit und sinnvolle Verwendung des Widums neben der alten Kirche in Dorf Tirol stellten bisher Probleme dar. Daher wurde die sukzessive Sanierung des Gebäudes in Angriff genommen: zuerst das Erdgeschoss, um dort Personen einquartieren zu können. Pfarrer Carlos Kelalu und die Vorsitzende des Pfarrgemeinderats, Almerinda Endringer, hatten die Erneuerung angeregt. Der Verein „Tirol-Brasil" realisierte das Projekt und setzte dabei Auslandsdiener ein.

Aber auch nach der Sanierung des Erdgeschosses und der Einrichtung von Ein- und Zweibettzimmern wurde das stattliche Haus nur für Agapen nach Messfeiern und fallweise als Nachtquartier für den Pfarrer genutzt. Der Verein schlägt daher als weitere Maßnahmen vor, die Zimmer im Erdgeschoss – wie früher schon einmal – für Besucher des Dorfes anzubieten, wenn die beiden Gasthäuser voll sind. Der Dachboden soll zu einem großen Seminarraum mit Vorbereitungs- und Nebenraum umgebaut werden. Zuerst muss aber der desolate Treppenaufgang aus Holz vollkommen erneuert werden. Das Betreten des Dachbodens über diese Stiege ist derzeit lebensgefährlich. Die zusätzliche Idee von Gerhard Renzler hat ebenfalls ihren Reiz: Er schlägt vor, im Widum neben einigen Gästezimmern und einem Zimmer für den Archivar oder Verwalter ein volkskundliches Museum einzurichten. Ein faszinierender Gedanke, der wert ist, verfolgt zu werden. Zuvor sind aber noch Gespräche mit der Pfarre und den Steyler Missionaren notwendig.

Verbesserung der Vermarktung

Um Waren und landwirtschaftliche Produkte zu den Großhändlern in die Stadt zu bringen, stand früher der Genossenschafts-LKW im Dauereinsatz. Schlechte Straßen mit riesigen Schlaglöchern, hohe Reparaturkosten, vielleicht auch falsche Markteinschätzung und verfehlte Preisgestaltung ließen das Fahrzeug in den letzten Jahren immer öfter und länger in der Garage stehen. Mit dem Ausbau der Straßen und mit den Änderungs- und

Erneuerungsbestrebungen in der Genossenschaft Agritical kommen nach und nach neues Leben, frische Ideen und gezielte Aktivitäten in die Vermarktung der Produkte. Die Asphaltstraße wird die Fahrzeit nach Vitória halbieren, die Produkte werden sicherer, frischer und zeitgerecht geliefert werden.

Das Dorf Tirol muss sich mit California aber auch selbst als Ganzes vermarkten – als ein liebenswertes, schönes und gesundes, positive Kräfte ausstrahlendes Produkt: gastfreundliche Bewohner in einer reizvollen Gegend mit landschaftlichen Schönheiten und unberührter Natur, klug genutzte Kulturlandschaft, gute Luft, reines Wasser, hochwertige landwirtschaftliche Produkte, gut geführte Gasthöfe.

Medizinische Unterstützung

Medizinische Hilfe gab es für Dorf Tirol ansatzweise schon mehrmals: von österreichischer und von brasilianischer Seite sowie von Honorarkonsul Wolfgang Badofszky und dessen Gattin Ursula, die Ärztin ist. Den wohl wichtigsten Beitrag lieferten die Reuttener mit dem Bau der Krankenstation, die bis heute als solche genützt wird und an den Ordinationstagen regen Besuch aufweist. Dessen ungeachtet liegt die medizinische Versorgung immer noch im Argen. Es fehlt an moderner Ausstattung in der Krankenstation und an medizinischen Fachkräften, die sich die Bevölkerung und die Gemeinde finanziell leisten können. Wünschenswert ist ein mehrjähriges Zahnschutzprogramm für Kleinkinder und Schulkinder – möglichst in Zusammenarbeit mit der Tiroler Ärztekammer –, zumal es in Dorf Tirol nur wenige erwachsene Personen mit eigenen und gesunden Zähnen gibt. Im Zweifelsfall werden alle Zähne gezogen. Besonders die Kinder und Jugendlichen sind wahrscheinlich wegen des allgemein zu hohen Zuckerkonsums schwer gefährdet und werden in wenigen Jahren wohl Prothesen tragen müssen. Der Verein „Tirol-Brasil" steht in Kontakt mit der Firma Avomed in Innsbruck. Geplant ist, dass für das „Zahnprogramm" in Dorf Tirol eine junge Frau unter anderem in die Kariesprophylaxe eingeschult werden soll. Dieses Projekt steckt noch in der Anfangsphase, weil es schwierig ist, eine „motorisierte" und ebenso „motivierte" Person zu finden, der die Bewältigung des Zahnproblems ein Anliegen ist.

Ebenso steht der Verein mit einer Frauenärztin und einer Allgemeinmedizinerin in Kontakt. Beide treten in absehbarer Zeit in den Ruhestand und sollen für einige Monate in Brasilien helfen. Die diesbezüglichen Konzepte stecken aber noch in den Kinderschuhen, und die Arbeitsbewilligung und die Sprache (Approbation) stellen schier unüberwindliche Probleme dar.

Tourismus und Wirtschaft

Den Ländern Tirol (Alois Partl) und Südtirol (Luis Durnwalder), Privatinitiativen und dem Verein „Tirol-Brasil" ist auch die nachhaltige Entwicklung der Wirtschaft und Landwirtschaft sowie des Tourismus ein besonderes Anliegen. Der Verein hat Mag. Peter Pober-Lawatsch, einen anerkannten Fachmann der Entwicklungshilfe bei „Global 2000", um Unterstützung gebeten, auch sollte ein Südamerika-Experte für eine wirtschaftliche Analyse und die Entwicklung eines Wirtschafts-Entwicklungskonzepts für Dorf Tirol gewonnen werden. Die Kleinstrukturiertheit der Wirtschaft, die geringen Produktionsmengen bei relativ hohen Kosten, schwache Absatzmöglichkeiten sowie die hohen Kosten für Analyse und Beratung machten die Realisierung des Projekts unmöglich.

„Tirol-Brasil" sieht hingegen im Tourismus, insbesondere im Öko-Tourismus, gute und große Chancen für „Tirol". Wilfried Egger von der Tirol-Werbung, ein Brasilien-Experte (2008 leider verstorben), arbeitete im Auftrag des Vereins ein Grundkonzept aus, das nun auf Realisierung wartet – neben den vielen anderen Aufgaben muss erst die Basis für ein solches Öko-Tourismuskonzept gelegt werden.

Hubert Thöny hat mit seiner Fazenda Ecologica bereits beträchtliche Investitionen in diese Richtung getätigt, erste Erfolge zeigen sich. Thöny ist in diesem Teil Brasiliens zu einem ernst zu nehmenden Touristiker und Gastwirt geworden. Inwieweit die vom Verein vermittelten Saisonniers das in Tirols Tourismuszentren und Gletscherschigebieten Gelernte in der Heimat umsetzen können, wird sich zeigen. Zum Aufbau des Tourismus gehören unter anderem Know-how und Mut zum kalkulierbaren Risiko – Voraussetzungen, mit denen die brasilianischen Tiroler derzeit noch nicht ganz zurechtkommen.

Das Tourismuskonzept der „Rota Imperial", einer Route von Vitória bzw. Santa Leopoldina nach Ouro Preto, führt direkt durch Tirol und soll die landschaftlichen und kulturellen Schätze auf diesem Weg touristisch erschließen. Man setzt große Hoffnung in die Umsetzung dieser im Jahr 2009 vorgestellten Idee und strebt bei der UNESCO die Anerkennung als Welt-Kulturerbe an.

Bild auf den Seiten 244/245: Blick vom Schwarzen Felsen

Liebliche Tallandschaft (oben), Kulturlandschaft in der Colônia Tirol (unten)

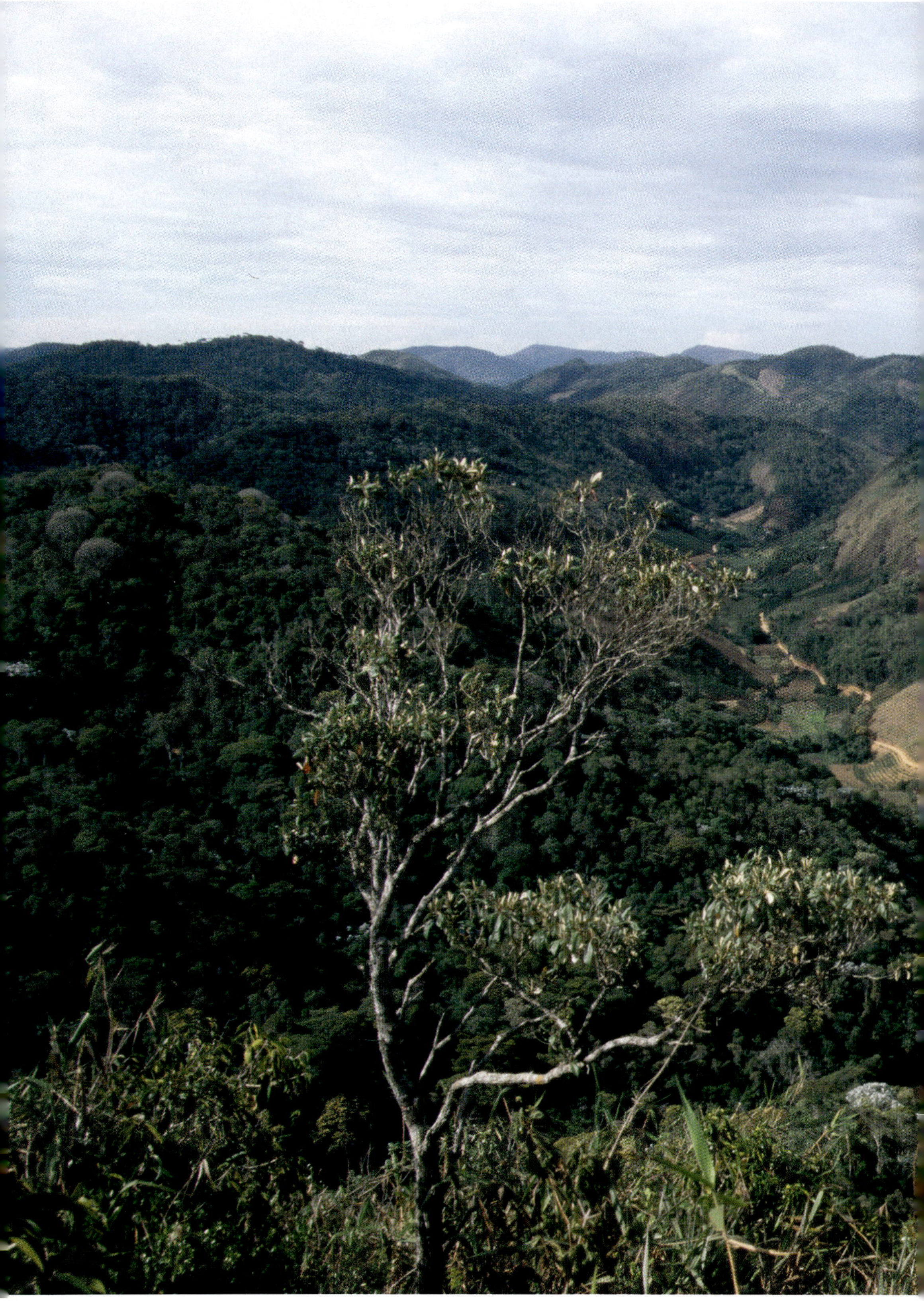

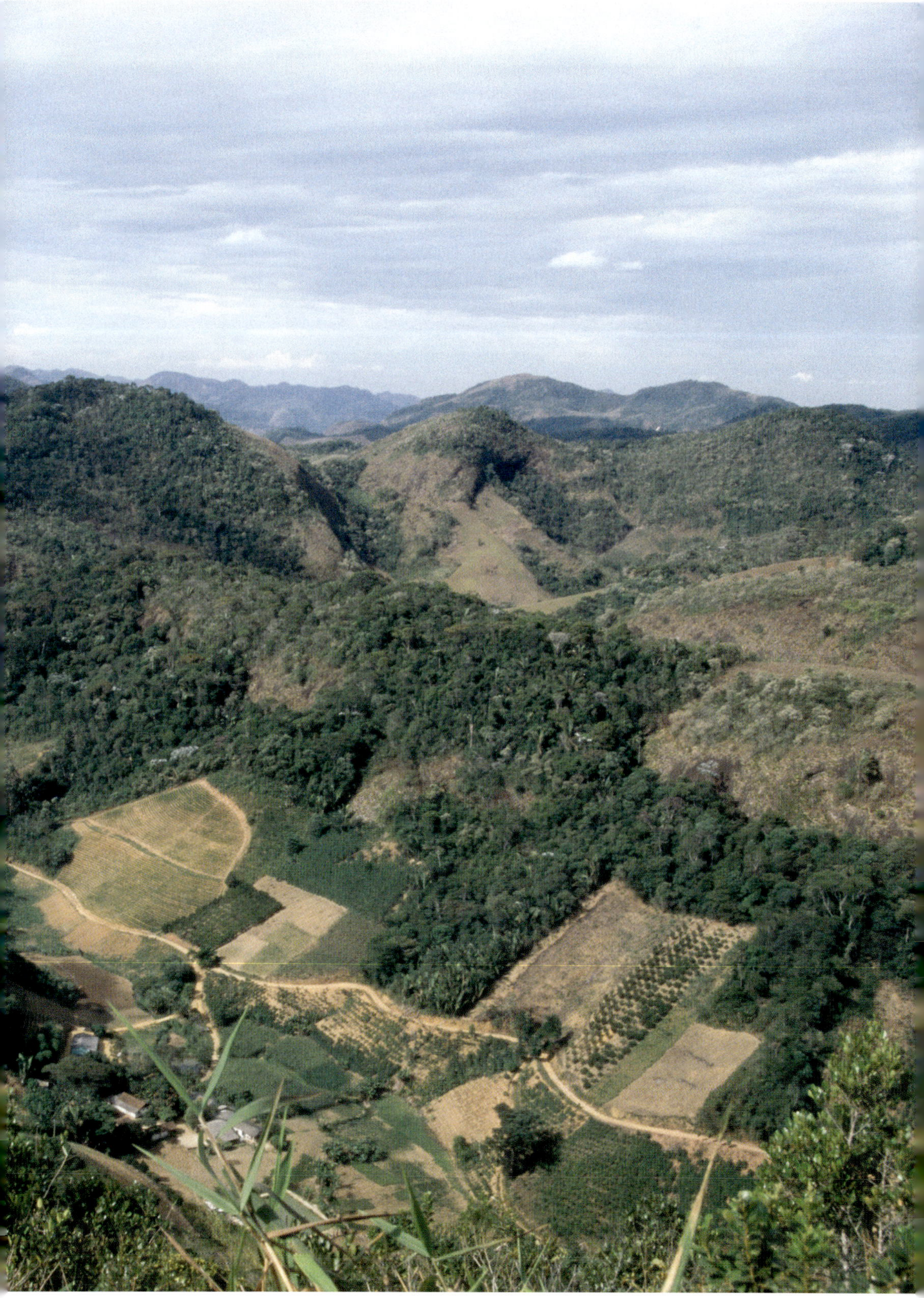

Weidelandschaften in Alto Tirol und California

Wohnen

Altes Haus, mit Holz und Lehm gebaut

Moderneres Haus in Ziegel- und Betonbauweise

Haus von Vivi Thomas und Vilmar Lichtenheld, erbaut 2008

Bungalow von Luiz Fuck am See in Alto Tirol

Zentrale Bauten in Tirol: Schule, Kirche, Widum

Bademöglichkeiten bei Vava und …

… bei Hubert Thönys Pousada

Vieles hat sich zum Besseren gewendet in den vergangenen Jahren – aber noch immer bleibt genug zu tun.

Gesichter

Kindergarten in der Colônia Tirol; Florian Thomas (rechts); Vital Thomas und Landeshauptmann Luis Durnwalder (unten links); Ademar Lichtenheld und Friedl Ludescher stoßen auf das Projekt „Rota da Horta" an (unten rechts).

Oben (von links): Emili und Katili sowie Vater Vanisio Helmer; links: Zivaldo Kempin mit einem brasilianischen Freund; Familie Schaeffer mit Philipp Leitner und Andreas Grössl (unten li.); Ausritt mit Sozialhelfer A. Grössl (vorn)

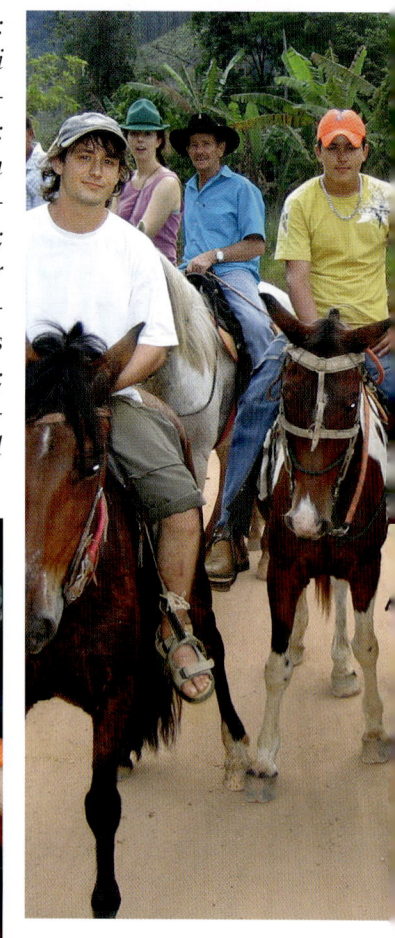

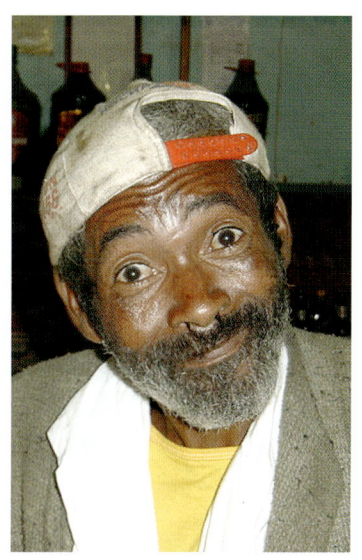

Valdemiro Siller mit Enkelin Stefani (oben links); ein brasilianischer Gast in der Vende; Helmer-Kinder (unten)

Oben von links: Pfarrgemeinderätin Almerinda Callot Endringer; Viviania Thomas, Ronaldo Prudencio (Bürgermeister von Santa Leopoldina) und Friedl Ludescher; Eduardo Siller (links); Sueli Lichtenheld Gonoring und Celestino Müller Thomas (unten) sowie Marcelo Giesen

Arbeit und Maschinen

Maschine zur Bodenbearbeitung

Martin Gröner mit seinem „Manjolo" (Kaffeestampfe) zum Entfernen der äußeren Schale von Kaffeebohnen

Tomaten gedeihen prächtig.

Früchtevielfalt – reiche Ernte

Um Szenen wie diese künftig zu vermeiden, …

… werden Felsen gesprengt, Verbindungsstraßen gesperrt, fahren Baumaschinen und Schwerlaster auf.

Große Aufwendungen sind notwendig, um die Verbindung von Mangaraí nach Tirol do Brasil auszubauen. Finanziert von den Ländern Tirol und Südtirol, entsteht ein 24 km langes und sieben Meter breites Straßenband, dessen erster Teilabschnitt bereits ausgebaut, aber noch nicht asphaltiert ist.

Wilfried Schabus
ANHANG

Aus der Geschichte des brasilianischen Teilstaates Espírito Santo

Espírito Santo umfasst das alte Lehensgebiet von „Capitao" (Hauptmann) Vasco Fernandez Coutinho, der im Jahr 1535 in der Bucht von Vitória landete, und zwar zu Pfingsten, dem Fest des Heiligen Geistes. Deshalb gab er seiner „Kapitanie" den Namen Espírito Santo („Heiliger Geist"). Coutinhos Besitz war das kleinste der insgesamt 15 erblichen, jedoch nicht veräußerbaren Lehen, die man an der Küste errichtet hatte und von denen aus das Hinterland Brasiliens erschlossen werden sollte. (Pfeiffer 1991: 30) Doch in Espírito Santo sind die Berge höher als in den übrigen Provinzen, was eine rasche Kolonisierung der Region verhindert hat, sodass bis heute weite Teile des Landes verkehrstechnisch und wirtschaftlich rückständig

Vitória um 1860

Einfahrt in die Bucht von Vitória (1860)

geblieben sind. Der Name der Hauptstadt Vitória („Sieg") geht auf den Kampf Coutinhos gegen die Indianer zurück, den er angeblich erst nach Anrufung „Unserer Lieben Frau vom Siege" am 8. September 1535 für sich entscheiden konnte. (Köstner 1900: 106)

Zum Hinterland der Kapitanie gehörte auch die spätere Provinz Minas Gerais, die mit Orten wie Ouro Preto und dessen barockem Stadtbild heute eine touristische Attraktion ersten Ranges darstellt. Grundlage des einstigen Reichtums waren die Bodenschätze. Doch von dem um 1690 in Minas Gerais einsetzenden Goldrausch und dem Diamantenfieber profitierte nicht Vitória als die Hauptstadt Espírito Santos, sondern São Paulo. Denn es waren die Bandeirantes (port. *bandeira*, Fahne) von São Paulo, die im Auftrag der dortigen Geschäftsleute ins Landesinnere vorgedrungen waren, wo sie die Bodenschätze entdeckt, das Gebiet erschlossen und es zu einer eigenen Provinz mit der Hauptstadt Belo Horizonte gemacht hatten. Die kürzeste Verbindung von Belo Horizonte zur Küste führt zwar über Vitória, wegen der bis fast 3.000 Meter hohen Berge wurde aber der „Neue Weg von Gerais" (Caminho Novo das Gerais) zwischen Belo Horizonte und dem weiter entfernten Rio de Janeiro angelegt. Durch den neuen Weg kam es in Rio de Janeiro zu einer Zentralisierung der Machtverhältnisse, wodurch Rio im Jahr 1763 Salvador in Bahia als Hauptstadt Brasiliens ablöste.

Auch Portugal war aus Sorge vor Schmuggel und Überfällen auf Goldtransporte nicht an einer Ausweitung der Zufahrtsmöglichkeiten zu seiner Schatzkammer Minas Gerais interessiert. Erst nachdem Dom João VI. die brasilianischen Häfen für den internationalen Handel geöffnet hatte, wurde auch der Bau einer Straßenverbindung zwischen Vitória und Minas Gerais in Angriff genommen. Doch erst seitdem eine Bahnlinie in einem großen Bogen und damit den hohen Bergen ausweichend Belo Horizonte und Vitória miteinander verbindet, konnte sich Vitórias Hafen Tuberão zum bedeutendsten Umschlagplatz für Erze und andere Rohstoffe entwickeln.

Die erste Ansiedlung der Portugiesen in Espírito Santo war Vila Velha, der in unmittelbarer Nähe der heutigen Inselstadt Vitória auf dem Festland liegt. Dort befindet sich auf einem hohen Felsen der ehemalige Franziskaner-Konvent mit der Kapelle „Nossa Senhora da Penha" („Zu Unserer Lieben Frau vom Felsen"), heute ein Wallfahrtsort und nicht zuletzt auch wegen seiner Aussicht die bedeutendste touristische Attraktion des Stadtkomplexes Vitória/Vila Velha. Auch für die Tiroler aus dem etwa 60 Kilometer entfernten Santa Leopoldina wurde die Kapelle mit der Madonna mit dem Kind zum wichtigsten Wallfahrtsziel.

Die planmäßige nicht-portugiesische Einwanderung setzte in Espírito Santo erst spät ein. Zu einer eher zufälligen Ansiedlung von Deutschen kam es aber schon 1831, als Pedro I. auf Beschluss des Parlaments sein „Kaiserbataillon" auflösen musste. Zahlreiche seiner preußischen, bayerischen und österreichischen Söldner wurden daraufhin in die Provinz Espírito Santo geschickt, wo sie sich an den Ufern des Santa-Maria-Flusses niederließen. Der Chronist berichtet, dass man später, nachdem die organisierte Kolonisation eingesetzt hatte, an hohen Festtagen in Santa Leopoldina immer wieder solche ausgedienten Kämpfer beobachten konnte, wie sie sich unter die Kolonisten mischten, um mit ihren Orden und Auszeichnungen zu protzen. Um die Erschließung des Landes werden sich diese Händel suchenden alten Haudegen aber wohl weniger verdient gemacht haben. Allerdings darf man nicht übersehen, dass sich einige Legionäre um die Verwaltung der Kolonien große Verdienste erwarben, wie der preußische Offizier Adalbert Jahn, der 1858 von der kaiserlichen Regierung zum Direktor von Santa Isabel, dem heutigen Domingos Martins, ernannt wurde. (Tschudi 1867: 8)

Von den Söldnern abgesehen, landeten die ersten nicht-portugiesischen europäischen Einwanderer am 21. Dezember 1846 in Vitória. Die 163 rheinpreußischen Ankömmlinge aus dem Hunsrückgebiet und der Gegend um Trier (Struck 1992: 61) wurden vorübergehend bei den portugiesischen Kolonisten von Viana untergebracht. Zahlreiche dieser nicht akklimatisierten Zuwanderer starben an Tropenkrankheiten, die übrigen siedelten sich einige Zeit später weiter landeinwärts in höher gelegenen Regionen am Rio Jucú an, wo sie die Colônia de Santa Isabel gründeten und im Dorf Santa Isabel 1850 die erste katholische Kapelle erbauten.

Große Fazenden bewirtschaften heute die weite Talschaft am Unterlauf des Santa-Maria-Flusses; neuerdings wird dort auch Erdöl gefördert. Zwischen 1551 und ihrer Vertreibung aus Brasilien im Jahr 1758 gab es dort auch Niederlassungen der Jesuiten. Als man eine planmäßige Erschließung des oberen Talabschnitts in Angriff nahm, wählte man als Ausgangspunkt jene Stelle in dem bereits engen Tal, bis zu welcher der Santa-Maria-Fluss mit Transportkähnen noch befahrbar war, nämlich das heutige Santa Leopoldina. Das war jener Punkt im Hinterland, bis zu dem von der Hauptstadt Vitória aus zu Wasser ein reibungsloser Waren- und Personenverkehr gewährleistet und die Anbindung der staatlichen Kolonie an den Exporthafen gegeben war.

Im Bergland westlich von Vitória wurden zwischen 1847 und 1880 insgesamt vier Gebiete vermessen und zur kolonisatorischen Erschließung freigegeben: die Colônia de Santa Isabel (1847; heute Domingos Martins), Rio Novo (1855), Santa Leopoldina (1856) und Castelo (1880). Während die kaiserliche Regierung die Erschließung von Rio Novo an eine private Siedlungsgesellschaft delegierte, wurden die drei anderen Kolonien von den staatlichen Organen direkt verwaltet.

Das Leben der Pioniere

Die Tiroler im Jahr 1860

Wir zitieren im Folgenden aus dem Bericht eines ausgewanderten Tirolers, den der „Bothe für Tirol und Vorarlberg" am 30. Juli 1860 abgedruckt hat. Der Briefschreiber ist ein Herr Josef Kelmer aus Thaur bei Innsbruck. Kelmer ist vermutlich eine falsche Schreibweise für Helmer. Vielleicht handelt es sich um einen Sohn von Ingenuin Helmer, der allerdings aus Arzl stammte. Möglicherweise wurden die Personaldaten von der Redaktion aber auch absichtlich verfälscht:

„Die Vermessung unserer Kolonie ist im Jänner 1860 vollendet worden, und ich bekam am 6. Febr. meinen Antheil; dann ging's bei uns los; es wurde Holz gehauen (denn hier ist undurchdringlicher Urwald) und verbrannt, dann ein Haus gebaut, acht Fuß hoch, 24 Fuß lang und 18 Fuß breit, alles mit gezimmertem Holz. Der innere Raum besteht aus einer Stube und zwei Kammern; angebaut ist ein Enten- und Hühnerstall. So ging's fort, bis wir eine Strecke von beiläufig 5.000 Klafter, welche wir im September mit Mais bepflanzen werden, gelichtet und durch unsere Kolonie einen Weg hergestellt hatten. … hierauf wurde eine Handschmiede gebaut und mit Schindeln gedeckt. Das Magazin [ist] im Ueberfluß eingerichtet, und auch mit Waaren gefüllt, welche um Geld und auf Kredit zu bekommen sind. Geld kann man sich verschaffen, weil es niemals an Arbeit fehlt und der geringste Taglohn 1½ Milreis = 1 fl 15 kr R.-W. beträgt. Gute Arbeiter können sich 2 bis 3 Milreis, und im Akkordwege bis 5 Milreis verdienen. Sind sie aber zu faul und arbeitsscheu, so geht das Kreditjahr vorüber und die Zukunft hat gräßliche Aussicht, denn ohne Arbeit oder großes Kapital ist in Brasilien keine Existenz zu hoffen; der Portugiese und der Brasilianer verschenken nichts. Wer also nicht arbeitet oder kein Geld hat, muß verhungern, denn es bekümmert sich Niemand um ihn – die Erfahrung beweist es."

Wir erfahren aus diesem Bericht, dass der Tiroler Einwanderer zu jenem Zeitpunkt schon eine Hütte von etwa 42 m² Grundfläche errichtet und die ersten zwei Hektar seines Landes gerodet hatte (1 Quadratklafter = ca. 4,41 m²). Die von ihm erwähnte Schmiede war für die Herstellung der Rodungswerkzeuge von größter Wichtigkeit. Der Kaufladen für die Kolonisten ist gut sortiert. Von seiner Landwirtschaft könne der Kolonist aber noch nicht leben, weil er mit dem Anbau noch nicht begonnen hat. Er betont aber, dass man als fleißiger Arbeiter genug verdienen kann.

Was die Arbeitsmoral der Siedler betrifft, „herrscht da große Verschiedenheit", berichtet er: „Einige sind arbeitsam, andere sind verschwenderisch und in den Tag hinein lebend." Es versteht sich fast schon von selbst, dass unter den Arbeitsamen die „Tiroler den Vorrang" haben, wie der Kolonist ausdrücklich betont. Im weiteren Verlauf berichtet er, dass es ihm und seiner Familie so gut gehe, „wie Gott in Frankreich". Sie hätten „täglich frisches Rindfleisch, Weizen, Maismehl, Schwarzbohnen, die sehr nahrhaft sind, Reis und Kaffee im Ueberfluß". Bisweilen käme auch eine „türkische Ente" oder Wildbret auf den Tisch, das aber nicht leicht zu bekommen sei, wegen der „Undurchdringlichkeit des Urwaldes, den man ohne Schneidwaffe kaum auf ein paar Schritte zu betreten im Stande ist".

Briefe aus jenen Tagen müssen nicht immer in allen Punkten der Wahrheit entsprechen, zumal die Kolonieleitung ein vitales Interesse an Erfolgsmeldungen hatte, nicht zuletzt deshalb, weil die Veröffentlichung von positiven Nachrichten in Europa zur Einwanderung weiterer Kolonisten führen konnte. Berichte von Außenstehenden, wie der des Schweizers Jakob Tschudi, zeichnen ein sehr viel tristeres Bild vom Leben der Kolonisten. Allerdings musste auch Tschudi zugeben, dass die Tiroler mit den schwierigen Bedingungen vergleichsweise gut zurechtkamen.

Die Tiroler im Jahr 1863

Was im Bericht Kelmers eher wie ein Auszug aus einem Werbetext eines Einwanderungsagenten klingt, bestätigt der Auswanderer Franz Schöpf aus Oberstrass, Gemeinde Obsteig, in einem nicht für die Zeitung bestimmten Brief. 1863 schreibt er an seine ebenfalls auswanderungsbereite Schwester Josefa (die zum Teil orthografisch und stilistisch modernisierten Zitate stammen aus der Obsteiger Auswandererchronik):

„Mir geht es Gott sei Dank von Jahr zu Jahr besser, und ich würde mit dem größten Bauern in Tirol nicht mehr tauschen, denn ich habe hier weniger Sorge um das tägliche Brot, weil das ganze Jahr Früchte zu ernten sind. Schweine halt ich mir so viele, wie ich brauche, und Hühner so viele, wie ich Lust habe, dreißig bis vierzig haben wir ständig. An Sonn- und Feiertagen schlachten wir gewöhnlich eines. Uns geht es ganz gut, wir sind zufrieden."

Aber auch Franz Schöpf erinnert daran, wie schwer der Anfang in Brasilien ist, und rät nur jenen zur Auswanderung, die genügend Kraft und Energie mitbringen. Gleichzeitig betont er, dass die neuen Einwanderer schon „ein gutes Einwandern gegen uns" haben würden. Denn die Neuen würden bereits Wege vorfinden, die sich die Ersten selber bauen mussten, und die Neuen würden alles um die Hälfte kaufen können und noch dazu in der Nähe, während er selbst für Besorgungen „Tagreisen weit" gehen musste. Damit wird klar, dass mit dem „Magazin", von dem Josef Helmer weiter oben berichtet, das Warenlager in Porto do Cachoeiro gemeint war und es in der Colônia Tirol um 1860 noch keinen Laden gegeben hat.

Franz Schöpf schreibt auch von der Möglichkeit, Geld zu verdienen, und zwar beim Wegebau. Dabei ist ihm der Hinweis wichtig, dass auch die „Aufseher" Kolonisten sind. Er war aber offensichtlich vom Roden und Kultivieren seines eigenen Landes so in Anspruch genommen, dass für ihn eine Akkordarbeit beim Wegebau nicht in Frage kam. Für die einträglichste Arbeit hält er die „Kafepflanzerei", er bescheinigt aber auch den Zimmerleuten gute Aussichten, einerseits beim „Heiser bauen", andererseits aber auch, weil die Kaffeepflanzer viele „Stempfer" (Mörser) zum Kaffeestampfen brauchen. Auch als Schmied könne man gut leben, denn Eisen und Stahl seien in Brasilien billig. Außerdem müsse der Schmied bei der Rodung seines Pflanzlandes ohnehin tausende Klafter Holz verbrennen, die er ebenso gut in Holzkohle umwandeln könne.

Während Franz Schöpf also seine Schwester Josefa über den Entwicklungsstand der Kolonie informiert und ihr beruhigend versichert, dass sie keine Sämereien von daheim mitbringen müsse und in der Kolonie auch „Schwein, Hennen und Geyß" in ausreichender Zahl vorhanden seien, lässt er auswanderungslustigen jungen Burschen ausrichten, sie sollen sich „Weibsbilder mitnehmen, weil diese hier sparsam (nicht in ausreichender Anzahl vorhanden) sind, und viele Burschen hier warten auf Weiberleit."

Ihm selbst möge Josefa allenfalls eine Baumsäge und eine Pfeife mitbringen, weil „burzalane Tabaxpfeifen" (Pfeifen aus Porzellan) in der Kolonie teuer seien. „Sonst bekommen tut man alles", natürlich gebe es auch noch wohlfeiles Land. Anscheinend konnte man damals zwischen zwei Grundtypen von Landlosen wählen: Man erwarb eine „Kolonie", die zwar vermessen, aber sonst in keiner Weise für die Kultivierung vorbereitet war. Eine „Kolonie" war demnach nichts anderes als ein ausgemessenes Stück Urwald in der Größe von 60.000 „Quadratbrassen", was einer Fläche von rund 26,5 Hektar entsprach. Das kostete 30 Milreis, so viel, wie man im Akkord in einer Woche verdienen konnte. Oder man erwarb ein gleich großes Stück Urwald, von dem jedoch der 60. Teil bereits gerodet und mit einer Hütte versehen war. Das kostete aber das Dreifache.

Ein anderer aufschlussreicher Brief stammt von Josef Walcher aus Wald bei Obsteig auf dem Mieminger Plateau. Er war 1859 als 51-Jähriger mit seiner Frau Romana Hann und neun Kindern nach Brasilien ausgewandert. In seinem Brief vom 18. August 1863 kann er sich zwar „noch keines Wohlstandes rühmen, aber auch nicht klagen über etwaige Noth". Zwar bleibt ihm, wie er schreibt, „die Erinnerung an Tirol heilig und geweiht", er würde sich aber „niemals mehr in die dortige Lage zurückversetzt wünschen". Die brasilianische Regierungsform schien seinem politischen Selbstverständnis mehr zu entsprechen als der habsburgische Neoabsolutismus in Österreich: „Brasilien ist ein konstitutionelles Kaisertum, d. h. der Kaiser von Brasilien darf nicht thun, was er gerade will, sondern ist in seinen Regierungshandlungen an die Mitwirkung und Zustimmung seines Volkes gebunden."

Langsam scheint sich bei den Tirolern auch das Gefühl der inneren Verbundenheit gegenüber ihrer dem Urwald abgerungenen neuen Heimat zu entwickeln, deren Vorzüge Josef Walcher zutreffend folgendermaßen beschreibt: „Das Land ist durchaus gebirgig, das Gebirge jedoch nicht hoch, sodass jede Ansiedlung in schöner Abwechslung Berg und Thal hat. Die Kolonie ist so trefflich mit Wasser versehen, dass es kaum ein Loos gibt, welches nicht von einem Bache oder von einer Quelle des besten Wassers durchflossen ist. Von der Höhe meines Gutes sehe ich hin zur Hauptstadt und weithin über das Meer. O welch ein Anblick!"

Die Nachbarn der Tiroler

Man darf davon ausgehen, dass die Tiroler bei ihrer Auswanderung nicht blind und leichtfertig dem Traum von einem paradiesischen Land in geheimnisvoller Ferne nachgelaufen sind, sondern sich auch mit den zahlreichen kritischen Berichten auseinandergesetzt haben, in denen Brasilien als ein Einwanderungsland geschildert wurde, in dem der Zuwanderer trotz der aufrichtigsten Bemühungen der Regierung von den Verwaltungsorganen der Kolonisationsgebiete leicht ausgebeutet und übervorteilt werden konnte. Trotz ihrer kritischen Einstellung gegenüber dem Projekt Santa Leopoldina gibt die „Augsburger Postzeitung" vom 26. April 1859 ihrer Überzeugung Ausdruck, dass es den Tirolern „in kürzester Zeit ganz gut gehen werde". Man habe bereits am Beispiel der Luxemburger gesehen, dass man einen Neustart als Kolonist auch in Santa Leopoldina schaffen könne, das weder von den Geländeverhältnissen noch von der Bodenqualität her besonders begünstigt sei: „Die Luxemburger sind 10 Monate hier, und es ist eine Freude, durch ihre Kolonien zu gehen. Die Meisten haben 5–600 Mandiokstauden und sogar 2–300 Kaffeebäume angepflanzt." (Zitiert nach Naupp 1988: 19)

Unter den einzelnen Volksgruppen gab es aber offensichtlich beträchtliche Unterschiede. So hatten besonders die Holländer anscheinend mit Schwierigkeiten zu kämpfen. Jedenfalls berichtet der Schweizer Naturforscher und Reiseschriftsteller Johann Jakob von Tschudi, der 1860 in diplomatischer Mission die Kolonie Santa Leopoldina besuchte, über die aus der niederländischen Provinz Seeland stammenden Holländer wenig Schmeichelhaftes: „Die Holländer waren im Jahre 1859 angekommen und befanden sich zum grossen Theil durch eigenes Verschulden in der allertraurigsten Lage. Es waren durchschnittlich sehr verkommene, arbeitsscheue Individuen, die im Schmuze fast erstickten. Sie nährten sich fast ausschließlich von Mandiokamehl, mit Ricinusöl und Wasser zu einem Brei zusammengekocht. Der Mangel an Reinlichkeit war bei vielen dieser Familien so gross, dass sie sich nicht einmal die Mühe nahmen, den Topf, in dem sie ihr Gericht bereitet hatten, zu reinigen, sondern für die nächste Mahlzeit wieder Farinha (Maniokmehl), Öl und Wasser zu den Resten der früheren schütteten und mit diesen kochten." (Tschudi 1867: 3, 35)

Die Vorliebe für Rizinusöl lässt darauf schließen, dass die Holländer von ihrer alten Heimat her wahrscheinlich eher an das Fischereigewerbe als an den Ackerbau im Gebirge gewöhnt waren. Denn es konnte natürlich vorkommen, dass die Agenten die von ihnen angeworbenen Auswanderer nicht gründlich genug auf deren Eignung überprüften, weil es für sie in erster Linie darum ging, Siedler in einer bestimmten Anzahl in möglichst kurzer Zeit zu rekrutieren. Andererseits nützte manche Gemeinde in der Alten Welt die Möglichkeit, mit der Ausstellung eines guten Leumundszeugnisses gerade die weniger Tüchtigen unter ihren Bürgern auf die Reise zu schicken und damit aus der kommunalen Versorgung zu entlassen. (Hansen 1976: 40)

Aber auch Tschudis Landsleute, die schon 1857 als die ersten Kolonisten in Santa Leopoldina angekommen waren, befanden sich in einer traurigen Lage. Die Not der Schweizer führt Tschudi allerdings nicht auf „eigenes Verschulden", sondern auf die Misswirtschaft der „in jeder Beziehung höchst erbärmlichen Direktion der Kolonie" zurück. Was die Verpflegung betrifft, so wusste Tschudi bei seinen Schweizern und wohl auch bei den meisten anderen Kolonisten in Santa Leopoldina von einem Leben „wie Gott in Frankreich", wie es der Tiroler Josef Kelmer schildert, nichts zu berichten. Vielmehr schreibt er, dass die ausschließliche Ernährung mit Maniokmehl bei den Siedlern häufig zu erhöhtem Wassergehalt im Blut (Hydrämie) führte, die „Schwäche, Mattigkeit, Herzklopfen, Brustbeklemmungen, Oedem, Chlorose, Wassersucht, atonische Geschwüre, grosse Trägheit der Functionen des Darmkanals und starke Anschwellung der Leber" zur Folge habe und der „zahllose Opfer erliegen." (Tschudi 1867: 3, 33)

Wenn der Calvinist Tschudi von den katholischen Tirolern ein viel günstigeres Bild zeichnet als von seinen eigenen Landsleuten, müssen die Tiroler tatsächlich besonders gesund, tüchtig und erfolgreich gewesen sein. Von ihnen berichtet Tschudi: „Es waren meist kräftige, arbeitsgewohnte Leute, denen das Niederschlagen des Urwaldes nicht so mühsam vorkam. Von ihrer Heimat her waren sie an Waldarbeit, gebirgiges Land und schlechten Boden gewöhnt." (Tschudi 1867: 3, 40)

Erst zweieinhalb Jahrzehnte später kamen noch einmal Siedler ins Land, von denen ein Forscher Ähnliches berichten sollte: „Man darf annehmen, dass die Pommern [aus dem Kreis Regenwalde in Hinterpommern], die in den 70er Jahren in großer Zahl eingewandert sind, durch ihre kolonisatorische Tüchtigkeit den weiteren Fortschritt gefördert haben. Sie waren ja von Haus aus nicht gewöhnt, die Schwierigkeiten bergigen Geländes zu überwinden, aber sie waren schwer arbeitende Tagelöhner gewesen und zeichneten sich durch Genügsamkeit, Willenskraft und körperliche Leistungsfähigkeit aus." (Wagemann 1915: 35)

Kolonieleitung und Bodengüte

Um 1850 gelangte die brasilianische Regierung zu der Erkenntnis, dass die agrarischen Potenziale außerhalb der Latifundien nur mit Hilfe ausländischer Kolonisten erschlossen werden können, die als freiwillige Erstsiedler das ihnen zugewiesene Grundstück roden und zu ihrem eigenen Vorteil bebauen. Da es außerdem auch darum ging, die Sklavenwirtschaft zu überwinden und in Brasilien eine arbeitende weiße Mittelschicht zu etablieren, durften die Kolonisten selbst keine Sklaven besitzen. Sie wurden dafür vom Staat in den ersten Jahren ihrer Pioniertätigkeit nach Kräften unterstützt. Dass solche Geldflüsse im Getriebe einer unfähigen oder korrupten Kolonieverwaltung versanden konnten, mussten auch die Tiroler Auswanderer im Munizipium Santa Leopoldina erfahren. Josef Walcher aus Wald bei Obsteig bringt die Sache in seinem bereits zitierten Brief nüchtern auf den Punkt: „Unsere Ansiedlung Leopoldine ist bisher sehr vernachlässigt worden, indem der frühere Verwalter das für dieselbe von der Regierung ausgesetzte Geld in seinen Beutel geschoben hat."

Die Willkür der Direktoren rührte auch daher, dass aus pragmatischen Überlegungen die Verwaltung einer Kolonie am Anfang autoritär geprägt war. Erst bei der Erhebung einer Neugründung zum Munizipium wurde der Stil der Administration dem Wesen nach demokratisch, was sich auch formal in einem Wechsel der Funktionen ausdrückte: Der Direktor wurde durch den Präfekten ersetzt, der Schreiber räumte seinen Platz dem Notar und der Landvermesser wurde vom Steuereinnehmer abgelöst. (Fouquet 1974: 226)

Wie bereits erwähnt, wurde die Kolonisierung von Leopoldina 1857 mit 140 Schweizern begonnen. Mc Govern (1975: 34) berichtet von 160 Schweizern, von denen gleich nach ihrer Zuwanderung 20 an Gelbfieber gestorben sein sollen. Als Johann Jakob von Tschudi im Jahr 1860 seine Landsleute besuchte, lebten von diesen noch 104 in der Kolonie. Tschudi traf in Santa Leopoldina auf demoralisierte, verzweifelte Landsleute und auf die immer gleichen Klagen: „Wir können noch so fleissig arbeiten, es nützt uns nichts; der Boden ist zu schlecht, wir bringen daher nichts vorwärts." (Tschudi 1867: 3, 36) Bei seinen Nachforschungen nach den Gründen für die Erfolglosigkeit der Schweizer stellt Tschudi fest: „Die Direktion der Colonie war von Anbeginn bis zu Anfang des Jahres 1860 [also bis zum Besuch des Kaisers] eine in jeder Beziehung höchst erbärmliche. Der zeitweilige Director wohnte in Porto do Cachoeiro, wo ein Aufnahmehaus, ein grosser Kramladen und noch mehrere Wohnungen erbaut und von einem sehr gemischten Personal, grösstentheils Brasilianern, bezogen wurden. Hier entwickelte sich allmählich ein abscheulicher Lasterpfuhl der Unzucht und des Betrugs, wodurch die Colonieverhältnisse in immer tiefere Unordnung sanken." (Tschudi 1867: 3, 27)

Weiters stellt Tschudi fest, dass „die Regierungssubsidien von den Directoren entweder unterschlagen oder nur nach Gunst, immer aber höchst unordentlich ausbezahlt" werden, kurz, er findet „eine unbeschreibliche Willkür" und als deren Folge „abgezehrte Kinder, die schreiend von ihren Müttern Nahrung verlangen, Weiber und Mädchen, die in den Morgenstunden aus den Wohnungen der Coloniebeamten schleichen, um sich aus dem kärglichen Erlöse ihres nächtlichen Gewerbes, zu dem die bitterste Noth sie trieb, in der Venda einige Lebensmittel zu kaufen".

Schuld an den traurigen Verhältnissen, in denen Tschudi seine Landsleute vorfand, waren seiner Ansicht aber nicht nur die Kolonieleitung, sondern auch die Qualität der Böden. Generell hält Tschudi den Boden als „für Colonisation nicht tauglich" und glaubt, „dass in Santa Leopoldina der Boden durch die Cultur weit schneller unfruchtbar wird als in irgendeiner andern Colonie". (Tschudi 1867: 3, 25) Wie wir heute wissen, sollte er damit recht behalten.

Der Boden erwies sich dann doch als etwas besser, als er ursprünglich schien; doch leider nur vorübergehend. Denn 55 Jahre später bestätigt auch Ernst Wagemann, dass die Qualität des Bodens in Santa Leopoldina am schlechtesten sei. Den besten Boden finde man im Tiefland am Rio Guandú. Bis dorthin drangen die Siedler auf ihrer durch Bevölkerungszuwachs und Bodenerschöpfung ausgelösten Binnenwanderung aber erst lange nach der Jahrhundertwende vor. Zu bedenken ist, dass vor dieser Zeit eine Ansiedlung von europäischen Siedlern aus tropenmedizinischen Gründen eben nur in höher gelegenen Regionen Erfolg versprechend war.

Gebete, Lieder, musische Tradition

Erzähltradition und Kunsthandwerk

Die Mutter von dem 1946 geborenen Florian Thomas aus Tirol hatte für viele Gelegenheiten eine entsprechende Regel parat, wie „Morgenstund hat Gold im Mund" oder „Sunn und Regn, Gottes Segn", wenn es Sonnenschein und Regen gleichzeitig gab. Es störte sie nur wenig, wenn einige dieser aus der alten Heimat herübergeretteten Sprüche nicht so recht zu den brasilianischen Verhältnissen passen wollten (z. B. „Gewitter im Winter – kalt dahinter" oder „Zu Maria Geburt fliegen die Schwalben furt").

Bernardino Helmers Vater erzählte abends beim „Fujahärt" (Feuerherd = Herdfeuer) manchmal Geschichten, und seine Mutter sang gern. Und der alte „Milla Lóis" (Alois Müller) war ein „Gettlesschnitzla" („Göttlein-Schnitzler"), erinnert sich Bernardino. Er schnitzte aber nicht nur Kruzifixe, sondern auch Blumenmotive in Schranktüren und anderes. Auch der Ende der 1980er Jahre verstorbene Albert Lichtenheld war ein „Schnitzler".

Auch einige Herkunftsmythen haben sich als Erzählgut bis in die Gegenwart erhalten. Trotz solcher Erzählungen erlosch mit dem Tod des letzten Siedlerpioniers jede konkretere Erinnerung an die alte Heimat, und bald gab es auch den Begriff „Österreich" nicht mehr. Bald wurde die Erzähltradition durch neue, sozusagen „brasilianische" Geschichten bereichert.

Tradierte Lieder

Überliefert wurden auch eine Reihe von Liedern. Bernardino Helmer kann sich nicht nur an Kirchenlieder erinnern, wie „Herr am Kreuz ist meine Liebe", sondern auch an Wiegenlieder (z. B. „Kindlein, gute Nacht, das Strehbettlein [Strohbettlein] lacht, mit Nelken bedeckt, schlupf unter die

Deck" oder Volkslieder wie „Üb immer Treu und Redlichkeit". Auch das folgende Scherzlied wurde von Bernardinos Mutter häufig gesungen:

Wie weh tut mein Finger,
wie weh tut mein Fuß,
wie weh tut mir alles,
wenn ich arbeiten muss.

Es tut mir kein Finger,
kein Fuß tut mir weh,
wenn zum Tanzen und Spielen
eilig ich geh'.

Bernardino Helmer erinnert sich auch an Scherzlieder wie „Lantschele, wo bisch du gester gwese? – Hinterm Ofntürl! – Lantschele, wer isch denn bei dir gwese?". Seine Mutter kannte aber auch schwermütige Liebeslieder wie das folgende: „Mein feins Liebche is gstorbn, wo begräft man es hin? Das begräft man in Farrers Gartn, wo die arme Seeln sin." Dieser Text hat phonetisch ein unverkennbar westmitteldeutsches Gepräge. Auch der folgende hochdeutsche Text, der von Not und Armut handelt, wurde von Bernardinos Mutter gern gesungen:

Ging ein Mädchen nach die Stadt
Äpfel zum Verkaufe hat,
sie geht die Straße rauf und hinab,
keiner kauft ihr Äpfel ab.

Auch Soldatenlieder wurden tradiert; wie „Morgenrot, Morgenrot, leuchtest mir zum frühen Tod" oder „Ich hatt' einen Kameraden". Die Kolonisten sangen überdies gern Heimwehlieder. Heute löst der folgende Text bei den Siedlern Heiterkeit aus, doch Bernardino Helmers Mutter, die das Lied gern sang, dürfte die traurige Aktualität noch nachempfunden haben, die das Lied für ihre Großeltern bei deren Auswanderung gehabt haben muss:

Ach, was bin ich mied.
Ach, was bin ich matt.
Mecht so gerne schlafe gehn
und weiß nicht, wo mein Bettche steht.

Wenn das meine Mutter wüsst',
wie's mich geht in fremde Land:

Die Strümpf und Schuh, die sein verrissen,
durch die Hose feift der Wind.

Bernardino Helmers Vater sang oft das folgende Lied, das phonetisch und begrifflich mehr der Tiroler Tradition verpflichtet ist:

Es regelet, es schnäbelet,
und is en kuäler Wind.
Mein Foder es in Oberland.
I weiß nid, wenn er kimmt.

Jetz kimmt er jo, jetz kimmt er jo,
was hat er denn gebracht?
Des Feifel in die Tasche
und Branntwein in die Flasch.

Gebet und Kirchenlied

Der Vater von Florian Thomas aus Tirol, Jahrgang 1946, las gern deutsche Kirchenkalender, die er sich von den Geistlichen auslieh, und seine Mutter, eine geborene Schöpf, benützte eine deutsche Bibelausgabe. Sie betete mit den Kindern jeden Abend den Rosenkranz auf Deutsch. Das erste Gebet, das Florian von seiner Mutter lernte, war:

Heiliger Schutzengel mein,
lass mich dir befohlen sein,
diesen Tag und diese Nacht.
Beschütze mich, begleite mich
durch mein Leben recht und fromm,
dass ich zu dir in Himmel komm.

Bei den Tirolern waren auch Marienlieder sehr beliebt, wie „Maria zu lieben" oder „Maria, Maienkönigin". Die Kirchenlieder werden heute auf Portugiesisch gesungen. Bei dem folgenden, von Bernardino Helmer vorgetragenen Text merkt man deutlich, dass er ihn heute schon aus dem Portugiesischen ins Deutsche übertragen muss. Dabei lassen aber phonetische Merkmale wie ischt für „ist" noch erkennen, dass der Kirchengesang früher tirolisch geprägt war:

Herr an Kreuz ischt maine Lieben,
maine Liebe ischt Jäisus Khrischto,

waich von mir, oh Sünden drüben,
was du gipscht, isch nicht von Gott,
und warum dain Lohn, der isch tot.
Herr am Kreuz ischt maine Lieben.

Aus Jahres- und Lebensbrauchtum

Weihnachten

Nach dem Selbstverständnis der Kolonisten musste jede Annehmlichkeit im Leben mit harter Arbeit erkauft werden. Das wird auch bei der folgenden Erzählung von Camilo Thomas vom Weihnachtsbrot deutlich: Lange vor Weihnachten ernteten er und seine Geschwister als Kinder Mandioca und brachten sie mit dem Lastesel zur Maniokmühle. Einige Tage vor Weihnachten lieferten die Kinder das Maniokmehl mit dem Esel hinunter nach Port (Santa Leopoldina) und verkauften es dort. Für den Erlös bekam man zehn oder zwölf Kilo Weizenmehl, aus dem das begehrte Weihnachtsbrot gebacken werden sollte. Das Mehl trugen sie den steilen Rückweg auf dem Rücken nach Hause, denn so wollte es der Brauch. Und der Esel lief unbeschwert neben ihnen her.

Weihnachten in der Colônia Tirol (geschmückter Baum vor Camilos altem Haus)

Wie sich Camilos jüngerer Bruder Florian Thomas erinnert, mussten die Kinder am Abend des 24. Dezember ihren Teller an einem bestimmten Platz aufstellen. Dabei war es wichtig, diesen mit Blumen zu schmücken. Am nächsten Morgen entdeckte man dann die „Zuckersteine", die der „Weihnachtsmann" nachts in den Teller gelegt hatte. Auch einen „Kristbaum" gab es. Dafür verwendete man einen „Tannenbaum", eine Baumart mit spitzen Dornen, eine Araukarie vielleicht. Kerzen verwendete man nicht. Gesungen wurden „O Tannenbaum" und „Stille Nacht", und es gab immer ein besseres Essen – „Häiflkhiächlen" (kleine Kuchen aus Mais-Hefeteig) und statt des üblichen Maismehlbrots köstliches Weizenbrot. Auch Rindfleisch kaufte man zu Weihnachten.

Partnersuche und Verlobung

Begegneten sich ein Mädchen und ein Bursch auf einem Kirchenfest, einer Wallfahrt oder dergleichen und fanden sie aneinander Gefallen, so blieb das den anderen Leuten meist nicht lange verborgen, und bald bekamen auch die Eltern des Mädchens entsprechende Andeutungen zu hören. Damit war für das Mädchen die Zeit des elterlichen „Verhörs" gekommen, bei dem die Tochter gewöhnlich kleinlaut ihre freundliche Zuneigung zu dem Burschen gestand. Einige Wochen oder gar Monate danach durfte das Mädchen von sich aus bei ihren Eltern einen Vorstoß in ihrer Herzensangelegenheit wagen, vorausgesetzt, es war ihren heimlichen Wünschen und Hoffnungen vonseiten der Eltern während dieser Frist keine offene Absage erteilt worden. Zu diesem ritualisierten Katalog gehörten früher elterliche Warnungen vor Säufern, Raufbolden und „Schwarzen". Heiraten mit luso- oder afrobrasilianischen Partnern sind heute aber keine Seltenheit mehr.

Hochzeitsbrauchtum

Die Anzahl der zur Hochzeit eingeladenen Gäste richtete sich nach der Finanzkraft der Familien der Brautleute. Eine Hochzeitsgesellschaft konnte immerhin bis 200 Personen umfassen. Bei den protestantischen Pommern gab es früher den Brauch des formellen Hochzeitsladens: Der Bräutigam machte sich hoch zu Ross oder auf einem Maultier reitend auf den Weg. Er führte eine Flasche Wein mit sich und einige Gläser. Auf dem Hut trug er Blumen, auch das Reittier war mit Blumen geschmückt. Die Leute, die er einladen wollte, wussten durch einen vorausgeschickten Boten von seinem Kommen und baten ihn ohne weitere Umstände ins Haus. Dort bot er dem Hausherrn und dessen Frau von seinem Wein an. Tranken sie davon, galt die Einladung zur Hochzeit als akzeptiert. Bei den Tirolern gab es dieses Ritual nicht, die Einladung geschah formloser. Auch den Polterabend kannten die Tiroler nicht. Die Pommern veranstalteten hingegen am Abend vor der Hochzeit ein Fest zur Verabschiedung der Braut aus dem Elternhaus. Dabei wurde altes Geschirr zerschlagen und auf den Scherben ausgelassen getanzt. Das Essen bestand am Polterabend aus den Köpfen und Krallen der für das Hochzeitsmahl geschlachteten Hühner.

Camilo Thomas schilderte das Zeremoniell einer traditionellen Tiroler Hochzeit in früherer Zeit ungefähr so: Fand die Trauung in der Kirche von Tirol statt, gingen die Brautleute wegen der schlechten Wege gewöhnlich in Alltagskleidung bis zum Pfarrhaus.

Hochzeitsfoto von Olga Nagel und Camilo Thomas (1965)

Erst dort hatten Braut und Bräutigam Gelegenheit, sich für die Trauung umzuziehen und herzurichten. Zuerst wurde der Bräutigam in die nur wenige Meter entfernte Kirche und vor den Altar geführt. Meist hatte er einen dunkelblauen Anzug an. Am Jackett trug er ein Sträußlein mit den gleichen Blumen, aus denen der Kranz der Braut gewunden war. Das Tragen von Krawatte und Palitot (Jacke) war obligatorisch; eine Heirat im Hemd, wie sie heute an heißen Tagen vorkommt, hätte man früher nicht gebilligt. – Dann kam die Braut: In ein langes, weißes Kleid gewandet, mit einem Strauß weißer Blumen im Arm und mit weißem Blumenkranz sowie Schleier ausgestattet, geleitete sie der Vater durch die mit Hochzeitsgästen voll besetzte Kirche zum Altar und gab sie dem Bräutigam zur Seite.

Nach der Trauung begab sich die Hochzeitsgesellschaft zum Elternhaus von Braut oder Bräutigam. Kurz davor durchschritt der Hochzeitszug mit den Brautleuten an der Spitze den aus Zwergpalmen errichteten, mit Blumengirlanden festlich geschmückten Schwibbogen. Jeder Einzelne erhielt ein „Kelchl" Wein. Auch der Hauseingang war mit Blumen geschmückt. Während das Brautpaar das Haus betrat, ließ man auf die Frischvermählten einen Blumenregen niedergehen. Da die Räume in den Häusern der

Kolonisten für eine große Hochzeitstafel zu klein waren, organisierte man das Hochzeitsmahl in einer etwas ungewöhnlichen Weise: Als Festtafel diente der „erschte" Tisch in der Wohnstube, an dem das Brautpaar mit Eltern und Trauzeugen Platz nahm. Sobald diese gespeist hatten, nahmen andere Hochzeitsgäste deren Plätze ein, das Brautpaar musste aber auf seinem Platz ausharren, bis der Letzte der Anwesenden bedient war, wobei das Brautpaar bei jedem eine Kleinigkeit mitessen musste. Waren die Platzverhältnisse gar zu beengt, wurde außerhalb des Hauses ein Schatten spendendes bzw. vor Regen schützendes Provisorium errichtet.

Nach dem Essen folgte der Brauttanz. Jeder Gast hatte Anspruch auf ein paar Takte Tanz mit der Braut zu den Walzerklängen einer Konzertina oder eines Akkordeons. Das Gleiche

Hochzeit Mitte der 1960er Jahre. Vor dem Eingang zum Brauthaus bewirtet die Schwester der Braut unter dem Bogen aus Palmenblättern und Blumen das Hochzeitspaar (Lourdes Nagel und Eduardo Siller) und die Gäste.

galt für alle anwesenden Frauen und Mädchen bezüglich des Bräutigams. Der nächste wichtige Programmpunkt für die Brautleute war der Abschiedstanz um Mitternacht: Während die frisch Getrauten tanzten, wurden der Braut Kranz und Schleier und dem Bräutigam das Sträußchen genommen. Das war der Zeitpunkt, an dem sich die Neuvermählten zurückzogen. Nach einiger Zeit gesellte sich das Paar, alltäglich gekleidet, wieder zur Hochzeitsgesellschaft.

Totenbrauchtum

Die Einsegnung der Toten wird schon seit Jahrzehnten von Laienpredigern vorgenommen, weil die in Santa Leopoldina stationierten Steyler Missionare mit anderen Aufgaben ausgelastet sind und der Weg in die

Kolonie sehr zeitraubend ist. Für die Katholiken von Tirol-California war lange Zeit Camilo Thomas als Diakon zuständig.

Wenn in der Kolonie jemand stirbt, geht einer der Angehörigen zum nächsten Nachbarn und beauftragt diesen mit der Verlautbarung des Todesfalls. Da die Kommunikation noch immer schwierig ist, wird meist schon zu diesem Zeitpunkt Tag und Stunde der Beerdigung festgesetzt, damit keine weiteren Botengänge notwendig sind. Hat sich der Todesfall im eigenen Haus ereignet, nimmt die Behörde eine natürliche Todesursache an und schreibt keinen medizinischen Augenschein vor. In allen anderen Fällen müssen Arzt oder Polizei verständigt werden.

Zur Aufbahrung wird der Tote von den Angehörigen gewaschen und gekleidet und in den Sarg gelegt. Der Tote bleibt im Regelfall 24 Stunden in der Sala, der Wohnstube des Hauses. Während der Totenwache, die man heute meist auf Portugiesisch *Velório* nennt, lässt man den Toten nie allein. Die Töchter des Hauses winden ein oder zwei Kränze. Früher wurde bei solchen Wachen auch viel Rosenkranz gebetet und gesungen. Die eintreffenden Trauergäste begrüßen die Angehörigen mit „Beileid", „Mitleid" oder „Minhas Condolenças". Während des Wachens unterhält man sich auch über profane Dinge oder erzählt Geschichten (was früher außerhalb des Trauerhauses stattfand). Die Wachenden werden auch nachts über verköstigt. Gegessen wird in der Küche.

Friedhof in Holandinha

Friedhof in Dorf Tirol, nahe der Kirche

Am Ende der Aufbahrungszeit nimmt der Laienprediger die Aussegnung vor. Dies geschieht unter Anwendung der Gebete und rituellen Formeln, die in dem auf Portugiesisch verfassten kirchlichen Leitfaden des Predigers für einen solchen Anlass vorgesehen sind. Wegen der beengten Raumverhältnisse im Aufbahrungsraum geschieht die Aussegnung oft vor dem Haus. Beim Hinaustragen des Toten achtet man darauf, dass er das Haus mit den Füßen voran verlässt. Nach der Aussegnung wird der Sarg geschlossen.

Während sich vor dem Haus des Verstorbenen der Geleitzug formiert, eilt der Prediger zur Kirche, um die Beerdigung vorzubereiten. Die Frauen gehen voran, dann folgt der von vier oder sechs Männern getragene Sarg, dahinter kommen die übrigen Männer. Abgesehen von dieser Einteilung wird keine bestimmte Reihenfolge eingehalten, auch die Angehörigen des Toten haben keinen bestimmten Platz im Trauerzug. Das Tragen von Trauerkleidung ist heute nicht mehr üblich. Während die Frauen ruhig vorausgehen und dabei meist den Rosenkranz beten, herrscht in der Gruppe der Männer eine ständige Unruhe, weil jeder bestrebt ist, die Sargträger abzulösen oder sie zumindest zu unterstützen.

In der Nähe der Kirche angelangt, kommt der Prediger dem Trauerzug entgegen, begleitet von den Trägern des Kruzifixes und der Herz-

Jesu-Fahne. Die drei führen den Zug in die Kirche, wo der Prediger im Rahmen einer kurzen Andacht das Leben des Verstorbenen würdigt. Auf dem Friedhof spricht der Prediger sodann die Schlussgebete und segnet das offene Grab mit Weihwasser, bevor der Sarg in die Tiefe gelassen wird. Die Trauergäste werfen eine Hand voll Erde oder eine Blume auf den Sarg. Während die Trauergäste anschließend den Friedhof verlassen, wird das Grab zugeschüttet, einer der zwei mitgebrachten Kränze auf den frischen Grabhügel gelegt, der andere über das Grabkreuz gehängt.

Wallfahrten und Prozessionen

Zwei- bis dreimal im Jahr führt eine Wallfahrt zum berühmten Convento da Penha nahe der Hauptstadt Vitória. Früher reiste man auf der Ladefläche eines Lastkraftwagens dorthin, heute legt man die Strecke im Bus zurück. Vor 1929 startete man um zwei Uhr morgens und ging zum „Port" hinunter, von wo man auf Canoas bis zum Hafen von Vitória fuhr. Von Pater Tollinger wird erzählt, dass er auf die lange Reise einen Wasservorrat mitnahm, von dem jeder genau gleich viel bekam. Manche legen heute auch für die Nossa Senhora Aparecida ein Promeso (Gelübde) ab. Sie lösen es ein, indem sie an einer Wallfahrt nach São Paulo teilnehmen.

Die örtlichen Prozessionen führen zu der kleinen Lourdesgrotte gegenüber der Kirche von Tirol. Wichtige Termine sind Pfingsten, der 14. Juni (Herz-Jesu-Fest) und auf Grund eines alten Gelöbnisses vor allem der Tag des hl. Sebastian (20. Jänner), der in Europa als Pestheiliger verehrt wird. In Brasilien starben viele der ersten Siedler an Gelbfieber, weshalb man auf Sebastian ein Wallfahrtsgelübde ablegte. Fronleichnamsprozessionen

Die kleine Lourdesgrotte gegenüber der Kirche von Tirol

gibt es heute nur noch im Hauptort Santa Leopoldina. Der 12. Oktober ist der Dia de Crianza (Kindertag); da stellt man in der Kirche von Tirol eine Statue der Aparecida auf und betet. Spontan können in Tirol auch Bittprozessionen um Regen oder Ähnliches stattfinden.

Aus der Kirchengeschichte der Colônia Tirol

Die Kirche von Tirol

Inmitten des verarmten Kolonisationsgebietes mit den weit verstreut liegenden Behausungen der Siedler mutet die Kirche der Colônia Tirol wie ein kleines Wunder an. Man stößt völlig unvermutet auf sie, denn der Platz liegt abseits der Verkehrswege im hintersten Winkel eines kleinen Tales. Als jemand, der mit den örtlichen Verhältnissen nicht vertraut ist, würde man sich wohl nur durch Zufall dorthin verirren. Ist man aber einmal angelangt, steht man nicht ohne eine gewisse nostalgische Rührung vor diesem Kleinod ländlicher sakraler Baukunst. Neben der Kirche stehen das Pfarrhaus, die Schule und ein Kaufhaus. Diese kleine Gruppe von Gebäuden trägt bis heute den Namen „Tirol". Beim ersten Anblick dieses kleinen von steilen Hängen umzingelten Ensembles drängte sich auch dem Autor dieser Zeilen ein mittlerweile schon häufig bemühtes Klischee auf: Hier haben einst gläubige Tiroler mit zuversichtlicher Tatkraft dem brasilianischen Urwald ein kleines Stück Heimat abgetrotzt.

Tatsächlich hat das Bauwerk in weitem Umkreis kein vergleichbares Gegenstück. Wie der Missionar P. Francisco Tollinger im Jahre 1900 seiner Mutter schrieb, hat die im Jahr 1898 in ihrer heutigen Gestalt errichtete Kirche „ein gar sauberes Türmchen, so hoch und schlank und keck, wie es die Jungen nach den Schilderungen der Väter nur je von der alten Heimat geträumt und die Alten in Brasilien nimmer gesehen hatten; denn viele Kirchen hier haben keine, viele nur unansehnliche, stumpfe Türme, und selbst in diesen hängen die meisten kleinen Glocken ohne Glockenstuhl in irgendeiner Fensteröffnung." (Tollinger 1900: 459)

Die Überraschung weicht auch im Innern der kleinen Kirche nicht desillusionierter Ernüchterung, ganz im Gegenteil: Das mit freundlichen Bodenfliesen ausgelegte Kirchenschiff vermittelt mit den einfachen Sitzreihen beinahe den Eindruck von gediegener Wohnlichkeit. Der kleine Flügelaltar aus edlem Holz stammt gemäß dem kleinen Firmenschildchen von Ferdinand Stuflesser, Bildhauer und Altarbauer aus St. Ulrich bei Brixen in Südtirol. Nur zu gern gibt man sich an diesem entlegenen Ort auch der Kontemplation der Bilder des Kreuzwegs in den Fensternischen hin, die man im Jahr 1901 ebenfalls aus Tirol hat kommen lassen. Vor allem die „bösen" Figuren der auf Leinwand gemalten Ölbilder teilen sich mit ihren Leidenschaften dem Betrachter in einer verblüffenden Lebensnähe mit. Schließlich hat der ganze Kreuzgang etwas von der unmittelbaren Anschaulichkeit lebendiger Passionsspiele.

Die mittlere der drei Altarfiguren zeigt den Heiligen Sebastian. Der aus Mailand stammende christliche Märtyrer galt im katholischen Europa auch als Pestheiliger. Von den Siedlern in Santa Leopoldina wird sein Jahrestag, der 20. Jänner, noch heute festlich begangen. Das erinnert an die erste Zeit in Brasilien, als das Gelbfieber viele Siedler dahinraffte und man deshalb das Gelöbnis ablegte, für den Fall, dass man überlebte, in Zukunft jeden Sebastianstag in Ehren zu halten.

Früher einmal war dieser kleine Platz im entlegenen Urwaldwinkel der kulturelle Mittelpunkt des ganzen Kolonisationsgebietes, denn die Kirche war die Matriz des Munizipiums, also die Haupt- bzw. Pfarrkirche des katholischen Missionsordens in Santa Leopoldina. Die Messen wurden sowohl in portugiesischer als auch in deutscher Sprache gelesen. Mit dem Anfang des Zweiten Weltkriegs hörten hier die deutschen Messen und Andachten aber auf. Um 1917 war Tirol auch für kurze Zeit der Ort eines Missionsseminars. Die Laienbrüder des Steyler Missionshauses besorgten einst auch den Unterricht in der neben der Kirche gelegenen Schule. Wie ein Foto aus jenen Tagen zeigt, war die Schüleranzahl mit 38 Kindern da-

P. Mathias Esser und Br. Hilario Parsch mit ihrer Schulklasse in Tirol (um 1920)

mals groß, und fast die Hälfte der Schüler waren „schwarz", das heißt lusobrasilianisch oder indianisch bzw. „ganz schwarz", also afrobrasilianisch. Vor 1936 gab es hier auch ein Internat für etwa 50 Kinder, denn wegen des Deutschunterrichts schickten auch viele Siedler aus den benachbarten Kolonien ihre Kinder in diese Schule, sogar einige protestantische Pommern. An drei Tagen der Woche erfolgte der Unterricht auf Deutsch, an zwei Tagen auf Portugiesisch. Die Kinder blieben eine Woche lang im Internat, dann wurden sie von ihren Geschwistern abgelöst, die nun ihrerseits eine Woche in diesem kleinen Bildungszentrum wohnten, während jetzt die anderen ihren Eltern auf dem Pflanzland halfen.

Inzwischen ist es auf diesem Platz stiller geworden, denn schon vor langer Zeit hat man die Pfarrgeschäfte mehr und mehr von diesem Ort abgezogen. Schon 1929, ein Jahr vor seinem Tode, musste Pater Mathias Esser, der damalige Kaplan der Colônia Tirol, es hinnehmen, dass sich die Steyler Missionare zu ihren Jahresexerzitien nicht mehr in seiner entlegenen kleinen Kirche, sondern in dem berühmten „Konvent auf dem Felsen" (Convento da Penha) nahe der Hauptstadt Vitória versammelten. Und als knapp ein Jahr nach Esser auch noch der Missionsbruder Hilarius Parsch starb, erlosch binnen weniger Jahre auch der Deutschunterricht in der Colônia Tirol. – Bruder Hilario wurde 1868 in Mönchen-Gladbach geboren. Er war in Tirol ein beliebter Lehrer und Erzieher. Er starb am 20. April 1931 auf dem Weg zur Kirche von Tirol an einem Herzschlag. 1934 gab es in Tirol und Biriricas (Santa Isabel) noch einen Unterricht auf Deutsch, der aber nicht mehr „über das Notdürftigste" hinausging. (Otte 1934: 36)

Immerhin hat Tirol bis zum Jahr 1940 noch einen eigenen Kaplan. 1941 wird aber schon Porto do Cachoeiro (Santa Leopoldina) als erste Pfarre der Steyler Mission in Espírito Santo geführt, die Pfarrstelle der Colônia Tirol ist als „vacant" gemeldet. Und als nach dem Krieg im Jahr 1947 der nächste Katalog der Steyler Missionsgesellschaft erscheint, sucht man hier vergeblich nach Tirol. Damit setzten jetzt die Verwaisung der Kirche und ihr Verfall ein, ein Los, das vor der Ankunft der Steyler Missionare schon der Kapelle Hadrian Lantschners beschieden war, die auf demselben Platz gestanden hatte.

Die Anfänge der katholischen Pastoration

Die geistliche Betreuung der Siedler durch einen ihrer Landessprache mächtigen Priester war für das Gedeihen einer Kolonie oft von entscheidender Bedeutung. Dies trifft auf die Tiroler von Santa Leopoldina ganz besonders zu. Für diese Tiroler ist die Geschichte ihrer Kolonie in erster Linie die Geschichte ihrer Geistlichen, und bis heute sind bei den Siedlern die Namen der Steyler Missionare als Vornamen beliebt, wie etwa Hilarius (Hilario) oder Tarcisius (Tarcizio). Unsere katholischen Tiroler fanden sich auf ihrer Streusiedlung in der neuen Heimat als Nachbarn von Lutherischen und Calvinisten wieder, die sie zu Hause als Diener des Teufels und Vertreter des Bösen zu verachten und zu fürchten gewohnt waren. Hier waren sie plötzlich den Protestanten gegenüber deutlich in der Minderheit, denn es gab bei der Einwanderung keine konfessionellen Beschränkungen, und die kaiserliche Regierung garantierte den Siedlern Religionsfreiheit. (Demoner 1983: 103)

Vielleicht war es unter diesen Umständen ein Trost für die Tiroler, dass Brasilien ebenfalls katholisch und der Herrscher des Landes der Sohn einer Habsburgerin war. So war auch die kultische Handlung, die anlässlich des kaiserlichen Besuches in Porto do Cachoeiro im Jänner 1860 gefeiert wurde, natürlich ein katholisches Hochamt und nicht ein evangelischer Festgottesdienst. Was für die Tiroler aber eine ganz besonders anheimelnde Erfahrung gewesen sein muss, war der Umstand, dass der aus der Nachbarkolonie Santa Isabel angereiste und hier die Messe zelebrierende Priester ebenfalls ein gebürtiger Tiroler war, nämlich der aus Steinach am Brenner stammende Kapuzinerpater Hadrian Lantschner. Dieser war im Jänner 1858 als ein Missionar von knapp 30 Jahren in die Nachbarkolonie gekommen. Später verlegte er seinen Wirkungsbereich nach Santa Leopoldina, wo er am 1. Mai 1864 den Grundstein für eine Kirche legte, die an jener Stelle aber nie gebaut wurde.

Tiroler Kapuziner in Espírito Santo

Die Anfänge der deutschsprachigen Kolonisierung in Espírito Santo sind eng mit den Kapuzinern verbunden. Diese begannen ihre Tätigkeit im Jahr 1847 in Santa Isabel, also noch im Gründungsjahr dieser Kolonie, nachdem an den Innsbrucker Kapuzinerprovinzial von Rom aus der Auftrag ergangen war, zwei Priester seiner Provinz als Missionare nach Brasilien zu schicken. Für diese Aufgabe meldeten sich zwei Patres aus Tirol. Nach einem einjährigen Aufenthalt in Rom, wo sie auf ihre neuen Aufgaben sorgfältig vorbereitet und auch in der portugiesischen Sprache unterrichtet wurden, brachen die beiden Kapuziner am 30. Oktober 1847 nach Brasilien auf und erreichten nach sechswöchiger Seefahrt die Hafenstadt Rio de Janeiro, wo man sie der neuen Kolonie Santa Isabel zuteilte.

Während Bartholomäus Eller aus gesundheitlichen Gründen bald wieder nach Europa zurückkehren musste, entfaltete der 36-jährige Pater Wendelin Gaim aus Innsbruck in Brasilien eine eifrige pastorale Tätigkeit. Angeblich soll es ihm sogar gelungen sein, einen protestantischen Prediger katholisch zu machen, sodass dieser fortan bei den Katholiken den Schuldienst versehen konnte.

Im Jänner 1858 holte Gaim persönlich die Kapuziner Hadrian Lantschner aus Steinach am Brenner und Peter Regalat Ruepp aus Mals nach Santa Isabel. Ruepp wurde dort als Vikar und als Lehrer eingesetzt, wo er sowohl auf Deutsch als auch in der Landessprache unterrichten sollte. Auch Peter Regalat Ruepp entwickelte bei den Protestanten einen großen Bekehrungseifer. Zwischen ihm und dem protestantischen Pfarrer von Santa Isabel entwickelte sich deshalb eine erbitterte Fehde. Um konfessionelle Streitigkeiten, die das Kolonisationswerk gefährden konnten, zu unterbinden, wurden Konversionen in der Kolonie von der Regierung in Vitória verboten. Als trotz dieses Erlasses nach dem Tod des evangelischen Pfarrers Ende 1860 und der Übersiedlung Lantschners nach Santa Leopoldina die Streitereien in der Kolonie noch heftiger wurden, erwirkte die Regierung in Vitória beim Kapuzinergeneral in Messina Ruepps Entlassung. (Demoner 1983: 104)

P. Hadrian Lantschner

Nach der Amtsenthebung Ruepps am 26. März 1862 wurden dessen schulische Aufgaben auf den Kolonisten Kaspar Singer übertragen. Mit den kirchlichen Agenden Santa Isabels wurde Hadrian Lantschner betraut, der aber inzwischen schon als Vikar in Santa Leopoldina wirkte und dort außerdem in der Funktion eines Professor Público volksbildnerisch tätig war. Zusammen mit Santa Isabel war sein Gebiet jetzt das Paradebeispiel einer jener brasilianischen Pfarreien „von oft riesiger Ausdehnung", in denen die Priester „einen erheblichen Teil des Jahres damit zubringen müssen, die weit entlegenen Filialgemeinden zu besuchen". (Stadt Gottes 1910: 174) Doch offenbar widmete sich der damals 35-jährige Mann, den zähe Willenskraft und eine ausdauernde Konstitution kennzeichneten, seinen Pflichten mit Hingabe und war im Vertrauen auf seine unerschütterlich scheinende Gesundheit stets bereit, auch die härtesten Strapazen auf sich zu nehmen. Mit der Zeit zehrten aber seine Aufgaben immer mehr an der Gesundheit des aufopferungswilligen Lantschner. Als er in einem Brief an seinen Oberen schließlich über Beschwerden klagt, ist er bereits an Malaria erkrankt. Er stirbt als 40-Jähriger am 23. Dezember 1868 in Vitória, noch bevor er sich der medizinischen Pflege der dortigen Franziskanermönche anvertrauen konnte.

Der damalige Direktor der Kolonie Santa Leopoldina war Dr. Francisco Rudio, ein promovierter preußischer Botaniker. Der Brief, den dieser an den Provinzial der Franziskaner in Innsbruck richtet, ist mehr als bloß eine offizielle Benachrichtigung der zuständigen Dienststelle über das Ableben eines öffentlichen Funktionsträgers. Vielmehr spricht aus diesem Schreiben die aufrichtige Wertschätzung eines Protestanten für einen katholischen Seelsorger, der das kirchliche und kulturelle Profil in seinem Missionsgebiet auf das nachhaltigste geprägt hat:

„P. Hadrian war einer der pflichteifrigsten Priester, welche ich je kannte, und seit länger als sieben Jahren mit ihm bekannt und in dienstlicher Beziehung stehend, warnte ich ihn oft, nicht zu sehr auf seine riesig scheinende Gesundheit zu pochen und seinem Körper mehr Rechnung zu tragen, welcher sich durch das hiesige wärmere Klima mehr erschöpfte, umsomehr, da ihm niemand hier die strenge Tiroler Kapuzineraszese zumuthe. Er las an den Sonn= und Feiertagen die Messe bei den Luxemburgern, beschäftigte sich noch mit Taufen und Beichthören, gieng dann herüber zu der 2½ Stunden entfernten Hauptkirche bei den Tirolern, um nochmals die hl. Messe zu lesen, zu predigen usw., so dass er oft erst um 5 Uhr abends zum Essen kam, und dann hatte er nicht selten noch einen Krankenbesuch oder andere Dienste zu machen. Hochverehrt von den umliegenden Brasilianern, besorgte er den geistlichen Dienst in der ganzen Umgebung, wobei ihm der arme Indianer so lieb war als der reiche Fazendeiro, indem er sich oft den größten Beschwerden aussetzte, stundenlang den dichten Urwald auf schlechten Fußsteigen im schwerfälligen Kapuzinerhabit durchwaten mußte, um naß sich nachts niederzulegen. Selbst größere Reisen an den Rio doce, mehrere Male nach Minas Gerais machte er, ohne für die Gesundheit wesentlichen Schaden zu nehmen." (Zitiert nach Hohenegg 413)

Nicht ohne Grund weist Dr. Rudio darauf hin, dass die Kirche in Tirol vom Zentrum weit entfernt war. Der Grund für die Wahl des Ortes, an dem Lantschner im Jahr 1863 den Bau einer Kirche in Angriff nahm, hat sicherlich damit zu tun, dass dieser Platz im Siedlungsgebiet der Tiroler lag. Diese zeigten offenbar eine ganz besondere Bereitschaft, für die Errichtung dieser ersten, zwölf mal fünf Meter großen Kapelle Opfer zu bringen. Hier, bei seinen Landsleuten, hat Hadrian Lantschner seinen Wohnsitz aufgeschlagen und im Jahr 1863 diesen Platz zum Zentrum seines Wirkens gemacht, ungeachtet der Schwierigkeiten, die ihm dabei aus der großen Entfernung zum Zentrum zusätzlich erwachsen mussten.

Dass Dr. Rudio den Missionar Hadrian Lantschner besonders geschätzt haben muss, geht auch aus der Tatsache hervor, dass er dessen Vater persönlich vom Ableben seines Sohnes unterrichtet hat. Aus diesem Brief wird deutlich, dass Hadriano die Kirche von Tirol als sein eigentliches Lebenswerk betrachtete: „Zu seinen letzten Tagen sagte mir Pater Hadrian, diese Kirche ist mein Stolz, und noch nach 100 Jahren werden sie meinen Namen kennen."

Tatsächlich hat man Pater Hadriano in der Colônia Tirol bis heute nicht vergessen. Noch 1966 wird einem Besucher aus Österreich eine Legende erzählt, in welcher Pater Hadrian wie ein Heiliger verehrt wird. Man erzählte sich nämlich, dass man seine Gestalt „mit dem Brevierbuch in der Hand" noch lange nach seinem Tode über den Kirchenplatz habe schreiten sehen. (Ilg 1982: 146) Erst nachdem die sterblichen Überreste des Paters in seinem Sterbeort Vitória von den treuen Kolonisten erhoben und im Stile einer regelrechten Wallfahrt nach Tirol überführt und dort beigesetzt worden waren, sei die betende Erscheinung verschwunden. (Hohenegg 414; Demoner 1983: 107)

Die Sorge um seine Gemeinde hatte einst den pflichtbewussten Missionar, als er seine Kräfte schwinden sah, dazu bewogen, seinen Orden um Verstärkung zu bitten. Man schickt ihm Pater Wendelin Gaim, der nun mit 57 Jahren von Innsbruck aus das dritte Mal die Reise nach Brasilien auf sich nimmt und Anfang August 1867 in der Kolonie ankommt. Dort initiiert er den Bau einer Kapelle bei den Luxemburgern, doch bereits kurze Zeit später beginnt er zu kränkeln und begibt sich ins Spital nach Rio de Janeiro. Dort stirbt er noch vor Lantschner am 27. März 1868. – Jetzt ist der malariakranke Pater Hadrian mit seinen Sorgen um den Fortbestand seines Lebenswerkes wieder allein. Vier Monate nach dem Tod Gaims befindet er sich, durch einen Fieberanfall aufs äußerste geschwächt, im tiefer gelegenen Siedlungsgebiet Mangaraí. Er nützt diese erzwungene Ruhepause zur Abfassung eines langen Briefes, der sein letzter sein sollte und in dem er seinen Oberen bittet, ihm die Errichtung einer Missionsbruderschaft in seiner geliebten Colônia Tirol zu gewähren.

Der Tod Lantschners kam der Errichtung einer Ordensniederlassung zuvor, und so verödete das Kirchenleben in der Colônia Tirol. Santa Leopoldina war damals noch kein eigener Pfarrsprengel, es gehörte zur talabwärts gelegenen Pfarrei Qeimados, die ebenfalls von Kapuzinermönchen betreut wurde. Dort befand sich auch die Matriz, also die katholische Stammkirche der Region. Mag sein, dass die dortigen Patres Santa Leopoldina sporadisch besucht haben, in den Kirchenbüchern der Colônia Tirol findet sich aber von ihnen keine Spur. Wie sehr die Tiroler Kolonisten in dieser Zeit ihren Pater Hadrian vermissten, zeigt, dass sie 1874 seine sterblichen Überreste von Vitória nach Tirol heimholten.

Wie wir aus dem Brief von Ignatz Helmer aus dem Jahr 1880 wissen, wurde bei den Tiroler Kolonisten, obwohl es ihnen wirtschaftlich jetzt schon besser ging, das Verlangen nach einem Priester immer stärker. Doch dieser sollte ein „richtiger" Geistlicher und ein Deutschsprachiger sein. Die Hoffnung auf einen Tiroler hatte man aber schon aufgegeben: „Der Geistliche mag herkommen wo er will, wann er nur ein Richtiger währ."

Die Anfänge der Steyler-Mission in Espírito Santo

Einen „richtigen" Priester wünschten sich die Kolonisten so sehr, dass sie sich mit einer Bittschrift direkt an den Heiligen Stuhl in Rom wandten und, als diese unerledigt blieb, ihre Eingabe mehrere Male wiederholten. – Im Jahr 1875 war in Deutschland von dem aus Goch am Niederrhein stammenden Priester Arnold Janssen eine Missionsanstalt gegründet worden, die ihr Stammhaus jedoch im holländischen Steijl (Steyl) angesiedelt hatte, weil in der Epoche des „Kulturkampfes" in Deutschland die niederländische Gesetzeslage für Ordensniederlassungen günstiger war. Als Janssen im Jahr 1889 in Rom um die Ausstellung von Diplomen für zwei Missionare ansucht, die er nach Südamerika schicken will, fragt man ihn, ob er auch einen Pater zu deutschen Kolonisten nach Espírito Santo in Brasilien schicken würde, von wo schon wiederholt Anfragen gekommen seien. Janssen war aber mehr an einem Engagement in Ekuador interessiert.

Die Personen für Ekuador standen bereits fest, es waren die Patres Franz Tollinger und Franz Dold. Der 1867 in Innsbruck-Wilten geborene Tollinger hatte als Kaplan in einigen Pfarren der Diözese Brixen schon praktische Erfahrungen in der Seelsorge gesammelt. 1892 studierten er und der um zwei Jahre ältere, aus Villingen im Schwarzwald stammende Dold in St. Gabriel bei Mödling, der österreichischen Filiale des Steyler Missionshauses „Societas de Verbo Divino" (S.V.D.). Hier erfuhren sie eine gründliche und moderne missionarische Ausbildung. Sie unterzogen sich einem Studium des Spanischen als der Landessprache ihres zukünftigen Einsatzgebietes in Ekuador und besuchten außerdem praktische medizinische Lehrgänge in Wien.

Als nach einem Regierungswechsel in Ekuador die neue politische Führung an der Errichtung einer Ordensprovinz in ihrem Land nicht mehr interessiert war, wollte man die beiden Steyler Jungmissionare nach Argentinien schicken. Bei dieser Gelegenheit könnten sie dann ja auch, so meinte Janssen, einen kurzen Abstecher nach Espírito Santo in Brasilien machen, wo das Volk in den dortigen Kolonien nun schon einmal so insistent die Entsendung von Priestern gefordert hatte. Dort sollten Dold und Tollinger „für die Herstellung geordneter kirchlicher Zustände" sorgen. Damit waren wohl kirchliche Legalisierungen von nur weltlich geschlossenen Ehen, das Nachholen von Taufen oder das Abnehmen von Generalbeichten gemeint. Danach sollten die beiden nach Argentinien weiterreisen, wo ein bereits begonnenes Missionswerk eine lohnende Entwicklung versprach.

Auch der Bischof der Diözese Nictheroy-Campos im Norden der Provinz Rio de Janeiro, zu der Espírito Santo damals noch gehörte, hatte nichts gegen den Besuch der Missionare einzuwenden. Und so machten sich Dold und Tollinger im Februar 1895 auf die Reise nach Vitória, wo sie nach einer vierwöchigen Fahrt mit dem Dampfer „Lissabon" am 12. März 1895 an Land gingen. Am Nachmittag des 15. März bestiegen sie im Hafen ein von Luiz Holzmeister zur Verfügung gestelltes Kanu und begannen ihre Fahrt in die Kolonie. Bis zum Einbruch der Dunkelheit erreichten sie gerade einmal die Mündung des Santa-Maria-Flusses. Während ihre Ruderer die Nacht in einer nahen Fazenda verbrachten, harrten die beiden tatendurstigen Jungmissionare heroisch in ihrem zwischen zwei Felsen vertäuten Nachen aus und machten dort ihre erste Bekanntschaft mit den heimtückischen Attacken heidnischer brasilianischer Mosquitos.

Am nächsten Tag, es war der 16. März 1895, erreichten sie Queimados, den Sitz desjenigen Pfarramts, zu dem auch Santa Leopoldina gehörte. Noch am selben Tag fuhren sie weiter stromaufwärts und trafen am

Franz Tollinger und Franz Dold, die ersten Steyler Missionare in Tirol

Abend in Porto do Cachoeiro de Santa Leopoldina ein, wo sie bei Luiz Holzmeister gastlich aufgenommen wurden. Schnell war die Nachricht von der Ankunft der österreichischen Priester bis hinauf in die Colônia Tirol gedrungen. Sofort machte sich eine Delegation auf den Weg nach „Port" und drängte die Patres, mit ihnen zu kommen. Schon am Montag, dem 18. März, setzte man die beiden auf Maultiere und geleitete sie so nach Tirol, wo sie von den Kolonisten mit großem Jubel begrüßt wurden.

Am Dienstag mussten sie in der mehr als 30 Jahre zuvor von Pater Hadrian gegründeten Kapelle zwei Messen halten. Dieser 19. März 1895, der Tag des Heiligen Josef, wurde von den dankbaren Siedlern wie der wahre und eigentliche Gründungstag der Kolonie gefeiert. Auf jeden Fall aber markiert dieses Datum den Beginn der Steyler Missionstätigkeit in Brasilien. Noch heute erinnert man sich in Tirol gerne an die Ankunft der ersten Steyler Missionare. Im Jubiläumsjahr 1995 wurde vor der Kirche in Tirol die Ankunft der ersten Steyler nachgespielt. Dafür hatte man sogar ein Boot in die Berge geholt und in dem kleinen Bach, der damals noch an der Kirche vorbeifloss, zu Wasser gelassen. Die beiden Laien im Priesterhabit, die sich in dem schmalen Rinnsal mit Stangen bis vor die Kirche stakten, sollten die Ankunft von Dold und Tollinger darstellen, wie sie hundert Jahre zuvor in ihrem Kanu den Santa-Maria-Fluss aufwärts ihren Weg nach Santa Leopoldina gefunden hatten.

Am 19. Mai 1895, einem Sonntag, begannen die beiden Missionare mit den Hochämtern in der Kapelle von Tirol, zu denen die Menschen in Scharen strömten. So manches Kolonistenkind von über 20 Jahren erhielt bei diesen Anlässen seine Erstkommunion. Schon bald wurde den beiden klar, dass ihre Schäfchen nicht daran dachten, sie nach Argentinien weiterreisen zu lassen. Ein Bericht von Dold an den Ordensgeneral Janssen veranlasste diesen, eine Versammlung des Generalkapitels einzuberufen. Auch eine Geldspende der Kolonisten als Ersatz für die Reisekosten der Patres langte bei Janssen ein. Damit wurde signalisiert, dass man bereit war, für die Seelsorger auch finanzielle Opfer zu bringen. – Zwei Monate später kam von Janssen die Nachricht, er werde über die Sache nachdenken. Fürs Erste erlaube er seinen beiden Missionaren aber, nicht sofort abreisen zu müssen. (Vgl. Alt 1989: 1, 149)

Santa Leopoldina gehörte zur Pfarre Queimados und war somit kein eigener Kirchensprengel. Die Grundvoraussetzung für eine Entfaltungsmöglichkeit des Steyler Ordens in Brasilien sah Janssen aber darin, dass jenes Gebiet, in dem seine Missionare wirkten, zu einer eigenen Pfarrei wird. Ein wichtiger Schritt dorthin bestand darin, dass Espírito Santo im November 1895 zu einer eigenen Diözese erklärt wurde. Bis dahin war die Provinz ja von Rio de Janeiro aus verwaltet worden. Dom Néri war anfänglich dem Projekt der Steyler viel gewogener als der Bischof von Nictheroy (heute Niteroi). Néri trat sein Amt am 23. Mai 1897 an. Schon kurz danach hatten Dold und Tollinger eine Audienz bei ihm, wo sie ihm den Standpunkt und die Pläne ihres Generals vortrugen. Tollinger konnte bei dieser Gelegenheit auch seine Vorstellungen von der Gründung einer Konfessionsschule in Tirol vorbringen. Dies war aus katholischer Sicht wichtig, denn an Brasiliens öffentlichen Schulen war damals der Religionsunterricht verboten.

João Batista Corrêa Néri kommt am 28. Februar 1898 sogar persönlich nach Santa Leopoldina, wo er von Tollinger erwartet wird. Am nächsten Tag führen Kolonisten den Bischof nach Tirol. Auf dem Wege dorthin haben sich Leute aus der ganzen Umgebung, aus Mangaraí, Holanda, Meia Légua, California und Luxemburgo eingefunden und bereiten dem Bischof an diesem 1. März 1898 einen triumphalen Empfang. Sie haben ein Zelt errichtet, in dem er sich kurz ausruhen kann. Dann geleiten sie ihren illustren Gast bis vor die einst von Hadrian Lantschner errichtete Kapelle von

Tirol, die im feuchten Urwaldklima inzwischen aber schon recht baufällig geworden ist.

Der ihm zuteil gewordene Empfang musste den Bischof beeindruckt haben, denn schon am 4. März 1898 war Santa Leopoldina eine eigenständige Pfarrei, und Padre Francisco Tollinger wurde ihr erster Vikar. Sitz des Pfarramtes war die Colônia Tirol, und von hier aus sollte Tollinger die Stadt Santa Leopoldina mitbetreuen. Mit dem Innsbrucker Franz Tollinger war ein Geistlicher zu den Tirolern von Santa Leopoldina gekommen, der schon mit 22 Jahren zum Priester geweiht worden war. Außerdem hatte Tollinger schon als junger Student aus erster Hand von seinen ausgewanderten Landsleuten im fernen Brasilien erfahren. Es war nämlich der „Brasilianer" aus Fulpmes gewesen, der wirtschaftlich so erfolgreiche rückgewandte Kaufmann Johann Holzmeister, der im Jahr 1886 dem damals 19-Jährigen von den Tiroler Kolonisten erzählt und ihm eindringlich geschildert hatte, wie sehr diese nach dem Tod Lantschners eine geistliche Führung vermissten. Darauf Bezug nehmend, schreibt 14 Jahre später Tollinger an seine Mutter:

„Dass es mir selbst zunächst beschieden sein sollte, die, so darf man hoffen, jetzt nicht mehr sobald unterbrochene Reihe der Seelsorger dort zu eröffnen, dachte ich freilich nicht, da ich als junger Theologe den ‚Brasilianer' in Vulpmes besuchte, aber vergessen habe ich seine warme Schilderung der geistlichen Not lieber Landsleute nicht mehr." (Tollinger 1900: 458)

Francisco Dold wurde am 29. April 1896 vom Bischof in Niteroi zum Pfarrer von Isabel ernannt. Das lag 16 Reitstunden von Tirol entfernt. Dold beschreibt seine Tätigkeit folgendermaßen:

„Beim Sonntags=Gottesdienst in der Pfarrkirche hat man nur einen sehr kleinen Bruchteil der Pfarrkinder vor sich, und ist es deshalb unbedingt geboten, einigemal im Jahr die einzelnen Kapellen zu besuchen und mindestens eine Woche bei jeder Kapelle zu verweilen. In der ganzen Pfarrei sieht man durchweg Lehmboden, der bei den starken tropischen Regengüssen sehr erweicht wird, so dass größere Versehritte und Kapellenvisitationen zur Regenzeit für den natürlichen Menschen keine Annehmlichkeit sind. Mit Chorrock und Stola bekleidet, die Versehpatene auf der Brust, besteigt man das Reittier, und dann geht's mitunter stundenlang bergauf und bergab, über Bäche und Flüsse bis zum Hause des Kranken. Vor dem Priester sind stets ein oder mehrere Vorreiter mit Versehlaterne und Schelle." (Dold 1896: 275)

Der Ausbau der Steyler-Provinz in Brasilien

Als der Ordensgeneral Janssen von der Arbeitsüberlastung und dem angegriffenen Gesundheitszustand des Tbc-Kranken Dold erfährt, schickt er einen dritten „Padre Francisco" von Steyl nach Brasilien, nämlich Franz Wilms, der nach dreiwöchiger Dampferfahrt am 7. Februar 1896 in Vitória landet. Wilms assistiert Dold in den Kolonien von Santa Leopoldina. Danach reisen die beiden nach Rio de Janeiro, wo sich der Neue dem Bischof vorzustellen hat. Dort aber grassiert gerade das Gelbe Fieber, an dem auch die beiden Reisenden erkranken. Nach der Rückkehr erholt sich der stets kränkliche Dold von der Infektion. Der Zustand des 28-jährigen und sehr kräftig scheinenden Wilms verschlechtert sich hingegen, bis er schließlich am 13. Mai nach einem erst dreimonatigen Aufenthalt in Brasilien im Hause Geraldo Volkers in Santa Isabel stirbt.

So hat trotz aller Vorsicht vonseiten der Missionsleitung die Tropenkrankheit schon sehr bald ein Opfer unter den Missionaren gefordert. Denn Janssen war sich dieser Gefahr sehr wohl bewusst, und nach dem Tod von Wilms bestand er mehr denn je darauf, dass z. B. auch die allfällige Errichtung eines Seminars an einem fieberfreien Ort zu geschehen hätte. Und als Tollinger zu Verhandlungen über die Errichtung eines Priesterseminars nach Petrópolis reisen soll, schärft Janssen ihm ein, „dass Rio nicht bereist werde, auch nicht eine Straße. Direkt zur Eisenbahn." (Brief an Tollinger vom 11.1.1898, s. Alt 1, 234)

Wilms Nachfolger in Santa Isabel wird Pater Pedro Benzerath, der am 27. Juli 1896 seine Arbeit an der Seite Dolds aufnimmt. Im Dezember 1896 werden von Steyl die ersten zwei Missionshelfer nach Brasilien geschickt. Der eine ist der 22-jährige musikalische Franz Speckmeier (Bruder Germano) aus der Gegend von Paderborn, der zu Franz Tollinger nach Tirol kommt und in der dortigen Pfarrschule auch den Deutschunterricht übernimmt. Der andere Missionsbruder ist der 28-jährige Johann Giesen (Bruder Berchmans) aus Brand bei Aachen, welcher der Pfarre Santa Isabel zugeteilt wird. Zehn Monate später werden von Steyl auch noch zwei weitere Priester nach Santa Leopoldina geschickt, nämlich Luis Köster, der bald zum Rektor des Priesterseminars in Vitória ernannt wird, sowie der 24-jährige Leopold Pfad aus Morsleben bei Hildesheim, der Tollinger in Tirol unterstützen soll. Viel weiter im Süden Brasiliens, in den Teilstaaten Paraná und Santa Catarina, beginnt im Oktober 1897 der Steyler Missionar Friedrich Hellenbrock seine Arbeit.

Francisco Tollinger

Dold wird nicht zuletzt wegen seines labilen Gesundheitszustandes nach Europa zurückbeordert. Dort erhält er am 6. August 1898 die Sterbesakramente, worauf sich sein Zustand aber wieder bessert. Der Tbc-kranke Pionier der Steyler in Brasilien stirbt schließlich am 26. April 1944 im Alter von 79 Jahren in Freiburg im Breisgau. – Francisco Tollinger aber sollte für immer in Brasilien bleiben. Nach der Ankunft der beiden Patres war es jedoch der um zwei Jahre ältere Dold, der von Janssen als Leiter des Steyler'schen Unternehmens in Brasilien eingesetzt wurde, es war Dold, der vom Bischof als Erster zum Pfarrer (von Santa Isabel) ernannt wurde, und Dold war es auch, den sich der Bischof von Petrópolis als Rektor des dort einzurichtenden Seminars gewünscht hätte. Während manch anderer Steyler, der später kam als Tollinger, zum Generaloberen der brasilianischen Ordensprovinz, zum Direktor eines Sanatoriums, zum Leiter eines Instituts aufstieg oder es nach der Rückkehr nach Europa dort zu hohen Würden in Rom brachte, blieb der als Seelsorger altgediente und erfahrene Tollinger als örtlicher Oberer oder Vizepraepositus stets in der zweiten Reihe.

Warum das wohl für immer so sein würde, begründet ein für seine damals 30 Jahre bewundernswert selbstkritischer Tollinger in einem Brief an Dold folgendermaßen:

„Zu einem Oberen tauge ich wenig. Selbst zum ‚Sich-gehen-lassen' geneigt, suche ich mich wohl mit dem Bewußtsein der Verantwortung zu erfüllen und glaube auch, es ehrlich zu meinen; aber dann falle ich wieder aus der Rolle; bald läuft mir mein ‚Maul' davon, bald haue ich bezüglich der Regel oder Tagesordnung daneben. Und zu einer fruchtbaren Leitung meiner Mitbrüder steht mir mein galliges Temperament wie anderseits furchtsame Unentschlossenheit in gleicher Weise im Wege. In weniger wichtigen Dingen kann ich freilich sehr widerhaarig sein, aber in wichtigen Angelegenheiten getraue ich mich kaum einen Entschluß zu fassen; in plötzlichen Situationen steht mir leichtlich Verstand und Mundwerk still und verpasse ich den rechten Augenblick."

Trotz dieser Einsicht gesteht Franz Tollinger, der schon mit 22 Jahren zum Priester geweiht wurde, dass ihm die Unterordnung unter einen weniger erfahrenen Mitbruder schwerfallen würde: „Andererseits hätte ich doch wieder Mühe, einem jüngeren, zumal in der Seelsorge unerfahrenen Obern zu gehorchen." (Alt 1989: 1, 227) – Offensichtlich tat sich Tollinger auch mit dem Erwerb der portugiesischen Landessprache nicht so leicht wie Dold. Als ihm Janssen nach der Rückkehr Dolds nach Europa größere Verantwortung übertragen will, stellt er an Tollinger die folgende Bedingung:

„Da die Brasilianer so fein auf die Aussprache sind, so erfordert es die hl. Liebe Gottes, dass Sie, um desto mehr für das Heil der Seelen wirken zu können, nach einer vollendeten brasilianischen Aussprache streben. Ich verlange das auch und muß Sie zur Rechenschaft ziehen, wenn Sie darin das Nötige nicht tun." (Brief von Janssen an Tollinger vom 10.1.1900, s. Alt 1989: 2, 4)

Der Grund für diese Forderung Janssens war wohl der Umstand, dass die Steyler von brasilianischen „Nativisten" wegen ihres Gebrauchs der deutschen Sprache angegriffen worden waren und auch Bischof Néri die Missionare aus Deutschland und Österreich in dieser Sache nicht verteidigen konnte. Tollinger hat sich aber den Menschen in Brasilien mit großem Interesse zugewandt, und seine „ausführlichen und lehrreichen Berichte" wurden von Janssen gerne gelesen. Andererseits dürfte dem gebürtigen Tiroler der Umgang mit brasilianischer Verhandlungstaktik weniger gelegen sein. Als Tollinger den Erwerb eines Grundstücks in Petrópolis für den Bau eines Priesterseminars verhandeln muss, wird er von seinem Chef von Steyl aus wie folgt ferngelenkt: „Zeigen Sie sich als überlegenden, praktisch brauchbaren Mann!" (Alt 1989: 1, 239)

Nach Zwischenaufenthalten in Curitiba (Paraná) ist Francisco Tollinger, dem die Ausbildung der Jugend stets ein besonderes Anliegen war, von 1906 bis 1916 Lehrer und Hauskaplan an der katholischen Handelsschule in Juiz de Fora in Minas Gerais. Als Pater Francisco ab 1928 schließlich wieder viele Jahre als Seelsorger in Tirol und Birirícas (Santa Isabel) wirkt, wird er langsam schon zu Lebzeiten zur Legende. Der Pionier der Steyler Mission in Brasilien, der hier fast 70 Jahre zuvor zusammen mit nur einem einzigen Mitbruder angekommen war, stirbt am 16. Mai 1963 in Juiz de Fora im 97. Lebensjahr. Zu diesem Zeitpunkt zählt die Steyler Missionsgesellschaft in Brasilien 350 Mitglieder.

Im kollektiven Gedächtnis der katholischen Siedler Espírito Santos sind Franz Tollinger und Hadrian Lantschner als die wichtigsten Repräsentanten ihrer Geschichte fest verankert. Und in der Festschrift zum 100-jährigen Bestandsjubiläum des Missionshauses St. Gabriel in Mödling, zu dessen ersten Zöglingen er gehörte, findet ein Foto von Tollinger an prominenter Stelle seinen gebührenden Platz.

Das Vermächtnis der Pioniere von Tirol

Als die Colônia Tirol im März 1898 Sitz der Pfarre Santa Leopoldina wurde, entschloss man sich, die inzwischen schon sehr baufällige Kapelle Hadrian Lantschners durch eine größere neue zu ersetzen. Damals entstand also die Tiroler Kirche in ihrer heutigen Gestalt, wie wir sie weiter oben beschrieben haben. Ihre Grundsteinlegung wurde am 23. August 1898 von Franz Tollinger vollzogen, nachdem am 20. Juli in der alten Kapelle die letzte Messe gehalten worden war. Zu Ostern 1899 feierte man die erste Messe in der neuen Kirche. Der zu diesem Zeitpunkt noch nicht ganz vollendete Sakralbau wurde dem Divino Espírito Santo, als dem Heiligen Geist, geweiht. Die Kirche wurde nach den Plänen des Architekten Pater Beckert in Steyl errichtet, der aber mit seinen Entwürfen die Vorstellungen der alten Kolonisten offensichtlich ganz gut getroffen hat. Die Leitung des Baus oblag Leopold Pfad, Tollingers Cooperator. Tiroler und Westfäler haben zum Bau der Kirche neben ihren vielen Arbeitsleistungen gemeinsam an die 20.000 Milreis an Bargeld aufgebracht. Das entsprach ca. 20.000 österreichischen Kronen, was angesichts des damals sehr niedrigen Kaffeepreises und der dadurch verursachten allgemeinen Geldnot von einer außergewöhnlichen Opferwilligkeit zeugt.

In rührenden Worten gedenkt Franz Tollinger in einem Brief an seine Mutter auch jener alten Tiroler Kolonisten, die sich seit jeher um die Belange von Schule und Kirche verdient gemacht hatten, wobei er einen ganz besonders hervorhebt:

„So der gute alte Joseph Siller aus Vulpmes, ehedem Schmied; bedächtig, aber stets opferwillig, für das Gemeinwohl und im Worte verläßlich, dass man einen Turm darauf bauen konnte. Er war einer von denen, die am treusten am guten Herkommen festhielten, für Kirche und Schule sich viele Mühe und Opfer auferlegten. Wenn er von P. Hadrian sel. sprach, der all die Entbehrungen der Einwanderer teilte, sich ihrer Interessen bei der kirchlichen und staatlichen Obrigkeit annahm, bei seinem Eifer für das geistliche und leibliche Wohl der Kolonisten keine Schonung für sich kannte – wenn der gute Siller davon sprach, wurden ihm die Augen feucht. Als die Kolonisten die alte, sehr baufällige Kapelle niederrissen, um Platz für eine neue größere zu machen, ward's dem guten Siller so schwer ums Herz. Er fürchtete, dass keine neue mehr erstünde, er hatte eben in Brasilien schon viele Enttäuschungen erlebt. Er steuerte aber nach Kräften zum Neubau bei und sah noch die Mauern desselben aus dem Grunde hervorwachsen; da ward er bei der Kaffeeernte von einer Schlange gebissen und starb nach zwei Tagen." (Tollinger 1900: 458)

Einigen anderen von den Pionieren war es aber doch noch vergönnt, die Vollendung der neuen Kirche zu erleben, und besonders einem von ihnen mag das gelungene Bauwerk die beruhigende Gewissheit vermittelt haben, dass seine Generation schließlich doch noch mit Erfolg „die guten heimatlichen Überlieferungen auf ihre Kinder vererbt" haben könnte:

„Georg Steiner, gebürtig aus Zirl, ehedem Schuster. Trotz seiner 70er, seines kranken Beines kam er jeden Tag unfehlbar zur hl. Messe, erst auf seinem alten Grautier, dann, als er dies nicht mehr vertrug, mit Hilfe seines

Stockes zu Fuß den steilen Berg hinab, den sein Anwesen von der Kirche trennt; in seiner Rede lebhaft, guten Humors und geradeheraus, dabei wie Siller eine goldene Seele, stets bereit zu helfen und opferwillig, besonders beim Neubau. Oft blieb er nach der hl. Messe am Kirchplätzchen, um unverdrossen Schindeln zu putzen. ‚Sunst bin i ja za nix mear nutz', entgegnete er dann gutmütig dem Fragenden. Schon kam er längere Zeit bei seinen überhandnehmenden Gebrechen nicht mehr zur Messe, die damals in einem aus drei Zimmerchen hergestellten Saale des Pfarrhauses gefeiert wurde, da litt es ihn nicht mehr zu Hause, als er die Fortschritte des Kirchbaues rühmen hörte. Mühselig schleppte er sich mit Hilfe seiner Kinder hin, fand voller Freude seine Erwartungen übertroffen, war voller Anerkennung gegen alle, die beim Bau mitgewirkt." (Tollinger 1900: 458)

Georg Steiner war somit beim Ausklang des 19. Jahrhunderts einer der Letzten jener Tiroler, die sich viele Jahre zuvor als junge Erwachsene zu einer weiten Reise ohne Wiederkehr durchgerungen hatten. Jetzt, 40 Jahre später, war er einer der wenigen, die den Jüngeren noch ein authentisches Bild von der Welt ihrer Vorfahren vermitteln konnten. Und so kam es, dass in einem stillen Winkel des brasilianischen Urwalds eine kleine Kirche entstehen konnte, wie wir sie weiter oben schon beschrieben haben, nämlich mit einem „Türmchen, so hoch und schlank und keck, wie es die Jungen nach den Schilderungen der Väter nur je von der alten Heimat geträumt" hatten. Der alte Steiner aber „starb bald nach diesem letzten Kirchgang, und so steigt einer nach dem andern in die Grube." (Tollinger 1900: 459)

Die im Jahr 1898 erbaute Kirche von Tirol mit angrenzendem Widum

Maria Ludescher

150 Jahre danach – das Fest zum Jubiläum der Auswanderung

Die Reise

150 Jahre nach der Auswanderung – ein guter Grund, mit den Dorfbewohnern in der „Colonia Tirol" zu feiern. Die Idee für ein groß angelegtes Fest entstand gemeinsam mit den brasilianischen „Tirolern" und nahm rasch konkrete Formen an. Der Wunsch nach einer starken Abordnung aus Tirol unter Beteiligung von Tiroler Musikanten fand in der Ausschreibung ein so großes Echo, dass die Teilnehmerzahl mit 50 Personen limitiert werden musste – wegen der beschränkten Unterbringungsmöglichkeiten in „Tirol", aber auch wegen mangelnder Kapazitäten auf den Transatlantikflügen aufgrund der Panamerican Spiele in Rio de Janeiro.

Wer nach Brasilien reist, muss die Wasserfälle von Iguaçu, das bislang weltgrößte Kraftwerk, sowie den Stausee in Itaipu und die Weltstadt Rio ins Programm aufnehmen. Der vom Reisedienst Alpbachtal erarbeitete Reiseverlauf sah vom 16. bis 24. Juli 2007 neben der 150-Jahr-Feier in „Dorf Tirol" daher auch die Highlights einer Brasilienreise vor.

14 Pitztaler, unter ihnen der Pfarrer aus Wenns, Mag. Otto Gleinser, vier Südtiroler mit dem Arzt Dr. Ulrich Kössler, 18 Musikanten der Musikkapelle Amras unter Leitung von Kapellmeister Paul Bramböck und 14 Interessierte aus Innsbruck mit Stadtrat Christoph Kaufmann als offiziellem Vertreter der Bürgermeisterin der Landeshauptstadt, Hilde Zach, machten sich – geführt von Hannes Gwiggner und Obmann Friedl Ludescher – am 16. Juli 2007 auf den Weg.

Die erste Station: die Wasserfälle von Iguaçu sowie der Stausee und das Kraftwerk Itaipu – zuerst argentinisch von hoch oben, dann am Fuß des Wasserfalls mit dem Boot durch die herabstürzenden Wasser. Am zweiten Tag die brasilianische Seite bei herrlichem Wetter auf guten und sicher angelegten Stegen mitten durch die 3,5 Kilometer breiten Wasserfälle. Ein Schauspiel ohnegleichen – für uns sogar mit einem Regenbogen zum Abschluss. Es folgten der Besuch in der Weltstadt Rio, eine Stadtrundfahrt mit Copacabana, Corcovado und Zuckerhut, wo die Flügelhornisten Georg und Florian Schlögl zum Instrument griffen und tirolische Weisen über das zu Füßen liegende Rio erklingen ließen.

Der erwartete Kulturschock erfasste die Teilnehmer, als sie am 20. Juli in Vitória die Asphaltstraßen verließen und in der Dunkelheit über Sandpisten durch den Urwald Richtung Tirol gefahren wurden. Das Gepäck folgte wegen Platzmangels in einem LKW. Noch vermutete niemand, was ihn erwartete – alle gaben sich einer inneren erwartungsvollen Spannung hin. Als der aus Nassereith stammende Hubert Thöny und dessen Gattin Sueli in der Fazenda Ecologica die Teilnehmer das erste Mal brasilianisch-schmackhaft verköstigten, machte sich Feststimmung breit. 18 Personen fanden Unterkunft in diesem neu errichteten Gasthaus. Für alle anderen ging die Fahrt noch am Abend weiter Richtung oberes Zentrum von Dorf Tirol. In der Pousada Tirol bezogen die Musikanten in Vierbettzimmern Quartier, alle anderen wurden in der sogenannten Krankenstation oder privat untergebracht.

Das Fest

Am 21. Juli 2007, einem Samstag, machten sich die „trainierten Geher" auf den Weg zum Schwarzen Felsen, wo eine Gipfelmesse angesetzt war. Der Felsen aus blankem Granit ist rund geschliffen, ihn zu begehen nur bei bestem Wetter ratsam. Ein Klapptisch als Altar war nicht aufzutreiben, Pfarrer Otto Gleinser erwies sich aber als praktischer und unkomplizierter Mensch und stellte aus mehreren Rucksäcken, einem Brett und einem weißen Tuch einen brauchbaren „Feldaltar" zusammen.

Um acht Uhr früh brachte uns bei bilderbuchartig schönem Wetter ein Lastwagen auf holprigen Wegen zum Einstieg, wo wir den schweißtreibenden Anstieg begannen. Pfarrer Gleinser hielt eine würdige Gipfelmesse, untermalt von den Klarinettisten und den schon in Rio aufgetretenen Flügelhornisten. Dr. Kössler ministrierte perfekt, Einwohner brachten Altarblumen und feierten in großer Zahl den Gottesdienst mit. Vielen merkte man an, dass auch sie zum ersten Mal auf dem nahe gelegenen Schwarzen Felsen waren, mit Blick auf „Tirol" und zum nahen Meer bei Vitória.

In der Zwischenzeit unternahm die „nichtalpine" Gruppe unter der Führung des einheimischen Deutschlehrers José Schaeffer eine Urwaldwanderung – mit ungeahnten Schwierigkeiten und Tücken. Den Weg durch den Urwald hatte Schaeffer mit seinem Sohn kurz vorher schnell ausgehauen, sodass ein Durchkommen halbwegs möglich war. Das Mittagessen im Lehrerhaus entschädigte für die Mühe – Lourdie Schaeffer, eine großartige Köchin, und deren bildhübschen Töchter waren dafür verantwortlich.

Beide Gruppen trafen sich später am kleinen See bei der Pousada, wo das Preisfischen stattfand. 15 von einem italienischstämmigen „Dorf-Tiroler" selbst gefertigte Angeln standen bereit, und das Ufer füllte sich mit einheimischen und Tiroler Anglern. Eines sei vorweggenommen: Den größten Fisch in der kürzesten Zeit fing Paul Bramböck, der Kapellmeister der Amraser. Als Trost für die Einheimischen spendete er ihnen seinen Preis, eine 5-l-Flasche Wein.

Langsam machte sich Betriebsamkeit am Platz breit, der Tiroler Abend kündigte sich an. Die Bewohner hatten Tribünen errichtet und die Lagerhalle der Genossenschaft zum Tanzsaal umfunktioniert, zahlreiche Stände lockten mit Köstlichkeiten aller Art. Eine ganze Woche lang hatte man gearbeitet, um den Abend perfekt vorzubereiten. Der laue Winterabend (in Brasilien ist im Juli Winter) gab das Seine dazu.

Eva Thomas, das musikalische Aushängeschild von Dorf Tirol, trat, begleitet von ihrem Vater Vital, auf. Sie agierte in Bestform und begeisterte alle mit deutschen, englischen und brasilianischen Liedern aus allen Genres. Die Musikanten aus Amras zeigten sich wie immer in großartiger Spiellaune und faszinierten wiederum die Einheimischen. Es wurde getanzt und geklatscht, es herrschte beste Stimmung – ganz so, wie man es sich wünscht. Den Abschluss bildete ein Tanzmusik-Trio aus einer Nachbargemeinde, deren mitreißende Rhythmen uns nicht ans Schlafengehen denken ließen.

Am Sonntag, dem 22. Juli – der Festplatz war schon in aller Früh gesäubert worden –, erwartete uns wieder ein strahlender Tag. Schon um acht Uhr früh wurden die Musikanten auf dem Lastwagen zum „Fußballplatz" gekarrt, um dort als Fußballer aufzutreten. Der Platz war ein ziemlich ebenes, mit zwei Toren bestücktes Feld, auf dem sonst Kühe grasen. Oskar Endringer, der Besitzer des unvergleichlichen Geschäfts neben der Kirche, hatte es zur Verfügung gestellt. Anpfiff um 8 Uhr 30. Warum so früh, und würde sich das vor der Festmesse überhaupt ausgehen? So lautete bei den Organisatoren die Frage.

Antwort: „So früh, weil es sonst zu heiß wäre für die Europäer – und bis zum Gottesdienst ausgehen würde es sich allemal. Schließlich sind wir in Brasilien, wo es erstens keinen Stress gibt und zweitens die Festmesse ohne geduschte und umgezogene Musikanten nicht beginnt. Punkt."

Die Details des Fußballspiels: Tirol-Brasil spielte barfuß gegen Tirol-Austria in Turn- und Bergschuhen. Es gab Tore mit Netzen und einen profimäßigen Schiedsrichter, die Spielzeit betrug 2 x 15 Minuten – wohl auch, um die Verletzungsgefahr einzuschränken.

Die Zuschauer waren bereits in Festkleidung, und Teamarzt Kössler in Erwartung (die sich leider auch erfüllte). Unser Hoffnungsträger Christian Ullmann zog sich einen Muskeleinriss zu, was ihn wohl sportlich, nicht aber musikalisch beeinträchtigte. Die Musikanten retteten die Ehre der Tiroler – das Spiel ging nicht zweistellig verloren; was ein kleines Wunder war bei der brasilianischen Fußballeuphorie. Der Einsatz war gewaltig. Die Hymne am Anfang und der „Leiberltausch" am Ende müssen erwähnt werden. Alles fand unter fanatischen Zurufen des Publikums statt.

Nach dem Spiel schnell wieder ein paar holprige Kilometer auf dem staubigen LKW zum Umziehen und Instrumente-Holen – die Priesterschaft und die Ehrengäste warteten schon vor der Kirche, die innen zum Bersten voll war. Die Festmesse feierten Padre Carlos Kelalu, der Pfarrer von Santa Leopoldina, und Konzelebrant Otto Gleinser. Die Amraser Musikanten umrahmten den Gottesdienst in beeindruckender Weise, Ronilson Alvez dos Santos übersetzte die Predigten der Zelebranten. Die Einheimischen spendeten, ihrer berührend frommen Art entsprechend, des Öfteren Applaus, die Messe dauerte über zwei Stunden. „So etwas wäre in Tirol niemals möglich", meinte Pfarrer Gleinser.

Das Festkonzert der Amraser leitete zu den Festreden über. Unter den Ehrengästen befanden sich Generalkonsul Reinhold Steinberger, Landtagsabgeordnete, der Bürgermeister von Dreizehnlinden, Bürgermeister Fernando Rocha aus Santa Leopoldina und viele mehr. Ein Fernsehteam filmte und interviewte Einheimische und Gäste, Gemeinderat Christoph Kaufmann überbrachte Grüße aus der Heimat und überreichte im Auftrag der Innsbrucker Bürgermeisterin Hilde Zach Geschenke. Auch der Obmann des Vereins Tirol–Brasil, Friedl Ludescher, brachte seine Freude über das Fest zum Ausdruck, Tirol in Brasilien wurden Rosen gestreut und an die Auswanderung erinnert.

Die Dr.-Alois-Partl-Schule in Tirol do Brasil

Erinnerung an die 150-Jahr-Feier im Juli 2007

Pfarrer Otto Gleinser (Wenns)   *Teilnehmer aus Österreich an der Gipfelmesse*

Festteilnehmer aus Amras und aus dem Pitztal vor der Kirche in Tirol do Brasil

Amraser Musikanten auf dem Zuckerhut mit Blick auf die Copacabana

Generalkonsul Reinhold Steinberger und Innsbrucks Stadtrat Christoph Kaufmann im Gespräch

Auf dem Kirchplatz drängten sich unzählige Menschen und Folkloregruppen aus den umliegenden Dörfern und Städten. Musik- und Tanzeinlagen – auch ein Chor aus „Dorf Tirol" unter Leitung von Doris Kloimstein sang Tiroler Lieder – beherrschten den Nachmittag, und auf dem Sandplatz, der Tage zuvor mehrmals gewalzt worden war, wurde getanzt bis zum Einbruch der Dunkelheit. In Dorf Tirol ist dies meistens ein Zeichen für das Ende eines Festes – nicht aber, wenn die Amraser Musikanten dabei sind: Das Fest ging eben in der Pousada Tirol unter der Teilnahme von vielen staunenden Bewohnern weiter und irgendwann zu Ende.

Montagvormittag: Eine Urwaldwanderung zu den Wasserfällen mit dem Besuch eines der ältesten Siedlerhäuser war für einen Großteil der Gruppe angesagt. Hubert Thöny führte und erklärte viel Wissenswertes über das Dorf und seine Struktur und auch über die Pflanzen und Tierwelt. Die Teilnehmer aus dem Pitztal hingegen besuchten die Nachfahren der Auswanderer von Arzl im Pitztal, die Familie Helmer, und konnten mit ihnen noch einmal plaudern und sich von ihnen herzlich verabschieden. Ein großartiges Erlebnis, wie sie bekundeten. Schließlich hatte Pfarrer Gleinser noch am Vortag nach der Festmesse die Zwillinge der Familie getauft, Andrea und Gebhard Rimml aus dem Pitztal hatten die Ehre, als Taufpaten zu fungieren.

Am Nachmittag hätte sich die Reisegruppe teilen sollen – in die eine Gruppe, die zum Flug in die Verlängerungstage nach Salvador de Bahia vorgesehen war, und in die andere, die noch einen Abend und eine Nacht in Tirol verbringen sollte. Die brasilianische Fluglinie machte einen Strich durch unsere Rechnung und stornierte einen Flug, sodass wir alle gemeinsam abreisen mussten, um andere Verbindungen zu erreichen – sehr zur Enttäuschung einiger, die Dorf Tirol inzwischen lieb gewonnen hatten und gern noch geblieben wären.

Die Ab- und Heimreisen verliefen bis auf eine ungeplante Übernachtung in São Paulo problemlos. Salvador de Bahia bescherte der Verlängerungsgruppe nach einer durchwachten Nacht am Flughafen weitere Erlebnisse: die Besichtigung der wunderschönen Altstadt, den traumhaft warmen Atlantik, die Unterbringung in einer sympathischen Hotelanlage, kulinarische Köstlichkeiten und beste Stimmung – insgesamt eine fröhliche und harmonische Gruppe. Sogar Pfarrer Gleinser wagte am letzten Tag den Sprung ins Meer und kämpfte tapfer gegen die atlantischen Wellen.

Der veranstaltende Verein „Tirol-Brasil" unter Friedl Ludescher und der Reisedienst Alpbachtal mit Hannes Gwiggner möchten an dieser Stelle ihre Freude über die homogene und stets freudig teilnehmende Gruppe ausdrücken und für alle Beiträge, welcher Art auch immer, herzlich danken. Obwohl eine derart gelungene Reise kaum wiederholbar ist, soll sie doch Ansporn für alle sein, die vorhaben, die „Colônia Tirol" zu besuchen.

Damit könnte ein Beitrag für die Zukunft der Bewohner geleistet werden – die Belebung des Tourismus.

Kommentare von Reiseteilnehmern

Andrea und Gebhard Rimml (aus Arzl im Pitztal)
Es war eine sehr schöne Zeit im Dorf Tirol. Wir alle sind sehr herzlich empfangen und bewirtet worden. Die Feierlichkeiten zur 150-Jahr-Feier waren bestens organisiert. Unsere persönlichen Höhepunkte waren der Besuch bei der Familie von Bernhard Helmer und natürlich die Taufe seiner Enkelkinder, der Zwillinge Emilie und Kathily Helmer, für die wir die Patenschaft übernommen haben. Zwei seiner Söhne, Vanirio und Valerio Helmer, hatten wir schon bei ihrem Arbeitsaufenthalt am Pitztaler Gletscher im Winter 2005/2006 kennengelernt.

Wie wir aus Nachforschungen wissen, sind die Helmers Nachkommen der Josefa Rimml, die mit Mann und Kindern ausgewandert war. Dadurch haben wir eine ganz besondere Verbindung zum Dorf Tirol. Wir werden Dorf Tirol bestimmt wieder einmal besuchen – es ist faszinierend und abenteuerlich, so anders und trotzdem so vertraut.

Erika Ehrhart (aus Arzl im Pitztal)
Es ist bewundernswert, wie diese Menschen bei der Hitze mit einfachen Mitteln alles händisch ohne Maschinen bearbeiten. Ich hatte eine gute Unterkunft, es fehlte mir an nichts. Alle waren sehr freundlich und hilfsbereit, und einige sprachen zu meiner Freude Tirolerisch. Beim Fest feierte eine bunte Menschenmenge eine sehr schöne heilige Messe in der Kirche von Dorf Tirol.

Anschließend war für Speis und Trank und gute Unterhaltung vor allem durch die Folkloregruppen bestens gesorgt. Ich kann nur sagen, es war einfach schön – aber viel zu kurz. Gern würde ich das Dorf Tirol wieder besuchen, um noch mehr davon kennenzulernen.

Agnes und Adolf Knabl (aus Arzl im Pitztal)
Für uns Bergbauern war es ein besonderes Erlebnis, mit den Söhnen von Bernhard Helmer einen Spaziergang durch den Bananenberg zu den Pflanzungen und zuletzt zur Mühle zu machen. Man sieht, da gibt es Arbeit genug. Abschließend gab es ein gutes Mittagessen aus eigenen Produkten, von den jungen Frauen gekocht. Wir mussten selber jahrzehntelang mit sehr wenig Geld auskommen. Zum Neubau unseres Wirtschaftsgebäudes wären wir ohne finanzielle Hilfe nicht in der Lage gewesen. Deshalb können wir uns gut in die Situation der heutigen Dorf Tiroler hineinfühlen.

Marianne Lippl und Edith Kopp (aus Arzl im Pitztal)
Die Reise nach Brasilien war für uns etwas Besonderes. Im Gegensatz zu den Auswanderern vor 150 Jahren erreichten wir das Land in nur einem Flugtag. Wir waren sehr gespannt auf Brasilien, im Speziellen natürlich auf Dorf Tirol. Ein bisschen wussten wir aus den Erzählungen der Brüder Vani und Leo Helmer, die wir ein Jahr zuvor bei ihrem Arbeitsaufenthalt im Pitztal kennengelernt hatten. Unvorstellbar für uns waren und sind die weiten Wege, von Straßen in unserem Sinn kann man nicht reden. Für uns unverständlich ist, dass es keinen Dorfkern gibt, da die einzelnen Höfe zu weit auseinander liegen. Das heißt natürlich auch wenig gemeinsame Aktivitäten, da immer wieder weite Strecken zurückzulegen sind. Das bedeutet aber auch, dass für den Schulbesuch, den Kirchenbesuch und dergleichen viel Wegzeit eingeplant werden muss.

Höhepunkte für uns waren die 150-Jahr-Feier, bei der wir durch die Darbietungen der Folkloregruppen aus verschiedenen Auswanderungsnationen ein buntes Bild an Brauchtum erlebten, die Besuche bei den einzelnen Familien und die Urwaldwanderung. Viel Spaß hatten wir auch beim Fußballspiel Tirol gegen Dorf Tirol, bei dem die barfüßigen Spieler aus Dorf Tirol überlegen gewannen. Überrascht waren wir, dass doch noch einige Mundart sprechen. So gab es viele interessante Gespräche, die kleine Einblicke in das Leben gaben. Die Situation der bäuerlichen Bevölkerung scheint der unserer Bergbauern vor einigen Jahrzehnten zu gleichen. Das Land ist nicht einfach zu bewirtschaften, es stehen fast keine technischen Hilfsmittel zur Verfügung und die Preise für landwirtschaftliche Produkte sind, wie bei uns im Keller.

Der geplante Straßenbau ist sicher die wichtigste Voraussetzung für die Schaffung von weiteren Möglichkeiten, den Lebensunterhalt der Familien vor Ort zu gewährleisten. Sei es durch mehr und vielfältigere Ausbildungsmöglichkeiten, die Veredelung der landwirtschaftlichen Produkte oder durch den Ausbau des Tourismus.

Tina Spiss (aus Arzl im Pitztal)
Noch nie bin ich derart unvorbereitet in einen Urlaub gestartet, doch im vollen Vertrauen auf Gebhard Rimml und dank seiner Überredungskünste bestieg ich den Bus nach München. Erstmals im Flugzeug hatte ich Gelegenheit, Ablauf und Programm der Reise genauer zu studieren. Das Ganze sah nach einem sehr intensiven Trip mit wenig Zeit zum Verschnaufen aus. Und so war es dann auch. Ich konnte die unterschiedlichsten Eindrücke von einem phantastischen Land und seinen Bewohnern sammeln. Zuerst Luxus pur mit den Wasserfällen und Rio und dann der große Gegensatz im Dorf Tirol.

Überrascht haben mich der reibungslose Ablauf mit einer so großen Gruppe und die vorzügliche Organisation. Bisher habe ich Reisen dieser Art gemieden. Speziell durch meinen Krankheitsfall bin ich natürlich sehr dankbar, einen Reiseleiter wie Hannes Gwiggner dabei gehabt zu haben. Vergelt's Gott an alle für ihre Anteilnahme und Fürsorge. (Anmerkung der Redaktion: Tina Spiss hat sich durch einen Insektenstich schwer infiziert, wollte die Reise aber nicht abbrechen und musste gleich nach der Landung in München für mehrere Wochen ins Krankenhaus.) Diese Reise ist für mich ein unvergessliches Erlebnis mit wundervollen Eindrücken und Begegnungen, die Lust auf mehr gemacht haben. Vor allem die Herzlichkeit der Bewohner im Dorf Tirol und ihre Gastfreundlichkeit sowie ihre einfache, aber zufriedene Lebensweise haben mich zutiefst beeindruckt. Das war sicherlich nicht mein letzter Besuch im Dorf Tirol!

Friedl Ludescher
Nachwort des Herausgebers

Die Zukunft für „Dorf Tirol" in Brasilien hat schon begonnen …
Die Repräsentanten des Vereins „Tirol-Brasil" sind einhellig der Meinung, dass nach der durch den Tod von Tarcizio Thomas im Jahr 2003 entstandenen Stagnation viel geschehen ist. Es herrscht Aufbruchsstimmung, hervorgerufen vor allem durch die Saisonarbeiter, die mittlerweile in den Tourismusbetrieben der Tiroler Gletscherschigebiete arbeiteten und in Dorf Tirol eine neue Führungsgeneration bilden. Europäische Arbeitsauffassung und Zeitplanung, die Funktion touristischer Einrichtungen – all dies haben sie kennengelernt, und sie sind gewillt, in Eigeninitiative Altes wiederzubeleben und kreativ Neues zu beginnen. Somit sind sie unsere Hoffnungsträger für die Zukunft. Wir sind überzeugt, dass zukünftige Saisonarbeiter das bestehende Team harmonisch ergänzen und die wirtschaftlichen und touristischen Chancen von Tirol do Brasil erkennen und nützen werden. Die Wiedereröffnung der Pousada Tirol unter Führung der Agritical ist ein erster Schritt, dem weitere Initiativen folgen müssen. Der „sanfte" Tourismus im Allgemeinen und die Liebe der Brasilianer zur Natur sind eine Riesenchance für „unser" Tirol.

Wenn nun ab den Jahren 2009/2010 eine gut ausgebaute und asphaltierte Straße bis Dorf Tirol führen wird, können viele Städter mit Autos oder Bussen ins „Kalte Land" von Tirol gelangen. Es wird an den Tirolern liegen, die Gäste freundlich zu empfangen, mit Eigenbauprodukten gut zu verpflegen und ihnen die Schönheiten ihrer Heimat in liebenswürdiger Form zu präsentieren. Dann werden sich auch Investoren finden.

Wenn auch Sie, liebe Leserin, lieber Leser dieses Buches, den Wunsch verspüren, dem kleinen Fleck in Brasilien Sympathie entgegenzubringen und eine Unterstützung zukommen zu lassen, dann können Sie das in mehrfacher Weise tun: Sie können dem Verein „Tirol-Brasil" (Vereinsregister ZVR: 856896201) beitreten, dem Verein eine finanzielle Unterstützung zukommen lassen, an den Informationsveranstaltungen teilnehmen oder aber – eine Reise nach Brasilien unternehmen und Dorf Tirol in Ihr Besichtigungsprogramm aufnehmen. Wenn Sie sich von den Strapazen unserer lauten Welt erholen wollen, Tirol do Brasil ist der geeignete Ort dafür.

Der Autor Dr. Wilfried Schabus hat seine letzten Wahrnehmungen in einer Zeit geschrieben, als der Umbruch zwar schon eingeleitet, aber äußerlich noch nicht wirklich erkennbar war. Es war eine Zeit des Interregnums zwischen den „Alten" und den „Jungen". Die Lethargie des scheinbar Vergessen-Seins von den brasilianischen Behörden und dem Staat herrschte vor. Eine beklemmende Führungslosigkeit hemmte wichtige Entscheidungen.

Aber es hat sich sehr viel verändert und getan in den vergangenen Jahren. Der Umbruch in das „neue Zeitalter" hat wohl mit unseren Zivildienern, der Zuwendung des Bürgermeisters von Santa Leopoldina und der verjüngten Führung der Agritical zu tun. Ein neues Selbstbewusstsein über Werte und Schätze ihrer Heimat ließ die Tiroler aufwachen und erkennen, dass sie ihr Schicksal selber in die Hand nehmen müssen. Das Land ist fruchtbar, jeder kann relativ gut leben, und niemand muss Hunger leiden. Die Schönheit des Landes wird durch die herrliche Mischung aus altem Urwald, Bananenhainen, Kaffeepflanzungen, Guavengärten und Ingwerfeldern, unterbrochen von Viehweiden, die unseren alpenländischen Almen ähnlich sind, und von kleinen Weinbaugebieten geprägt.

Das angenehme Klima in Alto Tirol lässt die Lage in den Tropen vergessen und einen nachts gut schlafen. Dieser Flecken Erde in der Mata Atlantica versetzt einen aber auch unvermutet und unerwartet in ein Bergtal, das in Tirol oder Südtirol liegen könnte. Unübersehbar taucht neben der Straße eine Tiroler Kirche auf, deren Schmuckstück ein mit Grödner Schnitzfiguren umrahmter Altar ist. Ihre Renovierung werden wir zusammen mit unseren Südtiroler Freunden, der Gemeinde Santa Leopoldina und dem Bundesstaat Espírito Santo in Angriff nehmen, um sie zu erhalten und stolz herzeigen zu können. Markant und behäbig breit links davon die „Dr.-Alois-Partl-Schule" und rechts das Widum. Die Aufschrift auf der Schule verheißt, dass neben Brasilianisch-Portugiesisch auch Deutsch als erste Fremdsprache unterrichtet wird. In dieser Gegend spricht oder versteht fast jeder Deutsch oder kennt zumindest jemanden, der in dieser Sprache weiterhelfen kann.

Was macht mich so sicher, dass in Dorf Tirol eine neue Zeit angebrochen ist, wo doch die Probleme der Tiroler Einwanderer bekannt sind? Aus tiefer Not haben sie vor 150 Jahren in Brasilien eine ungewisse Zukunft begonnen, haben sich in den Urwald gewagt, um ihn zu roden und zu bepflanzen. Sie haben die Höhen und Tiefen der wirtschaftlichen Entwicklung mitgemacht. Manche haben es zu bescheidenem Wohlstand gebracht, den die großen Wirtschaftskrisen zunichte machten. Durch die Tiroler Mundart fühlte man sich als Fremdling, ehe man plötzlich als „Sprachinsel" entdeckt wurde.

Der Besuch von Alt-Landeshauptmann Dr. Alois Partl ließ die brasilianischen Tiroler wieder auf die alte Heimat hoffen. Dann folgte zunächst eine nicht immer und überall zielgenau eingesetzte und problemorientierte „Entwicklungshilfe", die teilweise unerwünscht oder unnötig war und von der nur einige wenige am meisten profitierten. Das brachte Missgunst, Neid und hemmte das Zusammengehörigkeitsgefühl und die Kommunikation. Es gab Fehlschläge und Fehlentwicklungen, doch wurde in dieser Zeit auch eine Infrastruktur errichtet, auf deren Basis heute mehr denn je aufgebaut werden kann. Landeshauptmann Dr. Luis Durnwalder war ein weiterer Hoffnungsträger. Er überzeugte die führenden Persönlichkeiten der Colônia Tirol, der Gemeinde Santa Leopoldina und Espírito Santos von der Notwendigkeit einer Asphaltstraße. Das gab Hoffnung und Ansporn für die Jungen, nicht aufzugeben, sondern Verdienstmöglichkeiten im österreichischen Tirol zu suchen, um ihre Häuser in der brasilianischen Heimat neu zu bauen. Viel verloren Geglaubtes kehrte nach und nach zurück: Die Tiroler Weihnachtskrippe wurde ausfindig gemacht und kehrte an ihren angestammten Platz in die 1898 erbaute Tiroler Kirche zurück. Die verschwundenen, kunstvollen Glasfenster der Martinskapelle tauchten auf. Das Dach der Kapelle wurde neu mit Schindeln eingedeckt. Die Oficina Stubai, die jahrelang gut sichtbar ungenutzt an der Straße stand und plakativ die Hilf- und Hoffnungslosigkeit der Tiroler vor Augen führte, wird von Naldi und Marcelo Giesen als Werkstatt belebt. So hatte es sich damals der Spender vorgestellt.

Die Genossenschaft Agritical modernisierte sich auf der Führungsebene und in der Umgestaltung der Statuten, die eine Öffnung zulässt und die Organisation nach wirtschaftlichen Richtlinien ermöglicht.

Der Gasthof Tirol ist wieder eröffnet und hat einen frisch geschotterten Vorplatz. Zudem wurden Internetplätze eingerichtet, die eine zusätzliche Einkommensquelle darstellen. Die Website des Gasthofs lautet www.pousadadotirol.com.br und wird ständig aktualisiert.

Die Jugendlichen und Schüler begannen wieder, miteinander zu musizieren und Flöte und Gitarre zu spielen. Eine Volkstanzgruppe ist im Aufbau, und die Gemeinde Santa Leopoldina hat einen Fußballplatz versprochen, nur wenige Meter vom Gasthaus entfernt.

Vom Versuchsgarten aus wird gerade ein Pflanzen- und Urwaldlehrpfad erschlossen, der unter der Bezeichnung „Rota da horta" den zukünftigen Besuchern von Dorf Tirol die Schönheiten der Natur lehrreich vor Augen führen soll.

Viele schöne neue Häuser werden in Ziegelbauweise errichtet, teilweise mit prächtigen Zufahrten. In fast jeder Familie hat jemand ein Motorrad. Es gibt kaum mehr Haushalte ohne Fernseher, das Celular-Telefon hat unter der uns vertrauten Bezeichnung „Handy" Einzug gehalten, und die Ereignisse in der Welt können wahrgenommen werden. Der Ausbau der Straße macht große Fortschritte und wird in ein bis zwei Jahren beendet sein. Verkehrs- und Kommunikationswege haben sich auf Anregung und mit finanzieller Hilfe der Länder Tirol und Südtirol enorm verbessert.

Aus den vielen begonnenen oder bereits umgesetzten Neuerungen ist eine besonders hervorzuheben: die Idee der „Rota Imperial" von Santa Leopoldina über Tirol nach Ouro Preto. Sie wird bereits eifrig beworben, so können Besucher bald die kaiserlichen Wege vergangener Zeiten befahren und die Kulturgüter besichtigen, von denen einige in Dorf Tirol stehen.

Die zurückhaltende Liebenswürdigkeit und der etwas verschlossene und versteckte Charme der Bevölkerung, die Schüchternheit der Kinder und die Skepsis allem Fremden und Neuen gegenüber sind immer noch Wesenszüge der Nachfahren der Tiroler Auswanderer. Die rasante Weiterentwicklung und Öffnung zu einem erschlossenen und aufgeschlossenen Refugium inmitten der noch heilen landschaftlichen Schönheit der Ausläufer der Mata Atlantica mit touristischer Zukunft sind enorm und unaufhaltsam.

Die Uhren mögen „drüben" zwar langsamer gehen als bei uns in Europa – aber sie gehen richtig. Erleben daher auch Sie in Tirol do Brasil einen gemütlichen, genussreichen Urlaub.

Ein Abstecher zu den „Tiroler Landsleuten" sollte Pflichtübung sein für Brasilienurlauber und -besucher, insbesondere für jene, die zur Fußball-Weltmeisterschaft im Jahr 2014 und zu den Olympischen Sommerspielen im Jahr 2016 reisen. Beide Großereignisse finden in Brasilien statt.

LITERATURVERZEICHNIS

Albrich, Thomas: Goldjäger aus Tirol. „Von Kitzbühel nach Kalifornien über Kufstein". Das Tagebuch des Joseph Steinberger 1851/52. Innsbruck: Studien Verlag 2008.

Alt, Josef SVD (Hg.): Arnold Janssen SVD, Briefe nach Südamerika. 4 Bde. Hg. u. komm. v. Josef Alt SVD. Nettetal: Steyler Verlag 1989. (= Studia Instituti Missiologici Societatis Verbi Divini Sankt Augustin. 43.)

Beyhaut, Gustavo: Süd- und Mittelamerika II. Von der Unabhängigkeit bis zur Krise der Gegenwart. Frankfurt/M. 1965. (= Fischer Weltgeschichte. 23.)

Bornemann, Fritz SVD (Hg.): Geschichte unserer Gesellschaft. Rom 1981. (= Analecta SVD 54).

Brasilianische Menschenjagd in Deutschland. Besonderer Abdruck aus der Illustrirten Zeitung. Leipzig: Verlagsbuchhandlung J. J. Weber 1858.

Bruckmüller, Ernst: Sozialgeschichte Österreichs. Wien, München: Herold 1985.

Brunner, P. Hans SVD: Am Anfang stand ein Brief. In: Stadt Gottes. Familienzeitschrift der Steyler Missionare. 119. Jg. (Nov. 1995), S. 4–7.

[Bucher, P. Rupert]: Getreuer Bericht über die Kolonieverhältnisse in Brasilien zur Warnung vor leichtsinniger Auswanderung und zur Belehrung für jene, die dennoch auswandern wollen. Von einem deutschen Pfarrer in Südbrasilien. Innsbruck: Verlag der Wagner'schen Buchhandlung 1861. [Anonym erschienen].

Buysse, Frans: De Zeeuwse Gemeenschap van Holanda, Brazilië (1858–1982). Een antropologische studie over integratie en identiteit. Doctoraalscriptie culturele antropologie. (= Bijdragen tot de geschiedenis van West-Zeeuws-Vlaanderen. Nr. 13). Nijmegen 1984.

Catalogus Sodalium Societas Verbi Divini.

Demoner, Sonia Maria: A Presença de Missionários Capuchinos no Espírito Santo. – Século XIX. Vitória E. S. 1983.

Dold, Francisco SVD: Eine 50jährige deutsche Kolonie in Brasilien. In: Die Stadt Gottes. Illustrirte Zeitschrift für das katholische Volk. 20. Jg. Steyl 1897. S. 274–276.

Fausel, Erich: Die deutschbrasilianische Sprachmischung. Probleme, Vorgang und Wortbestand. Berlin 1959.

Festschrift = 100 Jahre Missionshaus St. Gabriel. 1889–1989. Mödling 1989.

Fontana, Josef u. a.: Geschichte des Landes Tirol. 4 Bde. Bd. 1: Die Zeit von 1848 bis 1970.

Forster, Nicolas/Steidl, Annemarie: Die österreichische Auswanderung nach Brasilien unter besonderer Berücksichtigung computerunterstützter geographischer Informationssysteme. Wien 2002. [Seminararbeit]

Fouquet, Carlos: Der deutsche Einwanderer und seine Nachkommen in Brasilien. 1808–1824–1974. São Paulo, Pôrto Alegre: Federação dos Centros Culturais „25 de Julho" 1974.

Glade, Winfried SVD: Arnold Janssen und Maria Enzersdorf. Maria Enzersdorf 2007. (= Maria Enzersdorfer Kulturblätter, Heft 3).

Görlich, Ernst Joseph/Romanik, Felix: Geschichte Österreichs. Mit 8 Dokumentar-Kunstdruckbildern. Wiederauflage Wien: Tosa 1995.

Grosselli, Renzo Maria: Colonie Imperiali nella Terra del Caffé. Contadini i Trentini (Veneti e Lombardi) nelle Foreste Brasiliane. Parte 2: Espirito Santo 1874–1900. Trento 1986.

Grosselli, Renzo Maria: Il Tirolese. Verona: Cierre edizioni 2007.

Gruber, Paul SVD: Bilder aus dem Missionsleben in Brasilien. In: Stadt Gottes. Illustrirte Zeitschrift für das katholische Volk. 25. Jg. Steyl 1902.

Harb, Rudolf/Hölzl, Sebastian/Stöger, Peter: TIROL. Texte und Bilder zur Landesgeschichte. 2. Aufl., Innsbruck 1985.

Hansen, Christine: Die deutsche Auswanderung im 19. Jahrhundert – ein Mittel zur Lösung sozialer und sozialpolitischer Probleme? In: Deutsche Amerikaauswanderung im 19. Jahrhundert. Sozialgeschichtliche Beiträge. Hrsg. v. Günter Moltmann. (= Amerikastudien/American-Studies. Eine Schriftenreihe. Bd. 44). Stuttgart 1976. S. 9–61.

Hohenegg, Agapit/Zierler, Peter Baptist: Geschichte der tirolischen Kapuziner-Ordensprovinz (1593–1893). Bd. 2.

Hölzl, Sebastian/Schermer, Hans: Tiroler Erbhofbuch. Red. u. gestaltet v. Michael Forcher. 1. Bd.: Nord- und Osttirol. Innsbruck 1986.

Ilg, Karl: Die Wiederentdeckung „Tirols" im Urwald von Espirito Santo, Brasilien. In: Troger, Ernst (Hg.): Festschrift für Univ.-Prof. Dr. Franz Huter. Innsbruck: Universitätsverlag Wagner 1969, S. 217–227.

Ilg, Karl: Heimat Südamerika. Brasilien und Peru. Leistung und Schicksal deutschsprachiger Siedler. Mit 47 Farbbildern, 26 Zeichnungen und 12 Karten. Innsbruck, Wien 1982.

Jäger, Georg: Kleinhäusler und Schellenschmiede, Früchtehändler und Pfarrwirte. Zur Tradition ländlicher Gewerbe in Tirol. Innsbruck: Universitätsverlag Wagner 2005. (= Tiroler Wirtschaftsstudien 56).

Kerst [Geheimer Regierungsrath]: Brasilianische Zustände der Gegenwart. Berlin 1953. Zitiert nach: Tiroler Bothe (1853), 419, sowie nach: Brasilianische Menschenjagd [...]

Kloimstein, Doris: Blumenküsser. Kurzgeschichten aus dem Atlantischen Urwald Brasiliens. Aspach/Wien/Meran: edition innsalz 2006.

Köster, P. Ludwig: Ein Wallfahrtsort in Brasilien. In: Stadt Gottes. Illustrirte Zeitschrift für das katholische Volk. 23. Jg. S. 105–108, 154–155. Steyl: Missionsdruckerei 1900.

Marschalck, Peter: Deutsche Überseewanderung im 19. Jahrhundert. Ein Beitrag zur soziologischen Theorie der Bevölkerung. In: Industrielle Welt. Schriftenreihe des Arbeitskreises für moderne Sozialgeschichte. Hrsg. v. Werner Conze. Bd. 14. Stuttgart: Ernst Klett Verlag 1973.

Mazagg, Peter: Die Auswanderer nach Peru im Jahre 1857. In: Tiroler Heimatblätter, Jg. 16 (1938), S. 324–326.

Mc Govern, Joseph Patrick: A fertilidade de Canaã. História da Congregação do Verbo Divino S.V.D. no Brasil. 1975.

Naupp, Thomas: Neuaufgefundene Briefe des P. Rupert Bucher aus Brasilien an P. Augustin Scherer. In: 850 Jahre Benediktinerabtei St. Georgenberg Fiecht.

1138–1988. (= Studien und Mitteilungen zur Geschichte des Benediktiner-Ordens und seiner Zweige. Hg. v. d. Bayerischen Benediktinerakademie. 31. Ergänzungsband, Erzabtei St. Ottilien 1988.) S. 523–540.

NAUPP, Thomas: Tiroler Auswanderer in Peru und Brasilien. In: Christus verkünden […]. 19. Jahresbericht der Missionsprokura. Ausgabe zum Jubiläumsjahr 1988. S. 16–35.

NEUHOFF, Monika: Ein Dorf im Umbruch – Tiroler Auswandererkolonie in Peru zwischen Anpassung und Identitätsmanagement. Frankfurt/M. 1990.

Obsteiger Auswandererbriefe, s. Stecher

Ortschronik Fulpmes, s. Pittl

OTTE, Heinrich SVD (1934): Vergessene Brüder in Mittelbrasilien. In: Steyler Missionsbote. 62. Jg., H. 1: S. 11–13, H. 2: S. 34–36.

PESCOSTA, Toni S.: Die Tiroler Karrner. Vom Verschwinden des fahrenden Volkes der Jenischen. Innsbruck: Universitätsverlag Wagner 2003.

PITTL, Emerich: Auszug aus der Chronik von Fulpmes, die Auswanderung nach Brasilien betreffend. Fulpmes 1976.

PIZZININI, Meinrad: Tiroler Eisen und seine Verarbeitung. In: Silber, Erz und Weißes Gold. Bergbau in Tirol. Katalog zur Tiroler Landesausstellung 1990, Schwaz 1990, S. 272–284.

POTTHAST-HUBOLD, Elke: Zum Mundartgebrauch in Siedlungen pommerscher Auswanderer des 19. Jahrhunderts in Espirito Santo (Brasilien). Eine Pilotstudie. Neumünster 1982.

PRUTSCH, Ursula: Das Geschäft mit der Hoffnung. Österreichische Auswanderung nach Brasilien 1918–1938. Wien/Köln/Weimar: Böhlau 1996.

RIBAS DA COSTA, João: Canoeiros do Rio Santa Maria, Rio de Janeiro 1951.

RIEDMANN, Josef: Geschichte Tirols. Wien 1982.

RÖPKE DA SILVA, Ana Maria (Hg.): Meu Município: Conhecendo de Ensino de Santa Leopoldina-ES. Santa Leopoldina ES 2000.

NIEMEYER, Kurt: Die Eisenindustrie im Stubaital. Innsbruck 1970. [Dissertation]

RUBATSCHER, Johann: Das Stubaital: Seine Landwirtschaft unter dem Einfluß von Fremdenverkehr und Eisenindustrie. Innsbruck: Wagner 1969.

SCHABUS, Wilfried/SCHLICK, Alexander: Colônia Tirol. Eine Tiroler Siedlung in Brasilien. Innsbruck: Edition Tirol 1996.

SCHABUS, Wilfried: Kontaktlinguistische Phänomene in österreichischen Siedlermundarten Südamerikas. In: Ernst, Peter/Franz Patocka (Hrsg.): Deutsche Sprache in Zeit und Raum. Festschrift für Peter Wiesinger zum 60. Geburtstag. Wien 1998, S. 125–144.

SCHABUS, Wilfried: Der Geistliche mag herkommen wo er will, wann er nur ein Richtiger währ'. In: das Fenster. Tiroler Kulturzeitschrift. 33. Jg. Heft 67. Innsbruck Frühjahr 1999, S. 6403–6418.

SCHATZ, Josef: Wörterbuch der Tiroler Mundarten. Für den Druck vorbereitet von Karl Finsterwalder. 2 Bde. Innsbruck 1955 u. 1956. (= Schlern-Schriften. 119.)

SCHWARZ, Francisco: O Municipio de Santa Leopoldina. Vitória: Eigenverlag 1992.

SCHWARZ, Francisco: Familias de Santa Leopoldina. Vitória: Eigenverlag 1994.

Spiss, Roman: Saisonwanderer, Schwabenkinder und Landfahrer. Die gute alte Zeit im Stanzertal. Innsbruck: Universitätsverlag Wagner 1993. (= Tiroler Wirtschaftsstudien 44).

Stadt Gottes. Illustrirte Zeitschrift für das katholische Volk. 24. Jg. Steyl: Missionsdruckerei 1901.

Stecher, Hubert: Obsteiger Auswanderer schreiben aus Brasilien. In: Chronik Obsteig o. J.

Steyler Missionschronik 1994/95. Die Gesellschaft des Göttlichen Wortes SVD berichtet über ihre Arbeitsgebiete in aller Welt. Nettetal: Steyler Verlag 1994.

Stöger, Peter: Eingegrenzt und Ausgegrenzt. Tirol und das Fremde. Frankfurt/M.: Peter Lang 1998.

Struck, Ernst: Mittelpunktsiedlungen im deutschen Kolonisationsgebiet von Espirito Santo (Brasilien). Mit 4 Abbildungen, 4 Tabellen und 2 Bildern. (= Passauer Schriften zur Geographie. Hrsg. v. der Universität Passau durch Klaus Rother und Herbert Popp. H. 11). Passau: Passavia Universitätsverlag 1992.

Tirolischer Sprachatlas. Bearb. v. Egon Kühebacher, Innsbruck–Marburg 1965–1971.

Tollinger, Francisco SVD: Ein Brief aus Brasilien. In: Stadt Gottes. Illustrirte Zeitschrift für das katholische Volk. 23. Jg. Steyl 1900. S. 456–463.

Tiroler Bote = Bothe für Tirol und Vorarlberg. Innsbruck 1815 ff.

Tschudi, Johann Jakob von: Reisen durch Südamerika. Mit zahlreichen Abbildungen in Holzschnitt und lithographirten Karten. 3. Bd. Leipzig 1867.

Vegesack, Siegfried von: Unter fremden Sternen. Eine Reise nach Südamerika. Bremen: Schünemann 1938.

Wagemann, Ernst: Die deutschen Kolonisten im brasilianischen Staate Espirito Santo. Mit 14 Abbildungen und 2 Karten. In: Schriften des Vereins für Sozialpolitik. 147. Bd.: Die Ansiedelung von Europäern in den Tropen. 5. Teil. München und Leipzig 1915.

Wiesinger, Peter: Die Einteilung der deutschen Dialekte. In: Dialektologie. Ein Handbuch zur deutschen und allgemeinen Dialektforschung. Hrsg. v. Werner Besch u. a. 2. Halbband. Berlin/New York: de Gruyter 1983. S. 807–900.

Wopfner, Hermann: Bäuerliches Besitzrecht und Besitzverteilung in Tirol. In: Forschungen und Mitteilungen zur Geschichte Tirols und Vorarlbergs 4. Innsbruck 1906, S. 390–405.

Zweig, Stefan: Brasilien. Ein Land der Zukunft. Frankfurt/M.: Insel Verlag 1997.

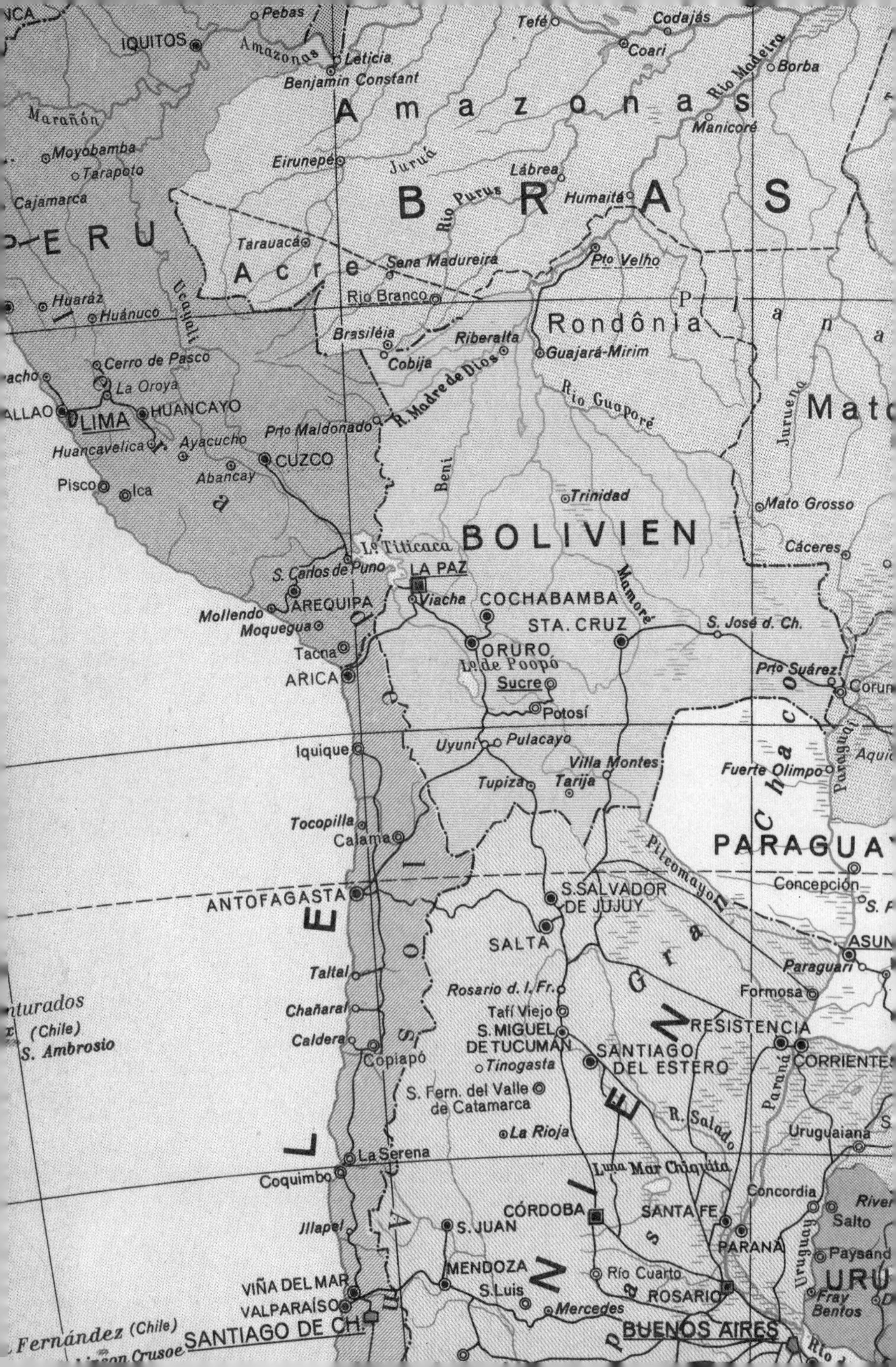